2013 年度中央财政支持地方高校发展专项资
及公安技术学科创新团队" 成果
重庆高校物证技术创新团队资助项目成果（合同号：KJTD201301）
"西南政法大学经济犯罪侦查三特专业" 研究成果

 西南政法大学刑事侦查学院公安学学术文库

"圣战"恐怖主义阴霾下的
法国反恐问题研究

刘　莹　著

群众出版社
·北　京·

图书在版编目（CIP）数据

"圣战"恐怖主义阴霾下的法国反恐问题研究/刘莹著．—北京：群众出版社，2016.12

（西南政法大学刑事侦查学院公安学学术文库）

ISBN 978－7－5014－5610－9

Ⅰ.①圣⋯　Ⅱ.①刘⋯　Ⅲ.①反恐怖活动—研究—法国
Ⅳ.①D756.588

中国版本图书馆 CIP 数据核字（2016）第 284476 号

"圣战"恐怖主义阴霾下的法国反恐问题研究

刘　莹　著

出版发行：群众出版社
地　　址：北京市西城区木樨地南里
邮政编码：100038
经　　销：新华书店
印　　刷：北京通天印刷有限责任公司印刷

版　　次：2016 年 12 月第 1 版
印　　次：2016 年 12 月第 1 次
印　　张：13
开　　本：787 毫米×1092 毫米　1/16
字　　数：200 千字

书　　号：ISBN 978－7－5014－5610－9
定　　价：45.00 元

网　　址：www.qzcbs.com
电子邮箱：qzcbs@sohu.com

营销中心电话：010－83903254
读者服务部电话（门市）：010－83903257
警官读者俱乐部电话（网购、邮购）：010－83903253
公安综合分社电话：010－83901870

序

2015年1月的一天，从美国电视新闻网（CNN）看到法国巴黎《查理周刊》编辑部遭遇恐怖袭击的新闻。全副武装的蒙面黑衣人在街边从容射杀警察的画面在让我震惊的同时，突然对法国的恐怖主义问题产生了兴趣：为什么一个发达、文明的西方国家，在光天化日之下会发生如此肆无忌惮的"屠杀"？

当时我正在美国伊利诺伊大学香槟分校做访问学者，抱着对法国恐怖主义的好奇，我开始查阅相关的外文文献资料，并逐渐发现：原来法国是一个有着"悠久"恐怖主义历史的国家，甚至我们所说的恐怖主义（terrorism）一词，也是源于1789年法国大革命时期雅各宾政府的血腥镇压。自第一次世界大战之后，无政府主义、激进主义左翼势力（最著名的组织"直接行为"）、地区分裂主义势力（科西嘉岛、巴斯克地区）先后书写着法国的恐怖主义历史。直至20世纪80年代，来自中东、北非地区的恐怖势力借有规模的连环爆炸陆续入侵法国本土，自此以后，法国就已经面临伊斯兰恐怖主义的威胁。因此，早在美国"9·11"事件引发有关恐怖主义的全球关注之前，法国政府就已经与国际恐怖主义势力打了多年"交道"，积累了丰富的反恐经验。

巧合的是，我在美国的导师杰奎琳·罗斯教授，当时正在撰写一本关于法国与美国情报机构演变的学术著作，经常飞往法国参加学术会议或调研面谈，十分了解法国反恐情报机构的问题所在及改革动向。我们时常就法国反恐问题展开讨论，我亦借此受到了许多启发：当下法国面临的恐怖主义威胁，是由根植于法国历史、政治、社会、文化的各种矛盾因素碰撞而成的结果——"查理周刊"袭击事件不是法国"圣战"恐怖主义的开端，也不会是终结。因此，我比较确信，法国的恐怖主义与反恐制度是有重要研究价值的（尤其是在"9·11"事件之后的十四年间，多数反恐研究皆以美国作为对象，甚至连相关领域的一些其他重要国家如以色列都被忽视了）。

从 2015 年 11 月至 2016 年 7 月，法国又陆续经历了巴黎"黑色星期五"连环恐怖袭击，尼斯国庆日恐怖袭击及诺曼底鲁昂教堂劫持事件，"圣战"恐怖主义阴霾仍然笼罩着法国。而我经过一年多的资料收集与文献研究之后，终于迎来了为期两个月的暑假，尽管天气炎热，但宽松的假期还是足以让我完成这部书稿。在此特别感谢我的研究生崔东（现在已经毕业成为检察官了）、向凯朋及本科学生杨强，由于本书涉及大量外文参考文献，他们付出了许多时间加以整理或翻译，替疲于应付的我分担不少。而我，在时隔十五年之后，不得以重新拾起早已忘得一干二净的法语，翻出书柜角落里沾满厚厚灰尘的法语字典。当我每看一页法语文献，就要查阅几十个法语单词时，甚至觉得看英文都是一种"享受"，不由得心生感叹："书到用时方恨少。"

刘 莹
2016 年 8 月于重庆渝园家中

目　　录

第一章 法国恐怖主义历史回顾

恐怖主义暴力在法国有着很长的历史,"恐怖主义"(terrorism)一词本身源自 1789 年法国大革命时期,在当时用来描述法国革命政府(雅各宾派)针对反革命主义者的血腥镇压。只是在 19 世纪末期,这个术语需要一个更时髦、更消极的内涵,当时全世界的无政府主义者,受到沙俄同行的激发,以刺杀国家元首、总统、君主为目标。在 1892 年至 1901 年所谓的"弑君十年"间,美国时任总统威廉·麦金利于 1901 年 9 月被暗杀,这也是在这种令人窒息的暴力下最引人注目的受害者。平民也没有在无政府主义者的袭击中幸免,1894 年 2 月,法国人埃米尔·亨利将炸弹扔进一家豪华的巴黎餐厅后逃走了。[①]

第一次世界大战后无政府主义势头逐渐减弱,一种新的意识形态——"法西斯主义"激励了法国本土的恐怖势力。1937 年 11 月,极右势力组织的"革命行动"出现在法国街头,此后的十年间一直困扰着法国及其他欧洲国家和地区,政治暴力继续在这段黑暗的年代占据着主要地位。[②] 在 1941 年 6 月德国纳粹入侵苏联后,法国共产党终于摆脱了莫斯科强加给自己的中立地位,开始实施针对德国军队和通敌者的爆炸袭击与暗杀活动,而这些行动遭到了德国占领当局的疯狂报复。

1944 年法国解放,恐怖暴力仍继续困扰着法国,1950 年的阿尔及利亚内战催生了前"阿尔及利亚民族解放阵线"(FLN)的建立,该组织通过在法国本土射杀法国警察和官员及对平民的炸弹袭击回应法国的镇压。20 世纪七八十年代,左翼激进主义势力"直接行动"进行了多起暴力袭击,该组织诞生于反欧洲资本主义的背景下,同时期欧洲还产

---

① Carl Schmitt, *la notion de politique théorie du partisan* (Marie‐Louise Skinhausen trans. , 1972).

② Paul Dumouchel, *Le terrorisme à l'âge impérial*, ESPRIT, Aug. ‐ Sept. 2002, at 134, 140.

生了德国"红军旅"和意大利"红色旅"等恐怖组织。

主张政教合一的恐怖主义幽灵出现在20世纪90年代阿尔及利亚内战时期，伊斯兰激进组织"伊斯兰武装集团"（GIA）为了提升其政治影响力（以在选举中获胜），也为了报复法国在殖民时期的暴行，开始对法国本土展开了一系列的恐怖袭击，包括劫持一架在1994年圣诞节当天飞往法国的航班和1995年、1996年巴黎地铁站的连环炸弹袭击。自此以后，法国再也没有摆脱过伊斯兰恐怖主义的阴霾。

法国对待恐怖主义的经验显示出历史学家们遇到的难题。考虑到自19世纪90年代起出现的各种暴力组织的意识形态、信仰及策略的巨大差异，用terrorisms表述会比terrorism更为准确，因为每个历史时期出现的恐怖主义都有其不同的内涵，这也是学者们难以给恐怖主义（这一用语本身就是主观的）加以统一定义的原因。① 然而，我们可以从法国经历的"恐怖主义"历史中，研究其产生、发展的过程，以期得到一些经验教训：法国面对现在的恐怖主义又该何去何从呢？

一、法国大革命时期的"国家恐怖主义"

"恐怖主义"最先源于法国。"恐怖"，英文为terror，在法语中为la terreur，出现于法国大革命时期，这一时期也被许多历史学家称为"恐怖时代"（the age of terror）。"恐怖时代"一词与恐怖手段的使用以及1789年法国大革命同时产生。

根据法国学者帕特里斯·葛尼斐的观点，法国大革命时期并非从头到尾都是真正的"恐怖时代"，"恐怖"是随着大革命的不断推进而逐步演变而成的。充斥于大革命初期的暴力事件主要是集团暴力行为与大屠杀，即以野蛮为特征的暴力，具有集体性和自发性，自身没有具体诉求和可识别的计划，这种暴力以杀死受害人为终结。这并非法国大革命才出现的暴力，任何国家、任何时期，一旦面临突如其来的巨大灾难（如革命、内战）而使人们感受到自身受到威胁时，为了恢复社会的凝聚力处死替罪羊都会引发此种暴力。这种野蛮的暴力与恐怖主义的暴力几乎没有或根本没有关系。与前者相比，恐怖主义的暴力有其独特之

---

① Jean Massot, *Le rôle du Conseil d'Etat*, *in* La Guerre D'Algérie Et Les Français 271 (Jean - Pierre Rioux ed. , 1990).

处：对暴力进行分析，经过事先的策划和考量，暴力程度与其追求的政治目的相匹配。暴力不再是目的，而是手段。与实施大屠杀的民众不同，恐怖分子不满足于杀害，受害人不是真正的靶子，他们杀人是为了恐吓并辖制该目标，使对方产生恐惧心理，进而通过作出让步来满足其要求。因此，恐怖主义是一种策略，它通过暴力，甚至仅以暴力相威胁达到恐吓的目的。①

　　1789 年至 1792 年，法国大革命以野蛮暴力为主。恐怖主义的暴力从 1789 年开始出现，作为一种诉求付诸实施，从治安委员会的命令及打击大革命敌人的斗争中获得合法性。但直至 1791 年，它才作为一项政策，上升到国家高度。接下来，恐怖便逐步升级，1793 年至 1794 年则达到顶峰。这一时期的恐怖主义体现在经济、政治和宗教等各个领域：1. 经济领域的恐怖主义，严禁囤积垄断、实行全面限价。1793 年 5 月开始规定囤积垄断是重大犯罪，对"囤积居奇"和投机分子都处以死刑；商品价格弄虚作假者被列入嫌疑分子名单，必要时处以绞刑。2. 政治领域的恐怖主义，在政治上实行高度集权和高压政策。1793 年 9 月"惩治嫌疑犯条例"通过之后，雅各宾派进行了几次大规模的清洗，包括王后在内的一大批旧贵族和反革命被送上断头台。3. 宗教领域的恐怖主义，掀起声势浩大的反教会运动。大肆鼓动人民去摧毁和抢劫教堂，逮捕和处决主教，追捕拒绝宣誓的教士。当局认为"非基督教化"运动可以为实行国家经济、政治领域的恐怖主义提供意识形态上的支撑。②

　　由此可见，法国大革命时期的恐怖主义应该称为"国家恐怖主义"，即恐怖主义的实施主体是国家。国家为了有效行使职能，在合法暴力使用权方面取得最大的垄断地位，亦即国家拥有了合法的暴力垄断权利。1794 年 5 月，法国全国被逮捕的嫌疑犯总数达 30 万人之多，随时都有被送上断头台的可能。此时的国家恐怖主义已经失去了控制，整个社会的法制、安全、道德都极其混乱和扭曲。人民在恐怖时期真正地

---

　　① ［法］帕特里斯·葛尼斐：《法国大革命中的暴力与恐怖》，马贺译，载《学海》2011 年第 2 期，第 69～75 页。

　　② 钟宪章：《浅析法国大革命时期的国家恐怖主义》，载《兰州学刊》2009 年第 7 期，第 223 页。

感受到了莫大的恐怖感，而恐怖主义的扩大反过来则使雅各宾派专政完全陷入了一场灾难，以致最终垮台。[①]

到了 20 世纪，"恐怖主义"仍然主要与无政府主义、法西斯分子和民族主义相关联。尤其是第三世界国家争取殖民地独立的斗争过程中，出现了大量的恐怖主义活动。当然，在 20 世纪，许多学者还把"恐怖主义"与国家相连，如法西斯德国针对犹太人实施的虐杀就被称为"国家恐怖主义"。但是，到了 20 世纪末期，以美国为首的西方国家重新定义了"恐怖主义"，基本上把恐怖活动的主体范围限制在非国家的个人或者组织。也就是说，国家被排除出"恐怖主义"的主体范围之外。[②]

二、19 世纪中期至 20 世纪中期法国的恐怖主义

直到 19 世纪中期，"恐怖主义"才开始和无政府主义、民族主义和反君主政体的个人或群体相联系。19 世纪末期，奉行无政府主义的组织还实施了针对俄国沙皇和美国总统的刺杀行动。在号称"弑君十年"的岁月里，法国的无政府主义者也受到了"启发"，只是其并未将"矛头"指向统治者，而是选择普通民众作为"恐吓"对象。

第一次世界大战之后，随着法西斯主义的抬头，无政府主义发展势头明显减弱。意大利的墨索里尼开始利用"机会主义"政策取得人民的支持，并于 1922 年被任命为总理，获取政权。1924 年 6 月 10 日，墨索里尼的主要政治对手——意大利社会主义政治家吉亚科莫·马泰奥蒂遭到暗杀。出于对内战和社会主义者反君主制特点的担忧，墨索里尼领导的"国家法西斯党"获得了国王的支持，并取得了同年大选的胜利。继而，墨索里尼在 1925 年 1 月宣布国家法西斯党为意大利唯一合法政党，从而建立了意大利法西斯主义独裁的统治。

墨索里尼的"夺权"成功极大地鼓舞了法国的极右主义势力。1937 年，一个名叫"秘密行动"的组织开始出现。一方面，他们接受

---

① 钟宪章：《浅析法国大革命时期的国家恐怖主义》，载《兰州学刊》2009 年第 7 期，第 225 页。

② 王禄生：《数说"恐怖主义"——历史与现在》，载共识网，http://www.21ccom.net/articles/qqsw/qqgc/article_20140304101629.html.

墨索里尼提供的武器为其铲除政敌,暗杀居住在法国的几个著名的意大利反法西斯人士;另一方面,则憧憬在墨索里尼的支持下推翻法兰西第三共和国,建立一个意大利式的法西斯政权。"秘密行动"组织在巴黎制造了若干起爆炸袭击,希望借此在法国民众当中传播恐惧情绪。然而,"秘密行动"并未能在法国军队中占据主导权,因此,随着德国入侵、法国迅速"沦陷",其政治夙愿也最终"灰飞烟灭"了。

整体而言,19世纪中期至20世纪中期,法国本土的"恐怖主义"是与无政府主义和法西斯主义相关联的。无政府主义与法西斯主义从未在法国本土"壮大"过,其零星的、不成规模的"恐怖袭击"也并未对法国社会产生多大的影响。而且随着第一次世界大战与第二次世界大战的来临,人们很快忘却了这两股势力。即使在今天,也很难查阅到法国无政府主义与法西斯主义"恐怖袭击"的史料。[①] 然而,这一时期的恐怖主义已经脱离了大革命时期的"国家恐怖主义",与各怀政治目的的个人或群体联系了起来。

三、20世纪70年代出现的"分裂主义"与"极左主义"恐怖势力

第二次世界大战结束后,法国于1946年建立了法兰西第四共和国并制定了宪法。第四共和国的内阁在短短11年间如走马灯似地换了20届。而侵略中南半岛和阿尔及利亚的战争进一步加深了国内的政治经济危机,法国迫切要求建立一个集中、稳定的政权。在这种情况下,1958年10月,法兰西第五共和国成立,戴高乐就任总统并制定了新宪法,由此法国经济走上了高速发展的道路。从第二次世界大战爆发至20世纪70年代,法国的恐怖主义处于"真空状态"。但随着法国政权的稳定与经济的恢复,以及国际局势的影响,恐怖主义势力又再度滋生。20世纪70年代中后期,法国本土出现了两种恐怖势力:"分裂主义"与"极左主义"。

(一)"分裂主义"恐怖势力

"分裂主义"恐怖势力(与我国新疆维吾尔自治区的民族分裂势力有相似之处)倡导对法国的一些特殊地区的独立和自治,主要是巴斯

---

① Pierre Hassner, la Terreur et l'empire. La Violence et la Paix ii, 200 (2003).

克地区、布列塔尼（法国西北部），尤其是在科西嘉岛。法国最著名的分裂主义恐怖组织为"科西嘉民族解放阵线"（FLNC），成立于1976年，是一个主要活动于科西嘉岛的军事组织。其行动主要针对法国政府，以争取科西嘉岛成为独立国家为最终目的，包括要求法国政府将其被关押的成员移送到科西嘉岛服刑等。该组织采取当时绝大多数民族解放组织惯用的手法，即暗杀岛上的行政官员、地方民众代表、爆破公共建筑，到了20世纪90年代中期更把恐怖活动推到法国本土，马赛、波尔多等南部大城的公共建筑屡屡成为其攻击目标。

法国历任政府一直拿不出有效的办法解决科西嘉问题，无论是经济扶持还是权力下放都是收效甚微。法国政府曾于1991年立法，承认科西嘉岛的独特地位，保障科西嘉的语言、文化、教育独立，但"科西嘉民族解放阵线"的恐怖活动并没有因此而停歇。2010年1月31日，该组织宣称，其对2009年发生的数十起袭击事件负责，其中包括针对政府机构进行的6起袭击事件，包括在2009年2月向警察局发射火箭弹，以及同年4月在警察局附近的两起枪击事件，还宣称对在科西嘉岛南部分别发生的18起针对度假旅馆的袭击事件负责，不过以上这些袭击事件都没有造成人员伤亡。[1]

"分裂主义"恐怖势力是对法国实施恐怖袭击最为频繁的犯罪者，截至21世纪初，他们已经实施了上百起恐怖袭击。然而，他们并非最致命的，相对于当今恐怖主义的内涵来说，他们的行动还稍微"温和"一些，因为他们经常针对的是财产性目标的袭击。在科西嘉岛，他们的"领地"内部也有很高的支持率。然而，随着时间的推移，在其他一些西欧国家，他们逐步演化成恐怖主义犯罪组织，成为区别于以单纯政治目的的恐怖主义更为棘手的难题。

（二）"极左主义"恐怖势力

恐怖主义不仅是殖民主义制造的历史遗物，而且也是世界处在变革时期的一种极端反应。"极左主义"恐怖势力的产生与当时的国际局势有着很大的关系，美苏两国的冷战局面使得社会主义和资本主义两大阵营摩擦不断，这在西欧的表现尤为明显，主要的资本主义国家出现了极

---

① 《科西嘉民族解放阵线宣称对20余起袭击事件负责》，载中新网，http://www.chinanews.com/gj/gj-oz/news/2010/02-01/2102826.shtml.

左的恐怖组织，之所以称这些组织为恐怖组织，原因在于他们可能基于意识形态的原因反对本国的政权，然而其暴力活动却指向了无辜的平民。这些组织在意识形态领域致力于推翻资本主义统治及使以美国为首的帝国主义垮台。

20世纪60年代是国际社会动荡发展的年代，当时西欧蓬勃兴起的学生运动使得这些国家的执政当局感到了许多切实的威胁。特别是1967年、1968年法国学生高举"反帝、反资、反战"的旗帜，反政府的浪潮几乎席卷了所有西方发达国家。学生运动最终都被镇压下去了，然而其中一些极端分子则开始考虑另一种斗争方式。这些极端分子的代表性人物就是参加过法国学生运动的意大利籍学生雷纳托·库乔。库乔认为，简单的游行示威难以动摇当局的统治，必须有更为"有效"的办法，这就是"使权力机构残废的运动"。几乎一夜之间，许多发达国家出现了众多类似的暴力组织，如西德"红军派"、意大利"红色旅"、法国"直接行动"等。

成立于20世纪70年代末期的"直接运动"，由三十多名骨干分子及数百名外围协助者组成，其中，外籍成员和女性成员占了相当高的比重。对于"直接行动"这个名字，他们的解释是"人民对于社会国家的黑暗，由人民直接行动，加以制裁，不诉诸法律，不利用特殊势力，不依赖代表"，对资本主义社会进行"象征性恐怖"的打击，要用暴力来"铲除腐朽的社会制度"。与众多极左派的恐怖组织一样，"直接行动"也是通过暗杀政治领导人、制造爆炸、破坏计算机系统等恐怖活动来提高自己的影响力。同时，它以破坏资产阶级的社会安全和秩序为宗旨，最大限度地制造恐怖气氛，来达到推翻资产阶级统治，重建所谓的"巴黎公社"式的无产阶级政权的目的。

区别于法国其他恐怖组织，"直接行动"的打击范围比较广，不仅有本国政要、政府设施、警察机构、工业设施、宾馆及国际贸易机构等国内目标，还包括美国、以色列的人员、建筑物、银行、学校等国际目标。在1979年至1987年将近十年的时间里，"直接行动"制造了大约10起恐怖活动，包括法国国防部国际司司长奥特朗将军，法国军队高级将领布朗丹，法国雇主联合会主席布拉马，法国实业界巨子，雷诺汽车公司总经理乔治·贝斯，外交部第一司长布劳恩姆尔，在法国警方的几番打击下，这把烧在浪漫国度的"恐怖主义火把"，一次次熄灭又一次次被重新点燃。最终在 1987 年 2 月，被法国警方狠狠浇了一盆凉水，"直接行动"的大部分头目被捕，这个历史上规模最小的极左恐怖组织终于一蹶不振了。①

四、20 世纪 80 年代起法国面临的国际恐怖主义威胁

"9·11"事件以后，"国际恐怖主义"一词广泛地出现在美国和西方媒体上，并经常与被认定为恐怖袭击事件元凶——本·拉登的名字及其"基地"组织联系在一起。实际上，早在 1980 年，法国就已经遭到国际恐怖主义的侵害，只是袭击规模与破坏程度不如"9·11"事件，在世界范围内的影响力不大而已。国际上通常把"恐怖主义"界定为：为实现政治目的，针对平民或民用目标，故意使用或威胁使用暴力的行为。恐怖主义的行为主体通常是指非国家的集团或秘密组织。如果受恐怖袭击的一方是另一个主权国家，袭击行为也即国际恐怖主义。

各个国家对"恐怖主义"一词内涵的界定都有不同的看法，这成为学术界探讨的一个难题，当今国际社会对于伊斯兰恐怖主义总体上采取了积极应对的态度，各国在预防和惩治恐怖主义行为方面加强了国际合作，尤其是在 20 世纪 70 年代以后，国际反恐法律文件也渐成体系，但必须指出，各国基于本国利益的缘故关于恐怖主义的含义还存在双重标准，② 各种国际反恐文件里也主要是对于恐怖主义的行为作出了界定，而对于"恐怖主义"来说，各国难有定论。各国政治利益的不同，导致难以有一个被所有国家都接受的关于"恐怖主义"内涵的界定，这也正是国际恐怖主义不能得到有效打击的重要原因，反恐本来是一种正当行为，但是有些西方国家往往将自己的一己私利夹杂其中，使得一些国家既是恐怖主义的受害者，同时又是恐怖主义的推动者。③

国际恐怖主义与伊斯兰宗教极端主义是密切相关的。宗教激进主义以政治激进主义与文化保守主义相结合为本质特征，是与现代改良主义和世俗民族主义相对立的一种宗教社会思潮。主流的原教旨主义派别主

① 《红星照耀下的杀人狂之五：法国"直接行动"》，载 http://blog.sina.com.cn/s/blog_62423b400100fiyp.html.

② 关于对待恐怖主义的双重标准问题，国际社会一直存在争议，某组织在一国可能被认定为恐怖主义，而在他国则可能被定义为"为自由而战的斗士"。

③ 崔东：《法国反恐模式研究及对中国的启示》，西南政法大学 2016 年硕士学位论文。

张开展合法斗争，希望参与国家的政治进程；而极端的原教旨主义，就伊斯兰而言，也就是宗教极端主义的一种形态。它与恐怖主义关系密切，从宗教角度称为极端主义，从政治、法律角度称为恐怖主义。自20世纪90年代以来，不仅国际冲突日益与宗教、民族问题密切相关，而且国际恐怖主义也经常以宗教"圣战"的名义采取行动。可以说宗教极端主义既是国际恐怖主义的表层根源，在许多情况下又是国际恐怖主义的一种特殊表现形式，尽管宗教极端主义并不等同于国际恐怖主义。[①]

（一）国际恐怖主义产生的背景

在第一次世界大战前后兴起的20世纪第一次民族主义浪潮中，恐怖主义已开始成为一些弱小民族反抗大国沙文主义压迫、争取民族解放和独立的斗争武器。为争取爱尔兰独立，爱尔兰的民族主义者曾使用恐怖主义手段反抗英国的统治；在巴勒斯坦，既有因阿拉伯和犹太民族矛盾激化而引起的相互之间的暴力冲突，也有犹太人针对英国殖民者的恐怖活动。不过，这一时期因民族问题而引发的恐怖活动仅仅是小范围的，并不具有全球规模。

恐怖主义真正超越一国范围而蔓延到世界各地则是在第二次世界大战以后。第二次世界大战结束后，亚非拉地区的民族解放运动高涨，广大殖民地人民要求摆脱殖民统治，实现民族独立。一部分殖民地人民在严酷的斗争形势下，开展游击战争，以恐怖主义手段来打击殖民者，加速殖民统治的完结。此类活动可称为民族解放运动型恐怖主义。这一类型的恐怖主义因其反帝国主义、反殖民主义的崇高政治目标而拥有强大的群众基础。西方学者认为，第二次世界大战后英国决定放弃巴勒斯坦、也门、肯尼亚和塞浦路斯，这在很大程度上是殖民地恐怖组织反英活动的结果；法国最终放弃了阿尔及利亚也有同样的原因，阿尔及利亚民族解放阵线的游击战还为后来的恐怖组织所仿效。[②]

20世纪70年代后的法国进入了恐怖袭击的高发时期，而这一时期的法国恐袭者有绝大部分是来自巴勒斯坦武装组织，例如，"解放巴勒

---

① 吴云贵：《伊斯兰原教旨主义、宗教极端主义与国际恐怖主义辨析》，载《国外社会科学》2002年第1期。

② 朱素梅：《二十世纪的民族主义与恐怖主义》，载《世界民族》2000年第3期。

斯坦人民阵线"（PFLP），这些武装组织策划了多起炸弹爆炸、火箭弹袭击、人质绑架及暗杀事件以报复西方国家对于巴以问题的政策及亲犹太势力。这个时期来自巴勒斯坦的恐怖活动激增的很大原因除了法国对巴勒斯坦内部事务的介入，可能还和中东战争中阿拉伯国家的惨败及全球范围内代理冲突的剧烈度上升有关。20世纪80年代开始针对法国的恐怖袭击有大规模上升的趋势，其主要原因则在于法国跟随美国军事介入了黎巴嫩内战（因为驻扎在黎巴嫩南部的流亡巴勒斯坦解放组织而爆发的战争），共同监督巴勒斯坦解放组织撤出黎巴嫩南部。"豺狼"卡洛斯在1982年策划的一系列恐怖袭击事件就是声称为了报复法国空袭黎巴嫩的巴勒斯坦解放组织难民营。除了报复法国的巴以政策，法国在"两伊"战争期间对萨达姆的军援支持也导致了真主党在20世纪80年代中后期的一系列重大恐怖袭击，包括1986年发生在巴黎的一次死亡130人的连环爆炸事件。[①]

（二）20世纪80年代国际恐怖主义入侵法国

1982年至1987年，法国的恐怖主义暴力因为受到中东恐怖主义势力的影响而达到顶峰，尤其以尼达尔组织（ANO）[②]、黎巴嫩真主党以及"豺狼"卡洛斯（Carlos "The Jackal"）[③]最为积极。1988年，尼达尔组织在一条希腊的旅游船上枪杀了4个法国公民；1985年至1986年间，巴黎的多家百货公司遭到连环爆炸袭击，造成13人死亡，303人

---

① 高骏：《恐怖主义是怎么缠上巴黎的？你不可错过的法国恐怖主义历史（上）》，载 http://www.jiemian.com/article/442026.hatml.

② 法干塔赫革命委员会（Abu Nidal Organization，ANO），成立于1974年，创始人为阿布·尼达尔。他原是"法塔赫"的成员，第四次中东战争后，"法塔赫"领导人决定寻找政治解决中东问题的途径，而尼达尔则坚持使用恐怖暴力，因而与阿拉法特发生分歧。于是尼达尔在伊拉克的支持下，建立了自己的组织——"法干塔赫革命委员会"。阿布·尼达尔在阿拉伯文中意为"战斗之父"，他的真名叫萨布里·班纳，是世界上最神秘的恐怖分子，有"恐怖大亨"之称。而其操纵的组织被美国情报界列为国际上最危险的恐怖组织之一，暗杀对象是所有的犹太人，不论其属于哪国公民。该组织主张利用恐怖手段将以色列从被占的阿拉伯领土上赶出去，并打击以色列的支持者。自成立以来，已在世界上20多个国家进行了100多起恐怖活动。

③ "豺狼"（或称为"胡狼"）卡洛斯，真名伊里奇·拉米雷斯·桑切斯。拉米雷斯在"冷战"时期是臭名昭著的恐怖分子，20世纪七八十年代横行于西方，制造多起恐怖袭击，据统计致1500多人丧生，因而受到多国通缉。他于1994年在苏丹被捕，后被引渡至法国接受审理，因谋杀两名法国特工和一名告密者被判终身监禁。

受伤。黎巴嫩真主党①主导了其中大部分袭击。"豺狼"卡洛斯则在20世纪80年代于法国境内制造了4起炸弹袭击，共造成11人死亡、200多人受伤。

自20世纪90年代初起，伊斯兰极端组织开始在法国贫穷的郊区招募年轻人，并指使其中一些人执行恐怖主义任务。1991年，阿尔及利亚全国议会大选中，该国最大的伊斯兰反对党——"伊斯兰拯救阵线"（FIS）取得了压倒性优势，但选举结果随后被阿尔及利亚政府宣布无效，取缔"伊斯兰拯救阵线"，并开始大肆逮捕该组织的领导人和武装分子，这导致伊斯兰恐怖主义的威胁由此急剧增加。在代表政府的军方与以FIS为首的伊斯兰极端武装分子的冲突愈演愈烈之时，"伊斯兰武装集团"（GIA）出现了，这个伊斯兰武装组织不仅暗杀亲政府人士，而且还将矛头指向该国的外国人，并将法国人作为首要目标（因为阿尔及利亚曾是法国殖民地的关系）。1994年12月，GIA劫持了一架从阿尔及利亚首都阿尔及尔飞往巴黎的法国航空班机，杀害了3名乘客；1995年7月，GIA又在巴黎地铁快线引爆炸弹，造成8人死亡，150人受伤。在遭受一系列的恐怖事件之后，法国情报部门迅速摧毁了GIA网络，迫使该恐怖组织很快将其后勤、筹资及宣传活动转移到其他欧洲国家，尤其是英国。随着时间的推移，由于GIA核心成员开始对包括穆斯林在内的平民采取极端暴力行动，同时法国的反恐努力取得成效，GIA的行动与影响力都开始衰退。

20世纪90年代的恐怖事件让法国当局意识到恐怖组织的严密复杂程度及恐怖袭击的破坏力已经远远超出了七八十年代的"独狼"式恐怖主义。GIA和其他恐怖组织利用欧洲法律的缺陷（如缺乏引渡协议等）开始延伸其组织网络到北非和西欧。尽管相比今日规模并不大，但是法国仍然将90年代视为后来对抗"基地"组织及其相关组织的前奏时期。现在的伊斯兰恐怖主义组织都有相似的意识形态，即仇视民主，拒绝社会与政治的进步。再者，早在1996年，当一个名为gand de Roubaix的团伙抢劫银行并试图在里尔举行G7峰会时引爆汽车制造爆炸袭击，法国本土的恐怖分子就已经开始了伊斯兰"圣战"的恐怖活

---

① 成立于1982年6月以色列入侵黎巴嫩期间，创始人是穆萨维。该组织成立初期一直处于秘密状态，1984年开始使用"真主党"的名称，1985年发表声明宣告正式成立。

动。实际上，在 2001 年"9·11"事件之前，伊斯兰恐怖活动就已经国际化了。①

多年来，法国仍然将首要目标定位于"基地"组织及其附属组织。2008 年 11 月，法国刑事司法体系中的反恐部门、国家情报机构、国内情报总局（DCRI）拘留了数名与"基地"组织有关联的嫌疑人。这些嫌疑人曾计划以汽车爆炸的形式攻击 DCRI 新建的指挥中心。2009 年 10 月，一位 32 岁的阿尔及利亚裔法国核物理学家 Adlene Hicheur，在社交网站上谈论其可能会对法国商业机构与军队兵营实施恐怖袭击。他扬言要与北非的"伊斯兰马格里布基地组织"（AQIM）成员交换电子邮件。尽管他从未进入实际操作阶段，但却已被司法当局裁决永久性的"临时拘留"。让情报部门引起关注的是他正在为欧洲核子研究组织主办的一项国际高能物理学研究"大型强子对撞机计划"（LHC）工作。②这是法国当局运用"预防性"反恐法律将恐怖主义扼杀在"摇篮"里的一个成功案例（在随后的章节中，笔者会就法国"预防性"反恐法律加以详细阐述）。

（三）20 世纪法国遭遇的重大国际恐怖主义袭击③

1. 1978 年 5 月 20 日：巴勒斯坦激进分子在巴黎奥利机场朝一组前往特拉维夫的登机乘客开枪，造成 8 人死亡（其中包括 3 名袭击者）、3 名乘客受伤。

2. 1980 年 10 月 3 日：隐藏在一辆摩托车里的一枚炸弹在位于巴黎 Copernic 街的犹太教堂祷告之际爆炸，造成 4 人死亡，大约 20 人受伤。

3. 1982 年 3 月 29 日：图卢兹—巴黎"卡比托利欧山号"火车遭袭击，造成 5 人死亡，77 人受伤。当时的巴黎市市长希拉克可能应乘坐该列火车。这一袭击被视为"豺狼"卡洛斯在其恐怖网络中 2 名成员被捕后所进行的报复。

4. 1982 年 8 月 9 日：5 名枪手组成的突击队向巴黎市中心犹太区

---

① Gerard Chaliand, L'arme du terrorisme (Paris: Louis Audibert, 2002).

② Ali Laidi, Le Jihad en Europe, les filieres du terrorisme en Europe (Paris: Seuil, Coll, 2002), p. 193.

③《盘点法国近几十年遭遇的重大恐怖袭击》，载人民网，http://news. ifeng. com/a/20150108/42890408_0. shtml.

蔷薇街的"Goldenberg"餐厅开枪和投掷手榴弹,造成6人死亡,22人受伤。这一血腥攻击被认为是巴勒斯坦组织尼达尔所为。

5. 1983年7月15日:巴黎奥利机场土耳其航空公司登机登记柜台附近发生爆炸,造成8人死亡,54人受伤。1985年3月,3名亚美尼亚人因这起恐怖袭击案分别被判处无期、15年和10年徒刑。

6. 1983年12月31日:马赛(南)圣查尔斯火车站行李自动寄存处附近放置的炸弹爆炸,造成2人死亡,34人受伤。仅几分钟之前,巴黎—马赛高速火车发生爆炸造成3人死亡和3人受伤的"阿拉伯武装斗争组织"声称为这两起恐怖袭击的责任者。

7. 1986年9月17日:巴黎雷恩街的TATI商店遭炸弹袭击,造成7人死亡,55人受伤。该恐怖案是亲伊朗的恐怖网络阿里·萨利赫在1985年和1986年制造的15起(三起未遂)恐怖案中的一起,这一系列恐怖案总共造成13人死亡,303人受伤。

8. 1989年9月19日:法国UTA公司连接布拉柴维尔-巴黎DC-10航班在飞越尼日尔上空爆炸。这次袭击造成170名受害者,其中包括54名法国人。1999年,法国司法当局缺席判处6名疑似利比亚特工无期徒刑。

9. 1995年7月25日:巴黎中心的"圣—米歇尔"地铁大站被恐怖爆炸,造成8人死亡,119人受伤。这一恐怖攻击的罪魁祸首归因于阿尔及利亚伊斯兰极端分子"伊斯兰武装集团"。夏季新一波恐怖行动共造成8人死亡,受伤人数超过200人。2002年,2名罪犯因其中3起恐怖犯罪被判处终身监禁。

10. 1996年12月3日:巴黎Port Royal快速地铁站一节车厢遭恐怖爆炸,造成4人死亡,91人受伤。这一恐怖袭击使用的炸弹与1995年的恐怖袭击浪潮中使用的相似,GIA宣称为此事件负责。

第二章　法国对抗国际恐怖主义的转变历程

20 世纪 80 年代，中东局势复杂，在"巴勒斯坦解放组织"领导权执政、伊拉克与叙利亚冲突、中东极端政治团体等一系列问题中，法国政府摇摆不定的立场，使其成为众矢之的。奉行恐怖袭击为最佳手段的中东极端政治团体开始将法国作为报复目标。[①] 1980 年 10 月 3 日晚，巴黎街头停放的一辆电动自行车突然爆炸，导致 4 名过往行人死亡，11 人受伤。这是一星期中以犹太人为目标的第六次恐怖主义袭击事件，后来证实这一系列的恐怖活动都是国际恐怖分子因法国在中东的政策而实施的报复行为。该事件正式宣告国际（主要是中东）恐怖主义入侵法国。尽管当时的法国执法机构已经非常熟悉境内分裂主义势力实施的恐怖活动，但几乎还没有与国际恐怖主义打过交道。以至于案发前，法国所有情报部门（包括当时的对外情报机构 SDECE 与国内反恐情报机构 DST）和警察机构对此都一无所知，甚至在一系列爆炸案发生之后，都无法迅速辨别是否为境外恐怖分子所为[②]。

一、法国对国际恐怖主义的"庇护"政策

如前所述，20 世纪 80 年代，法国本土存在着三种截然不同的恐怖主义类型。初期是一些活跃的激进主义左翼分子，与意大利的"红色旅"、德国的"红色军团"类似。与其他一些欧洲国家相同，这类组织产生于本国，并在意识形态上致力于推翻资本主义统治，促使以美国为首的帝国主义垮台。在法国左翼恐怖势力中最有名的即为"直接行

---

① 郑宇钦：《法国扫除恐怖主义，化被动为主动》，载《青年日报》战略观察专栏，2009 - 07 - 03。

② Michel Wieviorka, 'France faced with Terrorism', *Terrorism*, Vol. 14, July 1991, p. 157.

动”，活跃于 1979 年至 1987 年，最初只将政府机构作为攻击的主要目标，后来发展为政治暗杀行动，该组织希望利用法国悠久的暴力革命传统来壮大自己，但在法国政府不懈的打击之下，"直接行动"最终在活跃了不到十年的时间之后退出了法国历史舞台，该组织甚至从未能在法国建立起一个有力的据点。

当时法国存在的第二类恐怖组织是地区分裂主义分子，倡导对法国的一些特殊地区的独立和自治，主要是巴斯克地区、布列塔尼（法国西北部），尤其是科西嘉岛，这类组织是对法国实施恐怖袭击最为持久的犯罪者，近年来已经实施了上百起恐怖袭击，然而，分裂主义的恐怖袭击并不致命，他们通常只对财产性目标进行袭击。分裂主义势力在他们的"领地"科西嘉岛有很高的支持率。然而，随着时间的推移，在与法国政府持续的斗争过程中，这些分裂主义恐怖组织逐步变化成普通的有组织犯罪集团，相比而言，以实现纯粹政治目标为动机的伊斯兰恐怖主义对法国政府而言更为棘手。

虽然在 20 世纪 80 年代早期法国当局对左翼分子和分裂主义势力问题已经相当熟悉，但法国情报部门对国际恐怖主义却了解甚少。因为在 1980 年巴黎系列爆炸案发生之前，法国并没有遭受过国际恐怖主义的袭击。因此，即使在这一系列恐怖袭击发生之后，无论是当时的法国对外情报部门 SDECE[1]，还是国土监视局 DST[2] 在各自的 1981 年领导述职报告中，都没有提到"国际恐怖主义"一词，这的确具有讽刺意义。[3]

从某种程度上来说，法国情报部门对国际恐怖势力缺乏认识起源于法国政府对待这个问题的态度，20 世纪 80 年代之前，法国政府一直在

---

① 1982 年 DGSE 取代了 SDECE，DGSE（Direction Générale de la Sécurité Extérieur）为法国对外安全总局，是法国的对外情报机构，隶属法国国防部。

② DST，Direction de la Surveillance du Territoire，法国国土监视局，2008 年与另一国内情报机构"国内情报局"（DCRG）合并，称作"法国国内情报总局"（DCRI）。DST 主要负责追踪伊斯兰恐怖组织网络，搜集境内与境外的伊斯兰恐怖主义的情报；DCRG 则主要负责在国内监视伊斯兰社区或传教场所，两者都为内政部下属情报机构。由于合并后双方的组织体系与职能分工并无本质改变，且只有 DST 才与预审法官有直接合作关系，因此本文仍沿用其合并之前的名称。

③ Reswsam，'Terrorism: Threat and Responses'，October 2001. *The Seattle Times*，June 22, 2002.

思考如何能更好地描述其"庇护主义"政策。这一策略试图将法国本身与国际恐怖主义相分离，将法国描绘成一个避难所。① 这需要法国的政策与国土在对待国际恐怖主义这个问题上尽可能地保持中立。如此一来，国际恐怖主义势力对法国就没有什么目标冲突，对法国也就没有什么威胁了；同时，国际恐怖主义势力在法国的活动也可以免遭惩罚，只要他们不针对法国及法国利益。

法国的"庇护主义"政策自始至终都在遭受非议。然而，抛开这个政策的"道德"或"道义"问题的讨论，在很长一段时间内，其"不作为"的对抗恐怖主义的策略贯彻得相当成功。"庇护主义"建立在对国际恐怖主义采取信任态度的基础上，认为这是一个政治上的外交难题，应当和法律实施相区别，必须要考虑法国本身的利益及法国处理国内外问题的能力。"庇护主义"允许法国政府与一些重要的国家保持良好关系，这些国家对于法国所针对的对一些组织的镇压行动是持反对意见的，因为他们支持这些组织。同时这也暴露出了法国当局在处理国外组织授意的恐怖袭击、国家问题及法国边界组织能力上的短板。② 当然，这种政策的实际效果也是明显的，它可以更好地避免恐怖袭击。

但同时，"庇护主义"策略也存在严重的缺陷，这在 20 世纪 80 年代有着明显体现。首先，它给法国所庇护的恐怖主义的反对者造成了许多政治难题，尤其是对于西班牙的巴斯克恐怖组织、以色列的巴勒斯坦解放组织，到后来针对美国的黎巴嫩革命分子，以及在巴黎暗杀了美国外交官的中东组织，这多多少少抵消了外交政策所带来的收益。其次，"庇护主义"需要法国当局维持与恐怖分子的联系，也因此必须保证对恐怖组织的识别和了解。另外，这种联系并不能很好地适应国内的政治竞选，而且经常在法国的竞选中损害执政党的利益。最根本的是，当恐怖主义间接挑战到法国利益或者企图改变法国政策时，"庇护主义"才能起到保护法国的效果。③ 同时，"庇护主义"展现出一种软弱的姿态，这是法国对于预防和对抗国外恐怖势力缺乏自信的表现。

---

① Michael Elliott, 'The Secret History', *Time*, 12 August, 2002, p. 28.

② Pierre Marion, La Mission Impossible. Paris: Calmann, 1991, p. 22.

③ Michel Weivorka, 'French Politics and Strategy on Terrorism,' *The Politics of Counterterrorism*. Foreign Policy Institute, 1990. p. 68.

法国在 20 世纪 80 年代早期，成为欧洲受恐怖势力影响最多的国家，证明"庇护主义"的功效已经衰退，尽管如此，法国当局并未马上摒弃它。最终导致"庇护主义"失灵的更重要原因是，国际政治环境将法国置于与一些组织和地区的直接对抗中，而这些组织和地区过去都将恐怖主义作为一种政治工具。并且，从以往的历史来审视，"庇护主义"学说本身也存在着明显的"崩溃"风险，法国政府以这样一种软弱的姿态是不可能与恐怖组织及其地区支持者相抗衡的；同时，也会促使恐怖主义势力面临其目标与法国利益相冲突时采用恐怖主义袭击的方式。此外，给予某一恐怖势力以庇护并获得其支持将不可避免地激怒其他暴力犯罪组织。最后，法国的"庇护主义"政策实际上给了恐怖分子极大的"自由"，他们不仅在法国境内实施恐怖活动，而且还以法国为策划基地，组织和策划法国境外的恐怖活动。法国给予恐怖分子的"自由"，客观上的后果是恐怖分子们被"允许"积累实力，被"赋予"运作的环境，如此一来他们很容易在时机成熟时将矛头转向"主人"。[1]

"庇护主义"最初被证明失败是在一次恐怖袭击中，这次袭击反映出巴勒斯坦分裂势力的"愤怒"，这是对亚西尔·阿拉法特所领导的"巴勒斯坦解放组织"的支持，前述 1980 年巴黎发生的系列爆炸案在某种程度上反映出阿布·尼达尔和阿拉法特在争夺巴勒斯坦领导权时的动机。同样，1982 年针对巴黎市中心的恐怖袭击反映出叙利亚和伊拉克之间的对抗，叙利亚人利用巴勒斯坦在法国的网络，将汽车炸弹放在了巴黎的一家支持伊拉克的报社外面，造成 1 人死亡，63 人受伤。这种类型的袭击表现出一种将目标指向其他组织和地区的微妙信号。[2] 与此同时，对法国当局来说，其政治立场总是模棱两可的。法国当局在抓捕最初的煽动者及应对未来可能受到的袭击的能力上几乎没有进展。这类袭击断断续续地贯穿于 20 世纪 80 年代早期，但从法国当局的视角看不出这一系列恐怖袭击中存在的任何规律和目的。由于这类恐怖袭击所具有的极大随机性，恐怖主义最终成为法国社会紧张感及巨大政治纠纷难题的主要根源。

①　Jongman,'Trends in international and domestic terrorism in Wetern Europe', *Table* 16, p. 44.

②　Michel Weivorka, 'French Politics and Strategy on Terrorism,' *The Politics of Counterterrorism.* Foreign Policy Institute, 1990. p. 72.

二、从"庇护"到"妥协"的转变

法国"庇护主义"刚被抛弃，随之而来的就是1986年的一系列恐怖袭击，这几乎使巴黎陷入瘫痪状态。1986年2月、3月、9月的3起恐怖袭击浪潮席卷了巴黎的公寓、商店、火车、地铁和公共建筑，14次袭击总共造成11人死亡，220多人受伤，其中大部分袭击是过去从未听说过的组织——"近东政治犯联合委员会"（CSPPA）实施的，其目的是逼迫法国政府释放被法国羁押的三名明显没有任何联系的恐怖分子头目：乔治·伊布拉希姆·阿布达拉（Georges Ibrahim Abdallah）[1]，其领导的恐怖组织"黎巴嫩革命军指挥部"在1982年刺杀了美国驻法大使馆的武官 Charles Ray 及以色列驻美第二任大使 Yacov Barsimentov，并试图在1984年刺杀美国驻斯特拉斯堡[2]总领事 Robert Homme；一个来自德黑兰的黎巴嫩基督徒 Anis Naccache，试图刺杀一位伊朗持不同政见者，在刺杀过程中杀害了一位无辜的民众和一名法国警察；"解放亚美尼亚秘密武装组织"（The Secret Army for the Liberation of Armenian，ASALA）的一名头目 Varoujean Garbidjian，于1983年在一架飞往法国的土耳其客机上实施爆炸，致8人死亡。下表显示了 CSPPA 于1986年在法国领土制造的一系列恐怖袭击。[3]

时间	恐怖袭击事件
2月3日	巴黎香榭丽舍大街一家购物广场内发生爆炸，8人受伤。一个小时后，第二枚炸弹在埃菲尔铁塔顶端被发现并拆除
2月4日	巴黎左岸一家书店发生爆炸，4人受伤

---

[1] 乔治·伊布拉希姆·阿布达拉，是一名黎巴嫩基督教徒，于1979年创立了"黎巴嫩革命军指挥部"（Fractions armées révolutionaries libanaises，FARL），并在巴黎制造了多起恐怖袭击事件。1984年10月，阿布达拉在里昂落网。1987年被提交审判，他的律师乃是名扬天下的"不可辩护罪行的辩护者"——雅克·韦尔热（Jacques Vergès），他的当事人包括克劳斯·巴尔比埃（Klaus Barbie）及"豺狼"卡洛斯。1987年2月28日，阿布达拉因杀人罪被判处终身监禁。

[2] 斯特拉斯堡（Strasbourg），法国东北部城市，阿尔萨斯大区（Région Alsace）的首府和下莱茵省（Bas‐Rhin，67省）的省会，也是法国第七大城市和最大的边境城市。

[3] Shapiro,J and Suzan,B（2003）The French Experience of Counter‐terrorism´45（1），Survival 67 – 98.

时间	恐怖袭击事件
2 月 5 日	巴黎一家地下的运动用品商店发生爆炸，9 人受伤
3 月 17 日	巴黎—里昂快速列车上发生爆炸和火灾，10 人受伤
3 月 20 日	巴黎香榭丽舍大街的一家购物商场发生爆炸，2 人死亡，28 人受伤。几分钟后，第二枚炸弹在夏特莱地铁站被发现并拆除
9 月 4 日	巴黎—里昂车站的地铁上发现一枚炸弹，雷管已经爆炸但并未触发炸弹爆炸
9 月 8 日	巴黎市政厅的邮政所发生爆炸，1 名雇员死亡，8 人受伤
9 月 12 日	巴黎一家咖啡厅在午饭时间发生爆炸，40 人受伤
9 月 14 日	香榭丽舍大街的一家酒吧发现一枚炸弹。但当 1 名职员和 2 名警察将炸弹转移至地下室时发生爆炸，1 名警察死亡
9 月 15 日	巴黎警察局发生爆炸，1 人死亡，51 人受伤
9 月 16 日	巴黎北部地区一家餐厅发生爆炸，1 人受伤
9 月 17 日	巴黎左岸一家拥挤的百货商店发生爆炸，5 人死亡，52 人受伤

随着一系列的恐怖袭击事态进一步升级，法国政府也开始采取一些安全保卫措施，包括设置 15 万美元的通缉悬赏，要求所有的非欧盟公民（除瑞士以外）入境法国时持有签证。法国政府授权警察随意盘查人员身份证明，并将讯问恐怖嫌疑分子的时间由 24 小时延长到 4 天。此外，警察开始在大型商场和办公地区实施随身行李搜查。政府开始对行政警察进行改组，在街道上安排更多的制服警察训练，尤其是在可能成为攻击目标的地区。基于安保措施和公共警戒的加强，法国制止了一些恐怖袭击的发生，并针对某些特定爆炸事件采取了抓捕行动。但是，恐怖袭击仍在继续，CSPPA 组织，甚至一些更不知名的组织（如"权利与自由游击队"，the Partisans for Right and Freedom）声称为此负责。总的来说，法国当局显示出了抵御能力的不足，也许是因为恐怖组织在法国根植太深，也许是因为他们拥有强有力的支持者。随着恐怖袭击的升级，一个恐怖组织的"背叛者"告诉当局，恐怖分子要求释放囚犯其实只是针对法国在中东地区的利益进行打击的掩饰而已。这个计划不

仅包括在法国本土实施炸弹袭击，而且包括对法国国外利益的压制，特别是在贝鲁特（黎巴嫩港口）劫持法国人质。[1]

20 世纪 80 年代早期，法国在中东地区的政策直接与叙利亚、伊朗和利比亚相冲突，而这些国家都是中东恐怖势力的支持者。就叙利亚而言，法国参与多国干涉和黎巴嫩内战的行为被视为对叙利亚的直接威胁；对于利比亚来说，法国反对利比亚对乍得的入侵，并借机与利比亚政府发生摩擦；最后，也是最严重的矛盾是与伊朗之间，在"两伊战争"期间，伊朗怨恨法国政府为伊拉克的萨达姆政权提供高端武器，伊朗甚至宣称，由于法国的破坏使伊朗背负了 10 亿美元的欠款。据上述恐怖组织的"背叛者"透露，黎巴嫩和巴勒斯坦的三个政权一致同意为了迫使法国政府改变其在中东的外交政策而对法国采取恐怖袭击。[2] 这一系列的袭击中最为严重的是在 1983 年 10 月针对驻黎巴嫩多国部队的自杀式爆炸袭击，造成 58 名法国士兵和 242 名美国海军死亡。

在这种直接利益相冲突的环境下，法国政府将"庇护主义"作为阻止恐怖袭击的理念不可能再次适用了。的确，恐怖袭击在法国埋下了巨大的仇恨种子，在这种情况下与恐怖分子谈判或者庇护他们会带来巨大的政治风险。更重要的是，恐怖分子与其潜在的支持者之间的交流也已经很明显了，他们也经常变更恐怖袭击的政治目标，这意味着对恐怖组织的纵容就是为法国在未来受到恐怖袭击埋下隐患。不幸的是，无论是在国内采取积极防御措施，还是在国外实施直接的军事打击，法国都没有压制住恐怖分子的嚣张气焰，法国对于制止国内的恐怖袭击或者是解救黎巴嫩的法国人质几乎没有选择的余地。[3]

法国经过一系列的措施后，恐怖袭击似乎终止了，因为法国政府既没有选择"庇护主义"，也没有以强力镇压作为对抗恐怖主义的手段，其最终决定采用"妥协"政策。据《法国世界报》报道：1986 年 9 月法国政府首脑对叙利亚首都大马士革进行了访问，要求叙利亚终止对法国恐怖势力的支持，保证黎巴嫩地区法国人质的安全并提供有关恐怖分

① Burdan, DST: Neufans a la division antiterroriste, p. 12.

② Porch, *The French Secret Services*, p. 32.

③ Truche, P(1997) *Rapport de la Commission de Réflexion sur la Justice.* （La documentation Française, Paris）.

子的情报。作为回报，法国为叙利亚提供武器和经济援助及外交上的支持。1986 年 11 月，三名在黎巴嫩的法国人质被释放，并在 1988 年 5 月下任法国总统选举时释放了全部人质，黎巴嫩针对法国的恐怖袭击也停止了。毫无疑问，此项谈判成功的部分原因不排除上述"背叛者"在早些时候提供情报的缘故。法国政府的"妥协"政策对伊朗也起到了同样的作用。Whalid Gordiji，一名伊朗驻法国大使馆的翻译人员，被查出策划了 1986 年的多起恐怖袭击，并在伊朗大使馆避难。① 经过谈判，此人也被允许离开法国，在随之而来的几年零星的恐怖袭击发生之后，法国在 1987 年至 1994 年保持了本土无恐怖袭击的纪录。

然而，一直到今天，法国政府仍否认这种协议的存在，因为时至今日，法国针对恐怖袭击支持者的任何处理仍饱受争议。尽管如此，我们清楚的是，正如 Michel Wieviorka 所指出的那样，在面对国际恐怖主义势力时法国的外交政策会根据恐怖主义的意愿作出调整。② 如法国从黎巴嫩事务中撤出，并在"两伊战争"中减少了对伊拉克的支持，随后解除了对伊朗的债务，并与其重新建立了外交关系。

三、从"妥协"到"压制"的转变

法国应对恐怖主义从"庇护"到"妥协"的适应政策，也许在 1986 年年底的下一波恐怖袭击到来之前是成功的，而这种适应是以强制性地改变法国外交政策为基础的，并非外交政策制定者的最佳选择。"庇护主义"政策、对抗国内恐怖袭击的失败及打击国外恐怖主义"头目"能力的缺乏，暴露了法国反恐实力的短板。最终，法国高层决定大力加强法国的反恐能力，加强法国警察和司法力量在反恐领域的权力。然而，反恐斗争并非一项完美的科学实验，法国政府致力于镇压恐怖主义的决心又再次陷入了这样的困境：反恐力量的分散化及反恐斗争的政治化倾向。

（一）反恐力量的分散化

20 世纪 80 年代初，法国政府内部的反恐机构并没有制度化，也因

① Royer, J – P (2000) Le ministère public, enjeu politique au XIXe siècle´in J – M Carbasse (ed), *Histoire du parquet* (PUF, Paris) 257 – 296.

② Michel Wieviorka, "France faced with Terrorism", Terrorism, Vol. 14, July 1991.

此缺乏整合，在四个内阁中至少有 7 支不同的警务系统，这使得在对抗恐怖主义的责任划分上发生了重叠。在法国，反恐领域的情报搜集权与侦查权被分散于若干情报、警察机构中。具有搜集国内反恐情报职能的部门包括四个国家机构：国土监视局（DST）、法国调查局（RG）、国家宪兵队（GN）和国家警察总局反恐部（DNAT）①，以及两个巴黎机构：巴黎警察局反恐部（SAT）与法国调查局巴黎分局（RGPP）。其中，RG 与 DST 是专业国内情报部门；除此之外，还有其他几个部门因具有司法警察职能而兼具反恐侦查权。② 更糟糕的是，这些机构很少会面而且经常相互不信任并且将案件侦查带错方向。基于这种原因，在1981 年法国内政部部长拒绝将反恐情报与法国对外安全局（DGSE）共享，他将其称为"苏维埃间谍的温床"。以至于法国国土监视局（DST）与对外安全总局（DGST）之间不仅没有任何合作互助关系，而且还存在排挤对立的情绪。1985 年的"彩虹勇士号"邮轮爆炸就是一个典型的例子。③

1985 年 7 月 10 日，运载 25 名国际环境保护组织——"绿色和平"运动主要负责人的"彩虹勇士号"邮轮在航行途中发生爆炸。1985 年7 月，"彩虹勇士号"开赴法属南太平洋岛屿穆鲁罗瓦岛，抗议法国在该岛进行的核试验。7 月 10 日，"彩虹勇士号"停靠在新西兰港口奥克兰，准备于次日启程前往穆鲁罗瓦岛。7 月 10 日晚 11 时 38 分，引擎舱发生爆炸，船体被炸出一个大洞，海水涌入。船员大卫·爱德华兹报告船长，船长下令船员登岸。部分船员返回住舱收拾物品，随船摄影师费尔南多·佩雷拉在抢运摄影器材时，第二枚炸弹爆炸，佩雷拉被困在船舱内淹死。

爆炸发生后，新西兰政府随即封锁现场，并展开搜查。在爆炸现场附近海域发现了一艘弃置的气垫船，船上载有法国制造的潜水和通信设备。法国国土监视局（DST）积极与新西兰警方合作并进行调查，最终挖出罪魁祸首竟是法国国家安全总局（DGST）的惊人内幕。爆炸两天

---

① DNAT，原司法警察第六处，后改名为司法警察中央反恐处，为法国国家司法警察内部的情报部门，主要负责法国分裂主义恐怖势力情报的搜集。

② 本书第八章《法国反恐法律与反恐机构研究》中会详细阐述这一问题。

③ 《新西兰"彩虹勇士号"被炸沉——历史上的今天》，载 http://nongli. 85384. com/history/id - 6673. html.

后，新西兰警方在机场拘捕了持瑞士护照的一对法国特工夫妇。① 经审讯，他们承认了自己是法国海外安全总局情报中心的特工，并交代了另外三名驾驶一艘法国帆船的同伙。据此线索，国际刑警组织对三名法国特工发出了国际通缉令，并进一步挖出一名在"绿色和平"组织新西兰办公室当卧底的法国特工。事发后法国政府宣称对事件并不知情，总理法比尤斯任命原行政院最高法官特里科调查爆炸案，调查报告宣称法国海外安全局确实向新西兰派出六名特工，但并没有指使他们炸沉"彩虹勇士号"，六名特工也没有任何越轨行为，爆炸案的发生与法国政府无关②。

对外情报部门与对内情报部门之间的对抗及国内情报部门之间的隔阂是法国情报系统存在的根深蒂固的难题。搜集情报是为了主动掌握恐怖分子的意图和动向，在恐怖袭击发生之前先发制人。显然，法国情报部门还没有做好应对国际恐怖主义的准备，其搜集情报的能力在今天看来是极其不足的，情报部门之间的隔阂与矛盾则使这种情况"雪上加霜"。

除此之外，在刑事司法领域的反恐形势也不容乐观。每一起恐怖袭击发生之后的侦查、起诉与审判都是刑事司法系统的任务。然而，在当时法国既有法律框架之下，司法警察、检察官和预审法官之间的配合与衔接工作存在严重问题。法国的警察制度是世界上最复杂的警察制度之一。从其职能性质上可以划分为行使刑事侦查权的司法警察和行使行政管理权的行政警察；按照归属部门则可以划分为内政部下属的普通警察和国防部下属的宪兵队（军警）。在反恐领域，司法警察负责恐怖袭击发生之后的调查工作。根据法国《刑事诉讼法》的规定，司法警察在初步调查阶段，听从检察官的指示，或依其自身职权行使权力，但侦查程序一旦开始，他们就必须在预审法官的指示下行动。司法警察不仅要

---

① 被捕的特工夫妇最终因杀人和蓄意破坏的罪名分别被判处 10 年和 7 年监禁，在服刑两年后两人先后获释。

② 1985 年 9 月 17 日法国报纸《世界报》刊登头版头条新闻，指出奥克兰爆炸案正是由法国国防部部长埃尔尼和法三军总参谋长拉卡兹下令，六名法国海外安全总局特工执行的，在事后的调查中，埃尔尼和拉卡兹向特里科提供了不实信息。法国各新闻媒体纷纷跟进报道，法国政府陷入空前危机。9 月 22 日法国总理公开承认爆炸案系法国情报机关一手策划并公布了国防部部长的辞职报告，法国总统密特朗随后罢免了海外安全总局局长和三军总参谋长。法国杂志 *Le Monde* 2005 年发行的一期文章中清楚地指出，爆炸是法国总统弗朗索瓦·密特朗亲自下的命令。

听从检察官的指示，受各上诉法院检察院检察长的监督，同时也须听命于预审法庭的指挥。①

从部门归属层面看，内政部下属、普通性质的司法警察应接受以行政区域划分的各省警务总监的领导，并最终向内政部部长负责；国防部下属宪兵队性质的司法警察则对国防部负责。从权力性质层面看，行使侦查权的司法警察又受共和国检察官的指挥，但共和国检察官的设置不是按照行政管辖区而是按照司法管辖权设置的。根据法律规定，司法警察要在大审法院检察官的领导下履行其职责。虽然大审法院原则上按省设置，但是在人口较多的省则会设立2个或3个大审法院。这意味着按照大审法院设置的检察官、预审法官和司法警察的权力管辖区与职能控制经常会不一致。② 恐怖袭击通常都不是一起孤立的袭击事件，通常具备犯罪的策划、预备、实施及逃避阶段。一个恐怖组织很可能在A地进行犯罪的策划与准备，在B地实施袭击，然后又逃窜到C地。这种复杂形势就要求各地的司法警察、检察官和预审法官保持畅通的联系和紧密的配合，但显然当时法国的刑事司法系统还没有做好准备。

（二）反恐的政治化倾向

任何事情涉及政治都会变得不容乐观，尤其是反恐的议题。在弗朗索瓦·密特朗③及其社会党当选之后，当权的总统、总理与警察机构、情报部门产生了比较严重的不信任。在23年的右翼统治之后，社会党将情报部门看做右翼支持者的堡垒。在20世纪50年代，密特朗个人的政治生涯由于安全部门的错误监控几乎全部被毁掉。同时，情报部门也不信任新政府，在1981年政治选举之后，情报部门对社会党特赦被监

① Delmas－Marty, M (1991) *La mise en état des affaires pénales: Rapport de la Commission, Justice pénale et Droits de l'homme* (La Documentation Française, Paris).

② Dintilhac, J－P (2002) Rôle et attributions du procureur de la République´(1) *Revue de science criminelle et de droit pénal comparé* 35－46.

③ 法国前总统弗朗索瓦·密特朗（1916—1996）。1945年入选国民议会。此后曾在8个内阁中任职，先后担任过国务部部长、内政部部长、司法部部长等职。1965～1968年担任民主社会联盟主席。1971年继续担任社会党主席。以反对戴高乐主义著称，1965年和1974年参加总统竞选，均告失败。1981年以患癌症之身击败在职的法国总统德斯坦，成为法国第一个社会党人总统。任内实行不成功的经济改革，失败后被迫和右翼总理雅克·希拉克实现共治，后来利用外交手腕连任总统，拉拢德国，平稳处理了苏联解体带来的欧洲震荡，加速了欧共体的统一。

禁的恐怖分子这一决定感到十分不满，并怀疑社会党对一些极端的左翼恐怖分子进行庇护，其中就包括"直接行动"组织，这一偏见源于密特朗总统的顾问迪伯瑞（Regis Debray）曾经在拉丁美洲与切·格瓦拉[1]并肩斗争。[2]

与此同时，在 20 世纪 80 年代，法国关于保障其民众免受恐怖袭击及保障外国人质自由的问题变成了一个极其令人忧虑的政治难题。这一显著的政治特点及社会党对现存情报机构的不信任，使密特朗决定在总统府内部创设一个特殊部门专门致力于反恐机构之间的协调问题，而且部门成员皆由其心腹组成。[3] 这个特设反恐部门的存在大大引发了现存警察机构和情报机构的不安情绪。这一时期内，这一举措对于协调和加强各个反恐机构面对复杂恐怖主义形势的沟通与信任方面并没有起到任何促进作用。最后的结果是，这个反恐办公室不仅在反恐斗争中没有作出任何贡献，反而因其被披露为了逮捕爱尔兰恐怖嫌疑分子而伪造证据引发了后续的公共关系危机。[4]

（三）大刀阔斧的反恐举措

法国对公众谴责的回应体现在 1986 年 9 月立法的出台上。1986 年立法授权法国政府建立了一些专门的反恐机构及专门致力于协调或集中反恐部门工作的机构。总的说来，1986 年立法发出了一种信号，即法国政府已经将重心由外交妥协转向司法压制，将反恐权授予法官和内政部，并让外交部退出反恐舞台。回顾以往的历史，法国外交部曾向恐怖主义的支持者们伸出了过多的橄榄枝。

内政部和司法部分别成立了各自的反恐协调委员会——UCLAT（Unitéde Coordination de la Lutte Anti – Terroriste）和 SCLAT（Service pour Coordination de la Lutte Anti – Terroriste），并要求这两个部门保持联系及

---

① 本名埃内斯托·格瓦拉（Ernesto Guevara），是阿根廷的马克思主义革命家、医生、作家、游击队领导人、军事理论家、政治家及古巴革命的核心人物，曾经与卡斯特罗并肩作战。切·格瓦拉死后成为了反主流文化的普遍象征、全球流行文化的标志，同时也是国际共产主义运动的英雄和左翼运动的象征。

② Marsud：'Avant de tout Oublier'，Paris：Denoel Impacts，2002.

③ Luc Chauvin：'French Diplomacy and the Hostage Crises'，The Politics of Counterterrorism，1990.

④ Paul Barril：'Missions trés Speciales'，Presses de la Cite，1984.

信息共享，其目的是将所有情报和警务联系起来，使法国政府可以集中处理反恐问题。在此之前，法国没有专门的反恐机构，也没有专门机构负责汇总各个部门的情报，或者为情报部门和警察机构提供直接的指导以对抗恐怖势力，正如一个参与 1986 年立法的议员所说，这些反恐协调委员会的设立从某种程度上来说是在仿效美国国家安全委员会。①

1986 年立法还将反恐司法程序集中起来。在 1963 年，当与阿尔及利亚独立战争相关联的恐怖浪潮出现时，法国政府通过设立新型的特别法庭"国家安全法庭"建立了类似的集中诉讼程序，这个法庭的成员部分由军官组成，其审判是秘密进行的并且被告人没有上诉权。简言之，当时的"国家安全法庭"存在于法国普通的刑事司法程序之外，尤其被作为左翼政权进行政治迫害的工具。② 1981 年新政权更替之后，在新一轮恐怖袭击到来之前，密特朗取消了"国家安全法庭"，并没有用任何的特殊司法程序加以替代处理恐怖主义问题。1986 年立法填补了这一空缺，但没有重复过去在正规法律程序之外新设专门化法庭的错误。虽然 1986 年立法意识到了恐怖主义区别于普通刑事犯罪的特点，并针对性地延长了对恐怖主义罪犯的调查和拘留期限，却仍然在普通刑事司法程序内对恐怖分子提起指控巴黎审判法庭，由普通法官对恐怖犯罪案件作出最后的判决（没有再创设另一个新的法庭）。

在这样的普通刑事司法系统中，如果某地发生了一起袭击案件，地方检察官就要在自己的责任管辖区内根据恐怖主义的法律构成要件判断犯罪行为是否属于恐怖犯罪。法律对恐怖主义的定义是："个人或者组织实施恐吓或恐怖行为，且达到了造成公共秩序混乱的程度。"如果构成一起恐怖犯罪，那么地方检察官就应将该案件移送至巴黎审判法院中专司反恐职能的检察官或者预审法官（他们构成了巴黎反恐法庭）。巴黎反恐法庭中的检察官或预审法官既克服了地方检察官办公室规模有限的缺陷，也可以避免地方政府官员对恐怖分子的庇护，尤其是科西嘉岛上的分裂主义恐怖势力。③ 更重要的是，巴黎审判法院中的检察官和预

① Alain Marsaud，"Pour un Conseil de Secutité"，Le Monde，21 December 1985.

② Irène Stoller，"Procureur à la 14 Section"，Paris：Miche Lafon，2002.

③ De Villepin，D（2006）*Prevailing Against Terrorism. White Paper on Domestic Security Against Terrorism*（La documentation Française，Paris）.

审法官专司反恐职能，逐渐形成了一支稳定的、专业的反恐刑事司法力量。

预审法官，从某种程度上来说是联系检察官和审判法官的桥梁，在英美法系中没有类似的职位，从起诉和辩护的角度来说，预审法官是不被提倡的，他们通过公正的调查来决定某一行为是否为犯罪，一旦作出决定，预审法官掌握的情况则多于检察官和辩护律师，辩护律师则以预审法官的调查为基础进行辩护，并在法官面前充当其支持者。因为，预审法官都力图做一个公正的裁判者，至少从理论上来说他们与政治权力没有关系，当然也会公正地进行讯问、授权窃听、调查及传唤，而这些措施在美国则需要特别法庭授权。在法国的司法系统内，预审法官并非唯一对抗恐怖主义的职位，然而这种体制在多数情况下只不过是司法程序中一个笨拙的、非常规手段，却被证明是唯一适应复杂调查程序所必需的，并以此刑事诉讼程序来惩罚甚至是阻止恐怖行动。

随着时间的推移，巴黎审判法院中的反恐检察官与反恐预审法官形成的规模不大的专门反恐力量，在反恐刑事司法领域已经达到了相当高的水平。反恐预审法官在多年的侦查实践中，尤其是在许多需要优先调查搜证的过程中，成为调查恐怖犯罪的专家，而这些在普通的刑事司法实践中是很难成就的，预审法官甚至还专门研究与恐怖主义有关的理论知识，如地区分裂主义和伊斯兰极端主义。预审法官主导反恐刑事司法体系的机制还解决了反恐的政治化倾向难题。也许这并不是 1986 年立法的本意，但由于预审法官具有法律赋予的独立地位，无论在普通刑事司法程序还是在反恐司法程序中都可以避免政治权力的干扰。如有必要，他们还可以凭借媒体的力量排除行政权的影响。预审法官的反恐工作获得了极高的社会声誉，这在 20 世纪 80 年代与怯懦的政客形成了鲜明对比。① 因此，预审法官的存在，其反恐职能的专门性与独立性，其以各种刑事司法手段对恐怖分子的无情还击，说明了法国的庇护主义及妥协政策是不可能持久并获得公众支持的。

① Hazareesingh, S (1994) *Political Traditions in Modern France* (Oxford University Press, Oxford), p. 121.

四、从"压制"到"预防"的转变

可以说，法国应对恐怖主义能力的进步归因于来之不易的经验教训。如前一章所述，法国有着"悠久"的恐怖主义历史，可以追溯到法国大革命时期混乱和动荡的局面，从那时起，法国就一直处于恐怖主义的最前沿，面对恐怖主义的各种"伪装"，从投掷爆炸物的无政府主义者到利用跨国网络进行宣传的伊斯兰极端恐怖组织，在近百年的时间里，法国遭受了国内外一波又一波的恐怖主义浪潮。尤其是在 20 世纪 80 年代初伊斯兰恐怖主义开始将法国作为向西方国家"开战"的首要目标，愈演愈烈的恐怖袭击终于使得法国政府痛下决心，对原来形同虚设的反恐体制进行了大刀阔斧的变革。最终，法国经过高成本的反复试验，在国内发展并壮大了颇受争议，但相当有效的反恐体制。当然，这种反恐体制是独特的法国模式，和法国的国力、国情及其所面临的威胁相适应，同时也和法国独特的市民文化相适应。尽管如此，对其他国家而言，仍然可以从法国的反恐经验中获得益处。

（一）来自阿尔及利亚的恐怖主义威胁

依据 1986 年立法建立的法国反恐体系第一次接受实战测试是源于阿尔及利亚内战①引发的袭击法国的恐怖主义浪潮。1989 年，阿尔及利亚举行多党派政治选举。然而，在 1992 年，当一个伊斯兰政党——"伊斯兰拯救阵线"（FIS）即将赢得选举前夕，政府推迟了全部选举进程，并宣布了军事管制驱逐 FIS，后者不得不撤退到一个秘密据点并开始组织军队对抗。直到 1994 年，一个更激进的组织——"伊斯兰武装集团"（GIA）出现，GIA 成功地集结了阿尔及利亚内战中所有的伊斯兰组织，并争取到了突尼斯、利比亚、摩洛哥等国的伊斯兰教徒的支持。这些支持为 GIA 聚集了一批居住在欧洲的"战士"。②

GIA 在阿尔及利亚的绝对优势迫使法国政府重新审视阿尔及利亚所带来的危险。与 FIS 不同，GIA 不仅觊觎阿尔及利亚的政治权力，而且

---

① 阿尔及利亚内战是阿尔及利亚政府与各种伊斯兰主义反叛团体之间的武装冲突。冲突始于 1991 年 12 月，1991 年阿尔及利亚国民大会选举第一轮结果显示"伊斯兰拯救阵线"将获胜后，政府取消了选举，声称害怕"伊斯兰拯救阵线"会结束民主。由此引起了阿尔及利亚内战，造成了超过十万人的死伤。

② Gerard Chaliand："L'arme du terrorisme'"，Paris：Louis Audibert, 2002.

追随"圣战主义"政治信条,这是由埃及伊斯兰主义思想家赛义德·库特布发起的,他在"前伊斯兰国"时期统治着阿尔及利亚人民和政府,所有的阿尔及利亚人民也被认为是不虔诚的,并要求要么屈服于恢复伊斯兰教,要么选择死亡。通过"圣战",GIA 不仅在阿尔及利亚获得权力,而且要求重建"伊斯兰王国",这是伊斯兰传统唯一认可的政府形式,在阿尔及利亚"圣战"浪潮之后,它将最终拓展到全世界。

为了实现建立伊斯兰国的目的,"圣战主义"信条认为应在世界范围内确立穆斯林的权利和义务以否定西方法律,并发起与西方国家的战争。对于 GIA 而言,阿尔及利亚只是与西方国家斗争的一个战场而已,对于 GIA 的"圣战"信徒来说,对西方国家的憎恨是强烈的,对法国的憎恨是绝对的,他们将法国描述为犯罪者的来源,认为法国通过殖民主义破坏了阿尔及利亚,掠夺了他们一个世纪的财富,并且还在继续借以其所支持的党派统治着阿尔及利亚,削弱穆斯林教义,奴役穆斯林信徒,还企图让阿尔及利亚摆脱宗教信仰。这意味着法国即将成为恐怖主义的袭击目标。

阿尔及利亚危机的扩展源于 1993 年 10 月 24 日法国驻阿尔及利亚领事馆官员的绑架事件,其中一名被释放的人质为法国政府带来了十分明确的信息:在阿尔及利亚的法国公民的人身安全即将受到威胁。1993 年 11 月 9 日法国当局发布黄色预警,两天内,有 110 人被讯问,87 人被逮捕。当然,抓捕浪潮的动机来自人质事件,但也反映了法国政府的不安。自 1992 年起,法国当局已经注意到大量进入法国境内的 FIS 成员及其他阿尔及利亚伊斯兰组织成员。对于时任内政部部长查尔斯·巴斯克而言,对可疑分子的讯问在于传递一种信号,即法国政府已经开始在法国国内镇压伊斯兰运动。1994 年 11 月 8 日,帮助阿尔及利亚反对派对抗政府的最有利支持者——"沙拉比组织"(Chalabi Network)被法国当局解散,其中 93 人被捕,15 人后来被释放,78 人在押准备审判。[①]

作为对法国当局打击伊斯兰组织的报复,GIA 于 1994 年圣诞夜劫持了一架由阿尔及利亚飞往法国巴黎的民航客机,声称要打击法国本

---

① Didier Bigo: 'Reassuring and Protectiing : Internal Security Implications of French Participation in the Coalition against Terrorism', *Critical Views of* 911, The New Press, 2002. p. 72 - 94.

土，并以此要挟法国政府终止对阿尔及利亚政府的援助，并要求法国对其在 1945～1962 年期间给阿尔及利亚带来的破坏进行经济赔偿，同时还要求释放 FIS 的领导人和 GIA 的原领袖。1994 年，12 月 26 日，法国突击队在马赛突袭了被劫持的飞机，击毙了劫持者，伦敦的情报资料显示当时 GIA 恐怖分子意图劫持飞机袭击巴黎，有极大可能是撞击埃菲尔铁塔。①

为了预防进一步的恐怖袭击，法国当局决心加大对法国境内及欧洲境内的伊斯兰组织的压制。1995 年 6 月 2 日，法国当局出动了 400 名警察抓捕了 131 人，在马赛、佩皮尼昂、图尔昆、奥尔良，除掉了一个支持 GIA 和其他阿尔及利亚组织的巨大恐怖组织网络。然而，不幸的是，法国情报机构并未发现在里昂和里尔的恐怖组织，而该组织随后进行了一系列的报复行动，在 1995 年 7 月 25 日的恐怖袭击中，造成了 10 人死亡，150 人受伤的惨剧。但是，和 20 世纪 80 年代遭遇恐怖袭击后不知所措的状态相比，法国当局的反恐能力已经能够在 4 个月的时间内锁定恐怖袭击者及其幕后的恐怖组织。下表为 2015 年 7 月～10 月 FIS 与 GIA 在法国境内实施的一系列恐怖袭击。②

时间	恐怖袭击事件
7 月 11 日	法国 Myrrha 街道的清真寺领袖被暗杀，后被证明系 FIS 组织所为，因为该宗教领袖曾反对伊斯兰主义者在法国本土的恐怖主义行为
7 月 25 日	法国巴黎圣米歇尔车站遭受炸弹爆炸袭击，造成 8 人死亡，86 人受伤
8 月 17 日	一个炸弹装置在巴黎凯旋门附近的一个垃圾箱的爆炸，造成 17 人受伤
8 月 26 日	法国当局发现了一枚炸弹安装在位于里昂北部的高速列车轨道上，但并未引爆
9 月 3 日	一枚经压力锅改造的炸弹在巴黎巴士底狱广场部分引爆，造成 4 人受伤

---

① Crelisten Schmid："Western Responses to Terrorism"，London：Frank Cass，1993. ，p.61.

② Shapiro，J and Suzan，B（2003）The French Experience of Counter – terrorism´45（1），*Survival* 67 – 98.

时间	恐怖袭击事件
9月4日	一枚威力强大的炸弹在巴黎第15区一个露天市场的公厕中被发现，所幸并未爆炸
9月7日	一枚汽车炸弹在里昂郊区的一所犹太学校外爆炸，爆炸发生在放学前10分钟，造成14人受伤
10月6日	一个含有金属颗粒的汽油桶在巴黎南部地铁站附近的垃圾箱内爆炸，造成16人受伤
10月17日	一枚炸弹在巴黎—奥尔赛一辆高速列车上爆炸，造成30人受伤

（二）法国政府对恐怖主义的回应

整个20世纪90年代，法国的预审法官负责反恐工作，并尝试采用司法手段预防和打击恐怖袭击。在20世纪80年代和90年代早期，由预审法官对各种恐怖犯罪案件的调查使其对伊斯兰运动的历史和文化有了全面的了解。这一点十分重要，基于这种深刻的理解，预审法官可以缩短调查期限，对恐怖组织成员实施更快速的抓捕，从而更加有效地阻止恐怖袭击的发生。

面对伊斯兰恐怖组织的威胁，20世纪90年代初，预审法官决定优先打击恐怖分子的后勤网络，并将其视为恐怖组织的薄弱环节。这些不同的阿尔及利亚武装组织通过武装抢劫、非法交易、伪造证件来实现其恐怖主义行动[1]。1995年立法与1996年立法，虽然对于法国的反恐体系没有作出任何重大调整，却有助于预审法官对恐怖组织后勤网络的打击。

1995年与1996年立法规定：预谋实施恐怖主义犯罪同样构成恐怖主义犯罪。这一重要法律规定使得预审法官可以在恐怖袭击发生之前即利用其专业知识和法律手段展开侦查，由此极大地增强了法国当局预防和惩罚恐怖主义的能力。[2]

---

[1]　Michel Wieviorka, 'France faced with Terrorism', Terrorism, Vol. 14, July 1991.

[2]　Hodgson, J (2001) The police, the prosecutor and the *juge d'instruction*: Judicial Supervision in France, Theory and Practice. ´41 (2) *British Journal of Criminology* 342–361.

尽管如此，在面对来自阿尔及利亚的恐怖主义威胁时，法国当局仍然发现他们缺少协调和交流能力，尤其是情报部门与刑事司法系统的预审法官之间的沟通和配合。预审法官通常将其下属的司法警察作为开展侦查活动的主要力量。与此同时，负责地区分裂恐怖主义的司法警察国家警察总局下属的反恐部门 DNAT（Division Nationale Anti – Terroriste of the Judicial Police）面临着巴斯克地区和科西嘉岛日益恶化的局势。1998 年，科西嘉岛的恐怖分子策划了刺杀科西嘉岛最高行政长官 Claude Erignac 的行动，庆幸的是，暗杀没有成功。①

负责伊斯兰恐怖主义的预审法官开始与 DST 直接进行合作。尽管 DST 之前也通过司法警察与预审法官保持着一定联系，但关系并不密切。预审法官认为 DST 既是情报机构也具有司法警察的性质，那么完全可以利用 DST 司法警察的性质将其纳入自己的指挥系统。这样的一种调查程序在预审法官和 DST 之间建立起一种持续性联系，并促使 DST 内部对预审法官产生了一定程度的信任。DST 通过司法手段处理恐怖案件，这种专门的手段促使司法权力和情报部门之间建立起了有效的联系，并最终形成了一个强大的反恐后盾。

DST 开始直接与预审法官和检察官联系，向他们提供情报以协助司法调查。如果预审法官从情报部门获得的情报显示可能存在一项恐怖主义犯罪行为，就可以将情报部门的调查转化为司法调查，在司法调查开始之前情报部门获得的情报是不能进入法庭审理程序的，因此后续的司法调查可以提供很多便利，DST 可以利用预审法官的巨大权力来获得展开调查措施的正当理由，如拘传和窃听，而通过这些合法调查措施获取的证据可以在法庭上使用。②

事实上，对抗伊斯兰恐怖分子的任务已经由预审法官和 DST 共同承担。一方面，预审法官保持着实际上的控制权，他们决定着调查方向；另一方面，预审法官与 DST 之间在某些问题上保持着真诚的交流，如情报搜集是否需要转化为司法调查，是否决定启用特殊程序，法国情

①　Royer, J – P (2000) Le ministère public, enjeu politique au XIXe siècle´in J – M Carbasse (ed), *Histoire du parquet* (PUF, Paris) 257 – 296.

②　Truche, P (1997) *Rapport de la commission de réflexion sur la Justice* (La documentation Française, Paris).

报部门与司法系统之间这种紧密的联系使得其比单纯的司法权运作更为高效。

预审法官与 DST 之间这种相互信任的关系，在一定程度上归功于一些预审法官的特殊人格魅力。例如，Jean – Louis Bruguière 与 Jean – Francois Richard 两位预审法官，他们对伊斯兰恐怖组织有着深入的了解，与 DST 也有着深厚的联系。人们希望假以时日，预审法官于 DST 之间的信任程度可以超越个人魅力而建立在制度框架之上。尽管预审法官和 DST 有着各自的特权，但是法庭不会干涉与司法案件无关的情报搜集。①

预审法官领导 DST 实施反恐司法调查的体系在 20 世纪八九十年代得到了发展，该体系的特点是针对国际恐怖主义尤其是伊斯兰恐怖主义集中刑事司法权，预审法官是反恐"智囊"，DST 具有情报部门与司法警察的双重性质。预审法官认为这种反恐司法体系是成功的：即使不可能预防所有的恐怖袭击，但是其所掌握的权力和方式却能够迅速端掉恐怖组织网络，从而阻止许多恐怖袭击并预计突如其来的恐怖主义威胁。

（三）预审法官预防性拘留的负面影响

尽管 20 世纪 90 年代中期恐怖袭击一直在持续，但预审法官的反恐行动却经常受到媒体和公众的批评。这些批评部分根源于 1981 年法国设置的"国家安全法庭"，以至于人们在意识形态上比较抵制某种特殊的司法审判权，因为它需要付出侵犯公民权利的代价。尽管 1986 年、1995 年和 1996 年等一系列立法赋予司法机关的权力远远小于当年的"国家安全法庭"，但还是受到了公众的谴责。根据以上法律授权，预审法官在起诉之前，对恐怖案件嫌疑人的拘留期限可以长达 4 天。而且预审法官有权签发和执行夜间搜查令，对特殊案件可以要求在没有陪审团的情况下进行审判。这种刑事司法权的过分集中及预审法官与 DST 的"亲密"关系遭到了媒体和人权组织的批评。②

预审法官有权对可能发生的恐怖袭击实施预防性抓捕，对嫌疑人可

---

① Shapiro,J and Suzan,B (2003) The French Experience of Counter – terrorism´45 (1) *Survival* 67 – 98.

② Madsen,M R (2004) France, the UK, and the Boomerang´of the Internationalisation of Human Rights, 1945 – 2000.´in S Halliday and P Schmidt (ed), *Human Rights Brought Home: Socio – legal Perspectives on Human Rights in a National Context* (Hart Publishing, Oxford) 57 – 86.

以行使任意性拘留权，而这些特权却缺少监督。1993 年 11 月 9 日的一次"清扫行动"，使人们回忆起第二次世界大战中德国人对犹太人的不人道行为。在该事件中，一共有 80 人接受讯问，但只有 3 人被监禁并被调查是否参与了恐怖组织的阴谋。第二次"清扫浪潮"是在 1995 年 6 月 25 日，法国当局抓捕了 131 名"萨勒姆组织"（Sheik Salem Network）成员；在 1998 年 5 月 26 日的预防性抓捕中，警方拘捕了 53 人，尽管其中有 40 人在 48 小时内就被释放了。这些举动遭到了媒体的披露，国际人权组织也声称法国当局的系列抓捕行动是对自由的破坏，因为这种拘捕没有明确的证据或依据证明所谓的"恐怖主义嫌疑"，也许某个人并未参与该组织，只是碰巧出现在现场而已，但也会遭到拘留。[①] 法国法律授权对嫌疑人被拘留后，一般情况下关押 2 天，涉及恐怖主义犯罪的关押 4 天，关押时间由预审法官决定；并由预审法官搜集证据以决定是否启动侦查程序。

五、反恐策略的全面开展

尽管赋予了反恐预审法官过大的权力，但法国政府仍坚持认为预审法官领导的反恐侦查方式与普通刑事犯罪的侦查并无差异。恐怖分子也与其他危险的犯罪分子一样，其"犯罪原因"也没有任何法律效力。在法国政府看来，（美国）对关押在关塔那摩湾的敌人实施特殊的司法程序根本达不到预期效果，因为这样会将恐怖分子的重要性提升到更高的程度。"否认民主原则而推进反恐任务只能帮助恐怖分子宣扬其意识形态，助长其成为历史。"再者，法国政府对恐怖主义威胁的观点不同于美国：尽管法国认为伊斯兰恐怖主义是一个主要的威胁，但是并不认为恐怖分子的行动是针对法国或者针对整个西方世界的战争行为。[②] 不过法国政府一直坚持的观点是：为了达到反恐的"最佳"效率，在法律允许的范围之内，反恐必须有创新性和灵活性。

这种观点产生于法国处理游击队和恐怖分子的长久历史。在阿尔及

---

① McColgan, M and Attanasio, A (1999) *France: paving the way for arbitrary justice* (FIDH International Federation of Human Rights Leagues).

② Rees, W. and Aldrich, R. J. (2005) "Contending Cultures of Counter – terrorism: Transatlantic Divergence or Convergence?" *International Affairs*, Vol. 81, pp. 905 – 923.

利亚战争中，法国意识到军队在地面的胜利并不能保证恐怖袭击的结束。而且，也认识到仅仅依靠军事行动并不能赢得人民的内心与信念支持。实际上，当面临"阿尔及利亚民族解放阵线"（FLN）的回击之后，法国军队开始持续使用更加严酷的方式，从而破坏了传统的军事程序。尽管这些严酷的策略在搜集情报方面更加成功，但却使得阿尔及利亚国内大部分的阿拉伯人民开始反对法国，最终造成阿尔及利亚脱离法国赢得独立的结果。

为了打击恐怖组织，从 20 世纪 90 年代开始，法国政府制定并实施了许多策略。在情报系统内部，强调加强情报部门的国际合作、人力资源管理及反恐探员的训练。要求反恐情报人员严格遵守"服从、坚持、集中"的原则，强调其心理层面的使命感。而且也常常利用卧底探员实施诱惑（incite）侦查。法国的法律体系允许在反恐调查过程中使用诱惑侦查措施，只要其目的在于预防一项更加严重或即将发生的犯罪。情报部门使用同样的策略（诱惑侦查）追踪恐怖网络。于 2006 年修订的法国《刑法典》允许反恐探员调查案件并通过向法官提供其行政编号隐匿作证，探员的真实身份只能由巴黎上诉法院总检察长决定公开。[①]

法国政府同样积极建立了强大的监视网络以确认哪些人曾与已知的具有极端思想的人有所联系。对外情报机构 DGSE 负责确认和监控"圣战"经过的据点（如巴基斯坦部落地区）。情报机构也会招募一些线人搜集情报。此外，国内情报部门还会从互联网上的大量信息中辨认和提取相关线索。[②] 同时，法国当局也意识到反恐不能仅仅依靠探员的特殊行动（如卧底或招募线人），在更大范围内搜寻有价值的情报亦是非专业国家安全部门的任务。如果尽可能多的政府机构和部门都致力于发现和追踪可以用于反恐的情报，那么法国的反恐斗争将会更加有效。为了更好地理解反恐关键要素，政府更新了执法部门的训练计划，提升了执法人员的继续教育模式，以使所有执法部门都了解法国的社会与宗教环

---

① De Villepin, D (2006) *Prevailing Against Terrorism. White Paper on Domestic Security A-gainst Terrorism* (La documentation Française, Paris).

② Reveron, D. S. (2006). "Old allies, new friends: intelligence – sharing in the war on terror." *Orbis* 50 (3): 453–468.

境，从而使其更好地发现和辨别恐怖活动的可疑迹象。①

从 20 世纪 80 年代开始，法国已经遭受多年的国际恐怖主义威胁，其对待恐怖主义的态度也经历了"庇护"—"妥协"—"打击"—"预防"的发展过程。可以说，法国反恐的结果是建立在其良好的反恐机制之上（尽管还存在许多问题），得益于其大量的反恐法律。法国的反恐法律与美国是截然不同的：法国的法律允许执法机构拘留任何一个与恐怖主义有关联的人——即使这种关系非常遥远，法律的执行是在一个比较神秘的政治环境中完成的，而在美国这种情况会被认为是侵犯公民自由权利。② 再者，反恐法官的角色主要是协助法国反恐系统集中化，因为这些预审法官可以使司法部门、执法部门和情报机构紧密联系起来。正如著名的前反恐法官 Jean‑Louis Bruguière 所说："反恐法官设置的目的就是将反恐的各种力量集合起来。"③ 基于如上法国反恐的特点，自 20 世纪 90 年代后期，法国开始在打击国际恐怖主义的斗争中取得巨大的成功。

---

① Walsh, J. I. (2006). "Intelligence‑sharing in the European Union: Institutions are not e‑nough." *Journal of Common Market Studies* 44 (3): 625–643.

② Heller, N. (24 May 2007). "Collateral Damage." The Center for Public Integrity. http://projects. publicintegrity. org/militaryaid/report. aspx? aid＝876.

③ Guarnieri, C and Pederzoli, P (2002) *The Power of Judges. A Comparative Study of Courts and Democracy* (Oxford University Press, Oxford).

第三章　欧洲"反恐先锋"出现：法国反恐刑事司法体系的形成与特点

1999 年 12 月，阿尔及利亚人阿穆德·瑞萨姆（Ahmed Ressam）因驾驶一辆装满炸药的卡车在美国与加拿大的边境交界处被逮捕。瑞萨姆出生在阿尔及利亚，居住在加拿大，并试图袭击美国洛杉矶国际机场。尽管表面上此案与法国无关，但法国情报部门实际上已经监控瑞萨姆及其同伙超过三年，并且多次警告加拿大当局此人有在北美实施恐怖袭击的意图。在其被捕后，法国向美国 FBI 提供了一份有关瑞萨姆的完整档案，并协助美国当局辨认其同伙，最终还派遣了一位官员出庭作证。[①]

从 1980 年至 1999 年的近二十年间，法国被认为是国际恐怖主义分子的天堂，他们有的直接在法国境内实施恐怖活动，有的则将法国作为筹谋恐怖活动的基地。回溯到 1980 年，当巴黎市中心发生一起爆炸案件之后，法国执法机构都无法确定这是否为一起境外恐怖分子实施的恐怖袭击。[②] 但近二十年后，他们甚至可以掌握身处在另一个国家的恐怖分子的详尽资料（即使是针对第三方国家的恐怖袭击）。20 世纪 90 年代末至 21 世纪初，法国成功阻止了几次重大恐怖袭击，其中包括针对1998 年世界杯、2000 年斯特拉斯堡（法国东北部城市）大教堂及 2001年美国驻法国大使馆的恐怖袭击。

这种巨大的差异反映出法国预防和打击境内及境外恐怖主义的能力得到根本性提升。从 1996 年至 2012 年的十六年间，当美国遭受

[①]　Shapiro, J. and Suzan, B. (2003) The French Experience of Counter – terrorism´45（1）*Survival* p. 67.

[②]　Michel Wieviorka, "France faced with Terrorism", *Terrorism*, Vol. 14, July 1991, p. 156.

"9·11"恐怖袭击，英国伦敦遭遇"7·7"连环爆炸①之时，法国领土上几乎没有发生一起恐怖袭击。由于具有近于严苛的反恐法律、权力强大的预审法官、坚不可摧的警察部队、覆盖广泛的情报网络，法国获得了"欧洲反恐先锋"的美名。其成功的反恐模式成为西方国家效仿的"楷模"，英、美等国的政府代表都曾到访法国以借鉴其对抗国际恐怖主义的丰富经验。

一、国际恐怖主义入侵，执法机构措手不及（1980~1986年）

20世纪80年代，法国面临着两种恐怖主义的威胁：境内的分裂主义势力②与境外的国际恐怖主义势力。当时的法国情报部门与执法机构都将重心放在打击本土恐怖主义之上。分裂主义恐怖组织因主要集中于财产袭击，危害生命安全的程度相对较低；并且因其具有典型的地域性特点，其影响力也相对较小。

真正对法国国家安全造成巨大影响的则是有中东背景的国际恐怖主义势力。如前一章所述，1980年9月底至10月初发生的系列爆炸案件正式宣告国际（主要是中东）恐怖主义入侵法国。但当时法国的执法机构几乎没有与国际恐怖主义打过"交道"。以至于案发前，法国所有情报部门和警察机构对此都一无所知，甚至在系列爆炸案发生之后，都无法迅速辨别是否为境外恐怖分子所为。

1982年至1988年，法国境内发生的恐怖活动因为受到中东恐怖主义势力崛起的影响而达到顶峰，其中以尼达尔组织、黎巴嫩"真主党"以及"豺狼"卡洛斯③最为突出。由于恐怖袭击发生的地点具有极强的随机性，不断发生的恐怖活动引发了广大法国民众的焦虑。随后，执法机构采取了一系列反恐措施：如警察可以随意对某行人进行身份核实，可以在主要商场和政府机构实施行李检查，派遣更多的制服警察到街面

---

① 指于2005年7月7日早上交通高峰时间在英国伦敦连环发生至少7起爆炸案，数个伦敦地铁铁路站及数辆巴士爆炸，共造成56人死亡（包括4名实施爆炸者），伤者逾百。一个自称"欧洲圣战组织基地秘密小组"的组织宣称对该事件负责。

② 以巴斯克自治区、布列塔尼半岛，尤其是科西嘉岛为代表的地区分裂主义势力以独立或自治为名，自20世纪70年代始在法国境内实施了几百起恐怖袭击。

③ 其于20世纪80年代在法国境内制造了4起炸弹袭击，共造成11人死亡，200多人受伤。

上尤其是认为可能成为袭击目标的地点实施巡逻。但这些以反恐警务为主的措施并未能有助于构建法国刑事司法体系下的反恐模式。①

另外，法国政府也意识到恐怖组织与某些中东国家之间具有千丝万缕的联系。由于当时法国的情报部门与警察机构几乎没有调查国际恐怖组织的能力与经验，法国政府只能通过外交途径同支持恐怖组织的国家展开谈判。通过向叙利亚提供经济、武器与外交事务上的协助，退出黎巴嫩与叙利亚的军事冲突，以及"两伊战争"的斡旋调停，法国政府换取了这些国家提供的恐怖组织情报。但以政府交易手段得来的情报并不能提高当时法国反恐部门搜集情报的能力。这一时期的法国反恐机构仍然处于分散且缺乏协调合作的局面。情报部门与侦查机构职能重叠，缺乏沟通。各内阁部门下属的八个不同的情报与侦查机构②都有权搜集反恐情报。更糟糕的是，这些机构之间缺乏信任，不共享情报，不进行合作，甚至互相误导。③

而在刑事司法领域，恐怖活动发生的连续性与关联性也被忽视，地方检察官与侦查人员仅负责其司法管辖区内恐怖袭击的侦查与起诉，与系列恐怖袭击中的其他案发地司法人员没有沟通与合作，这也使得反恐领域的侦查与起诉活动效率低下。再者，由于法国经常与支持恐怖组织的国家进行秘密"情报交易"，使政客们以此作为权力斗争的砝码，当时的法国大选也受此影响。④ 因此，反恐议题更多的停留在政治层面，并未能从制度上加以构建。

二、建立反恐刑事司法程序，由预审法官主导（1986～1996年）

1985年至1986年间，巴黎多家百货公司遭遇了爆炸袭击，造成13人死亡，303人受伤。从1980年至1986年陆续发生的一系列恐怖袭击

---

① Reswsam,"Terrorism: Threat and Responses", October 2001. *The Seattle Times*, June 22, 2002.

② 包括司法警察、国内情报局（DCRG）、国土监视局（DST）、航空与国境中央警察处（PAF）、国家宪兵干预队、对外安全总局（DGSE）、巴黎司法警察、国防保卫安全局（DPSD）。

③ Michel Weivorka,"French Politics and Strategy on Terrorism," *The Politics of Counterterrorism*. Foreign Policy Institute, 1990. p. 89.

④ Michel Weivorka,"French Politics and Strategy on Terrorism," *The Politics of Counterterrorism*. Foreign Policy Institute, 1990. p. 68.

使法国政府认识到姑息国际恐怖主义并不能避免法国本土遭受恐怖袭击，也不会减少袭击发生的次数或减轻袭击的破坏程度。巴黎连环爆炸案促使法国在反恐道路上迈出了至关重要的一步，法国意识到只有从制度上构建一套正规的、健全的反恐体系，方能对抗和预防日趋强大的国际恐怖主义势力。于1986年9月袭击案发生后迅速出台的反恐立法①，标志着法国反恐进入新纪元。

1986年之前，法国并没有专门的司法系统来应对恐怖主义犯罪，过去所谓的"国家安全法庭"②独立于司法程序之外，事实上不过是政治镇压的工具而已，恐怖袭击次数在1986年达到了整个80年代的顶峰，1986年立法填补了反恐在司法领域的空白，法国的反恐立法体系是在1986年立法的基础上逐步建立起来的，法国《刑法典》中设置了恐怖主义行为罪，对恐怖主义犯罪的概念是在一般刑事犯罪的基础上，加上了"个人或者集体实施的，以恐吓或者恐怖手段达到了对公共秩序造成严重干扰的程度"的表述，③并根据恐怖主义行为的特点强化了侦查手段，如延长了对恐怖主义犯罪嫌疑人的调查和拘留时间，以巴黎为中心，将恐怖主义犯罪纳入预审法官的侦查权限内，而这一切并没有重复过去的设立专门法庭以处理恐怖犯罪的错误，而是通过正当的侦查程序对恐怖主义犯罪进行侦查、起诉和审判。

1986年立法是法国反恐法律的支柱，恐怖主义被定义为从重处罚的故意犯罪。其首先解决的是情报部门与侦查机构之间分散且缺乏合作的问题，于内政部成立了"反恐协调中心"（UCLAT），负责汇总情报机构与警察机构所搜集的反恐情报，以及两部门之间的情报共享与协调合作。新部门的成立不仅改变了此前法国没有一个专司反恐职能的政府部门的历史，而且在一定程度上改变了之前缺乏反恐情报汇总与分享的

---

① 1986年立法着重强调对抗恐怖主义，其重要内容后来加入了法国《刑法典》。在1995年爆炸袭击之后的1996年修正，在2001年"9·11"事件后再次修正，当时还出台了一部单独法 Everyday Security。在2004年3月11日马德里惨案以及2005年7月7日的伦敦爆炸案之后，也出台了其他反恐法律和新的安全措施。

② 1963年，法国设立了专门应对恐怖袭击的特别法庭，称作"国家安全法庭"，组成人员部分来自军方，审判是秘密进行的，审判程序游离于正当法律程序之外。

③ 崔东：《法国反恐模式研究及对中国的启示》，西南政法大学2016年硕士学位论文。

不利局面。①

　　另一重大举措则是在普通刑事司法体系内建立了反恐刑事司法特别程序。20 世纪 60 年代，法国为打击源于阿尔及利亚独立战争所引发的极端主义恐怖活动，曾建立了一套完全不同于普通刑事司法体系的特殊法庭，遵照秘密审判原则且不得上诉，最后沦为政治打压的工具。基于此前车之鉴，法国只是在原有普通刑事司法体系的大框架下，设立一套特殊司法程序审理恐怖主义犯罪，将侦查、起诉和审判集中在一个法院。根据 1986 年立法，虽然以恐怖主义为目的的犯罪会被处以更长的监禁刑罚、更长的拘留与侦查期限，但案件的起诉与审判仍然沿用普通刑事司法程序，即在现有的巴黎审判法院由普通法官进行审理和判决。当某个地区发生了与恐怖主义相关的犯罪案件时，对该地区具有司法管辖权的地方检察官会判断该项犯罪是否符合恐怖主义的定义"以严重破坏公共秩序为目的，由个人或团伙以威胁或恐怖手段实施的犯罪行为"。② 如果达到恐怖主义犯罪的标准，检察官会将案件移交给巴黎审判法院的预审法官。

　　将恐怖主义犯罪案件的侦、诉、审集中于巴黎审判法院，一方面改变了恐怖主义犯罪司法管辖权分散的弊端，整合反恐刑事司法资源，提高了反恐侦诉效率；另一方面，巴黎审判法院内部逐渐形成一个专司反恐侦诉职能的检察官与预审法官团体，尤其是反恐侦查程序的主导者——反恐预审法官，其强大的侦查权、身份的独立性及丰富的反恐经验，最终成为领导法国反恐斗争的核心力量。③

三、反恐模式发展期（1996 年之后）

　　于 1986 年形成的法国反恐刑事司法体系不久后即受到了来自阿尔及利亚的恐怖组织 GIA 的考验。因为阿尔及利亚曾是法国的殖民地，该组织将法国人作为恐怖袭击的首要目标。1994 年 12 月，GIA 劫持了一架法国航班，杀害了 3 名乘客；1995 年，GIA 又在巴黎地铁快线实

---

①　Michel Wieviorka, "France faced with Terrorism", Terrorism, Vol. 14, July 1991.

②　Royer, J－P (2000) Le ministère public, enjeu politique au XIXe siècle′in J－M Carbasse (ed), Histoire du parquet (PUF, Paris) 257－296.

③　azareesingh, S (1994) Political Traditions in Modern France (Oxford University Press, Oxford), p. 121.

施多次爆炸，造成8人死亡，150人受伤。在经历了一系列的恐怖袭击之后，法国意识到伊斯兰恐怖分子的目标是要造成最大化的人员伤亡，引起社会的动荡和民众的恐慌，因此应尽量在恐怖行为实施之前或在准备阶段加以扼杀。这种"主动预防型"观点在2001年美国"9·11"事件发生之后得以强化。同时，让法国政府甚为担忧的还有本土衍生的恐怖分子。自20世纪90年代初，"伊斯兰极端组织"就已经开始在法国贫困郊区招募年轻穆斯林，① 对其加以恐怖主义"培训"，并指使其中一部分返回法国执行恐怖袭击任务。

（一）反恐重心由打击转向预防，出台法律加强反恐侦查权

接连发生的恐怖活动与不断滋生的潜在恐怖分子促使法国对其反恐策略进行了重大调整：在遵循预审法官主导型反恐模式的基础上，将反恐重心由强化打击转向积极预防。1995年与1996年，法国先后两次修订反恐立法，并制定了一项意义深远的反恐法律规定，即"存在犯罪意图即构成犯罪"（an intention to commit a crime a crime itself）。据此，预审法官可以在恐怖袭击发生之前开启侦查程序，拘留或逮捕有实施恐怖活动意图的嫌疑人。② 简言之，法律授权逮捕和起诉任何与一个恐怖基地或恐怖集团有关联的人——即使其作用很小且不能立竿见影。这一法律规定从某种程度上而言类似于美国的《联邦反有组织犯罪法》（RICO法）：任何受雇于或关联于某个从事敲诈勒索或非法收债集团的个人，无论其是指挥者或参与者，直接实施或间接实施，都构成违法。此项规定不仅提升了预审法官打击恐怖活动的能力，更重要的是可以最大限度地预防恐怖袭击的发生。同时，立法还进一步加强了预审法官的侦查权，规定预审法官对恐怖犯罪案件中嫌疑人起诉前的羁押期限达到4天（之前是2天），预审法官有权签发夜间搜查令，展开夜间搜查。③

（二）情报与司法分离，信息沟通不畅

任何一个国家的反恐机制中，情报都是至关重要的。执法机构的侦

---

① 法国有600万穆斯林，是欧洲国家中穆斯林人口最多的。由于种族与宗教等原因，穆斯林在法国的就业率普遍较低，总体生活水平较为贫困，这种情况在郊区更加突出。

② Hodgson, J. (2001) The police, the prosecutor and the *juge d'instruction*: Judicial Supervision in France, Theory and Practice. ′41 (2) *British Journal of Criminology* 342–361.

③ Royer, J–P (2000) Le ministère public, enjeu politique au XIXe siècle′in J–M Carbasse (ed), *Histoire du parquet* (PUF, Paris) 257–296.

查活动在于搜集证据，需要在司法程序或法庭审判中可采的证据。在此前提下，信息的来源就变得非常重要，证据的可信度必须根据司法证据规则加以证明。执法机构通过侦查活动搜集的证据必须达到一定的量，因为其是决定法庭审判中裁决某人有罪或无罪的基础，情报则无须达到这样的要求，情报的作用是为执法机关绘制一张达到目标的蓝图。

从 20 世纪 90 年代中期开始，阿尔及利亚伊斯兰主义开始威胁法国的安全，预审法官开始主导了一系列的侦查活动，并绘制了一张法国境内恐怖主义网络的蓝图。针对这种小规模的专业恐怖主义组织，难以使用常规的司法机构予以打击，即使预审法官个人接受了非常专业的反恐课程。因此，法国司法界存在这样一个部门：既没有从政府、警察机构的侦查、国安部门分离开来，又在反恐领域实际处于领导地位（这与英国完全不同）。预审法官的专业知识、威信、权力使其可以决定由哪些部门进行司法侦查，这种情况使得预审法官成为了 20 世纪 90 年代的反恐主导力量。从 1993 年起，经历了 1995 年和 1996 年的恐怖袭击，之后一直到 1998 年，在伊斯兰恐怖活动案件侦查中，预审法官将绝大部分司法侦查权都交给了国家警察侦查部门及巴黎警察局反恐部。在这种前提下，情报部门，如法国国内情报局或者国土监视局应该将其信息传递给任何一个负责侦查的执法部门。但是根据一位前任预审法官的说法，情报传递的过程通常都是不顺利或是失败的。针对这种情况，预审法官开始运用其权力与某些执法部门的高级官员组成非正式的联盟，由此重塑了法国的国内反恐组织。[①]

1998 年，当国家警察总局反恐部（DNAT）忙于打击科西嘉岛的分裂主义恐怖势力之时，专业打击伊斯兰恐怖主义的预审法官与国土监视局（DST 兼具司法警察与情报机构职能）建立了联盟。国土监视局于同年开始实施内部改革，建立了一个专门的"司法调查部"（le Unite Enquete Judiciare）以加强其在反恐领域的执法能力。但如果没有预审法官的支持，DST 的改革也不会有多少影响。预审法官看到 DNAT 忙于打击分裂恐怖主义，而 DST 却在努力提升，因此决定与伊斯兰恐怖主义的情报部门 DST 直接合作。至此，原来情报部门与警察机构之间存

---

① Didier Bigo："Reassuring and Protectiing：Internal Security Implications of French Participation in the Coalition against Terrorism"，*Critical Views of* 911，The New Press，2002. p. 72 – 94.

在的责任分散的局面得以有效改进。用一位预审法官的话说："你们这些情报官员将会带上司法警官的帽子听从我们的命令，因此你们应该依靠我们：预审法官或检察官。"[①] 直到 1998 年，法国反恐领域司法与情报直接分离的情况并没有出现重大变化，新的组织体系并未建立起正规的联系渠道，仍然沿用原有的依靠人际信任建立的非正规方式。

（三）情报部门与预审法官直接合作，反恐效能从本质上得以提升

面对阿尔及利亚恐怖组织的威胁，法国政府意识到反恐机构之间缺乏协调与合作是反恐斗争的最大弊端，尤其是情报机构与预审法官之间的关系。通常反恐预审法官都是指挥和领导司法警察展开侦查。但在当时，DNAT 将主要精力放在对抗科西嘉岛、巴斯克自治区等分裂主义恐怖势力上。因此，反恐预审法官不得不寻求与负责伊斯兰恐怖主义情报的 DST 合作。从 1998 年开始，法国情报机构与司法部门之间原来完全独立的体系在反恐领域得以突破，预审法官与 DST 逐渐建立起高度信任的合作关系。这种合作奠定了后来法国反恐模式改革形成和加强的基础。

在 1994 年阿尔及利亚伊斯兰恐怖分子劫持飞机并于 1995 年实施一系列爆炸袭击之后，法国官员开始意识到伊斯兰恐怖分子的目标是造成最大化的人员伤亡，"9·11"事件及之后的伊斯兰恐怖活动使得这种观点得以加强。搜集情报有助于司法打击恐怖主义这种比较极端的逻辑致使一个国家可以将其反恐执法部门变为一个情报机构。这种预防恐怖主义的逻辑使得 DST 转变为主要致力于打击伊斯兰恐怖活动的司法侦查部门。DST 有必要加强其司法侦查的能力，因为，它是唯一可以搜集到伊斯兰恐怖分子的国际线路和联系的部门。当这些嫌疑人从阿富汗或巴基斯坦回法国时，DST 就会实施情报调查，然后转变为司法侦查以逮捕他们。

在预审法官的主导下，法国的反恐斗争不再局限于国内，而是将视线扩展到全球范围的伊斯兰恐怖主义网络。搜集情报有利于预防和打击恐怖主义的逻辑使 DST 开始监视境外有恐怖主义嫌疑的法国人或与法国利益相冲突[②]的外国人。他们甚至可以掌握身处另一个国家的恐怖分

---

① Samet, C. (2000) *Journal d'un juge d'instruction* (Presses Universitaires de France, Paris).

② 主要指对阿尔及利亚的殖民历史及在中东地区的外交政策引发的利益冲突。

子的详尽资料（即使是针对第三方国家的恐怖袭击），这种巨大的差异反映出法国的反恐能力得以本质提升，"反恐先锋"的盛誉实至名归。

四、法国预审法官主导型反恐模式的特点（如下图）

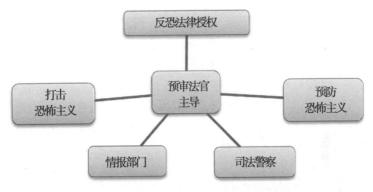

（一）不断修正强化反恐法律，在严厉打击的同时也强调积极预防

在法国看来，重大恐怖袭击之后制定临时反恐法律不足以对抗长期存在的恐怖主义，因此法国更倾向于通过修正反恐立法加强执法机关的反恐权力。一方面，为震慑恐怖主义，法国在1986年反恐立法中即规定恐怖主义是从重处罚的故意犯罪，在后期出台的反恐立法中，恐怖犯罪的刑罚法定期限不断延长：主犯刑期延长到20～30年，共犯刑期增加到10～20年；加重处罚则由30年改为无期，20年改为30年，10年改为15年（2006年立法）。

另一方面，为预防恐怖主义，在1996年立法中创设"存在犯罪意图即构成犯罪"的法律规定。[①]《刑法典》随后作出相应调整拓宽了恐怖犯罪的范围，包括导致实质性恐怖袭击的行为，为实施恐怖袭击进入物质准备阶段的行为，存在犯罪意图开始其他形式准备的行为，如"参加任何准备实施恐怖犯罪的组织"，或"与恐怖组织有其他联系"。据此，预审法官不仅可以在恐怖袭击发生之前，对（法国境内或境外）恐怖主义组织的成员展开侦查；而且当"嫌疑人"还在恐怖活动准备

————————

① 这一法律规定从某种程度上而言类似于美国《联邦反有组织犯罪法》（RICO 法）：任何受雇于或关联于某个从事敲诈勒索或非法收债集团的个人，无论其是指挥者或参与者，直接实施或间接实施，都构成违法。

阶段的最初期，如购买制作爆炸物的材料时，或者与某个准备实施恐怖袭击的组织联系时，即使预审法官尚不能确定其实施恐怖行为的具体日期或者攻击目标，也可启动侦查。预审法官主导型反恐模式由此兼具"打击"与"预防"之效，此项法律规定也被法国政府誉为"反恐体系的基石"①。

同时，通过一系列反恐立法②的授权，提高执法机关的打击与预防恐怖主义的能力。首先，强化侦查权。对恐怖嫌疑人的拘留期由 4 天延长到 6 天，审前羁押时间可长达 4 年；侦查人员可以进入网络管理系统获取证据，经授权可以进入行政管理部门查询个人身份信息；对可疑分子进行电话监听和分析其上网记录。其次，加强情报部门对可疑分子的监视，对宗教激进分子、参加过伊拉克战争并带有暴力思想回国的人及在监狱服刑后带有极端思想的人要严密"关注"其动向。最后，加大执法机关的搜查力度，以卫生检查、安全检查、税务稽核等为由，对可能窝藏激进分子的地方进行经常性搜查（2005 年立法）。

（二）反恐预审法官地位独立权力大，是反恐的核心主导力量

预审法官③是法国刑事诉讼程序中的特有制度，是具有侦查职能的法官，从拿破仑时期开始沿用至今。在法国，预审法官主要负责处理复杂或涉及严重刑事犯罪的案件，所有重罪（可判 10 年以上的）都必须有预审法官的介入。1958 年《刑事诉讼法典》颁布之前，预审法官属于司法警察序列，履行侦查职能，没有裁判权。1958 年《刑事诉讼法典》确立了预审法官的独立地位。与其他法官一样，预审法官由共和国总统任命，没有任期限制，不受罢免与撤销。

但是，与普通法官不同的是，预审法官拥有侦查与审判的双重职能。一方面，预审法官具有类似于警察的侦查权，并且职权范围相当广泛。根据《刑事诉讼法典》第 81 条的规定，预审法官可以依法实施任何他认为有利于查明案件事实真相的一切行为。由此，预审法官在搜集证据过程中可以采取搜查、扣押、电话监听、询问证人、民事当事人、

---

① Rohan Gunaratna, Jolene Jerard and Lawrence Rubin, *Terrorist Rehabilitation and Counter - Radicalisation* (New York: Routledge, 2011), 1.

② 包括 2005 年、2006 年、2012 年反恐立法。

③ 英美法系国家为区分实施审判权的法官和侦查权的法官，通常称法国的预审法官为 magistrate，而非 judge。

讯问受审查人、进行社会调查等手段；可以发布搜查令、传讯令、拘传令、逮捕令等各种令状。另一方面，预审法官也是司法裁判者，可以裁定预审中发生的法律争议和问题。包括是否启动预审；是否展开某项侦查行为；是否需要当事人与检察官之间进行证据展示；是否同意民事当事人参与刑事诉讼；是否提请自由与羁押法官采取先行羁押；是否对受审查人采取司法监督等。预审终结时，预审法官可以作出不予起诉的裁定或者作出移送轻罪法院、违警罪法院或重罪法庭的裁定。目前，在法国大约有 600 名预审法官，每年处理超过 3.7 万件案件，占整个刑事司法系统案件受理数量的 9%。①

预审法官兼具法官与侦查官双重身份的矛盾性一直都是争议的焦点。在德国、意大利先后废除本国的预审法官制度后，法国仍保留了预审法官制度。② 预审法官因具有法官身份，而不必像检察官或司法警察一样服从科层式的行政指令，也无须向任何政府机构负责，因此其预审主导的侦查程序可以不受任何行政权力的干扰，不受任何政策改变的影响。法国先前具有一定政治化色彩的反恐模式正是通过预审法官领导的反恐侦查程序逐渐并入司法体系，形成了具有法国特色的预审法官主导型反恐模式。

在反恐刑事司法程序中，预审法官根据情报部门或司法警察搜集的证据决定是否启动反恐侦查程序，并直接领导和指挥司法警察开展侦查活动，直至侦查终结时向检察官提出预审裁定意见。法国预审法官的权力广泛，不仅可以采取一切认为有助于查明真相的侦查手段；而且还有权签发逮捕令、搜查令、监听令等司法令状。反恐预审法官还有夜间搜查权、延长羁押权等特殊权力；更重要的是，"有恐怖犯罪意图即构成犯罪"的法律规定，赋予反恐预审法官在启动侦查或采取侦查措施方面更大的自由裁量权，如可以搜集公民（非嫌疑人）的个人信息、手机或网络联系，因为判断某人是否具备犯罪意图，或某种行为是否构成

---

① 倪静：《法国预审法官制度存废之争》，载《人民法院报》，http://rmfyb.chinacourt. org/paper/html/2010 - 05/21/content_9498.htm.

② 预审法官的存废也是近年法国司法系统讨论的一个热点问题。但由于预审法官拥有审判法官同样的独立地位，同时又具有超越检察官的侦查权力，尤其在侦查重大贪腐案件时起到了无可替代的作用，因此获得广大民众的普遍支持。

犯罪预备具有较强的主观性，不能通过法律设置统一的标准。① 对恐怖犯罪嫌疑人的起诉与审判结果最终都取决于侦查阶段所获取的证据，反恐侦查是反恐刑事诉讼程序中的核心阶段；预审法官又是反恐侦查的领导者，故而成为反恐刑事司法程序中的主导力量。

（三）DST 作为情报机构兼具司法警察职能，便于将情报转化为证据

尽管传统观念认为刑事侦查是在犯罪行为发生之后警方才进行侦查的活动，但是对于恐怖活动而言，侦查的作用不仅在于事后的打击，而更侧重事前的预防。法国认为，打击恐怖主义应将传统的被动型侦查（crime - solving approach）转变为预防型侦查（preventive approach）；恐怖犯罪包括了恐怖行为的意图、预备直至实施阶段，而恐怖犯罪的意图及预备阶段却缺少实质性的犯罪后果，这就意味着在反恐侦查的前期，需要利用情报部门强大的监视网络搜集情报以证实其具有实施恐怖行为的意图或为恐怖行为进行准备。但如何才能将情报转化为司法证据，DST 的双重身份正好解决了这个难题。

DST 是西方国家中唯一兼具司法警察职能的专业情报部门。由于法国本来就有预审法官领导司法警察实施侦查的传统，所以预审法官领导DST② 实施反恐侦查并没有任何法律阻碍（在预审法官的领导下实施侦查，然后将其搜集的情报汇总起来呈交法庭）。自 DST 与反恐预审法官合作之后，双方一直保持着高度信任的合作关系。DST 一直致力于打击伊斯兰恐怖主义，是法国唯一可以搜集到伊斯兰恐怖分子国际动向的国内情报部门。当可疑分子从阿富汗或巴基斯坦回到法国时，DST 会对其加以严密监视，并实施情报调查。DST 的情报人员对可疑分子实施前期的监视，并从中提取相关信息以准备向检察官报告。这份报告通常会显示法国境内甚至某些境外可疑分子的动向和联系。例如，2001 年法国

---

① Hodgson, J. (2002) 'Hierarchy, Bureaucracy and Ideology in French Criminal Justice: Some Empirical Observations' 29 (2) *Journal of Law & Society* 227 – 257.

② DST 内部的情报探员与其内部组织 "司法调查部"（Unite Enquete Judiciare）内的探员仍然区分开来。但是这两类人却有紧密的联系，因为虽然组织上是分开的，但是却有共同的领导、共同的办公地点、共同的准则和共同的文化。

籍伊斯兰极端分子贾马尔·本贾尔（Djamel Beghal）[1] 的动向引起了 DST 的密切注视，DST 随时向检察官报告本贾尔的一切活动，包括了其在阿富汗境内的所有活动，他同谁见面、到哪儿去、如何接受爆炸训练等，但 DST 不会透露提供这些情报的秘密情报来源（线人）的详细信息。报告中只会提及这些信息是依赖于其所拥有的资源获得的。[2]

当 DST 搜集到一定情报认为需要展开侦查活动时，可以直接报告给反恐预审法官。如果预审法官根据所获取的情报判断存在或可能发生一项恐怖犯罪行为，即可启动侦查程序授权 DST 实施侦查。在侦查程序正式开启之前，DST 作为情报部门，其搜集情报的方法具有行政调查的性质，因此其获取的情报不得作为证据在法庭上使用；一旦侦查程序正式启动，情报调查便转化为司法侦查，DST 即利用其司法警察身份在预审法官的领导下实施一系列侦查措施，如搜查、监听、讯问等，由此获得的证据则可以在司法审判中使用。[3]

（四）反恐预审法官具有高度专业性及稳定性，是情报部门与刑事司法体系合作的枢纽

在普通刑事司法程序中，预审法官通常要在不同的司法管辖区任职，这是法国预审法官得以晋升的一个基本原则，因此大多数预审法官在同一司法管辖区内的任职时间不会超过五年，这也造成司法警察与预审法官之间无法建立起高度的信任关系。而在反恐司法程序中，反恐预审法官不需要以晋升为目的而更换任职的司法管辖区。如前所述，由于法国将全国恐怖犯罪案件的侦查、起诉、审判都集中于巴黎审判法院，逐渐形成了一个专司反恐侦查、起诉职能的预审法官与检察官团体。法国最有名的两位预审法官 Jean–Louis Bruguière 和 Jean–François Ricard 先后分别在巴黎大审法院工作了十年和十五年。这两位预审法官在任职前后的二十多年间，组建起了一支专业的反恐预审法官队伍，他们对恐

---

① 法国籍伊斯兰极端分子，2001 年涉嫌以自杀式炸弹袭击美国驻法国大使馆并在迪拜被捕。据他审讯交代，所有的阴谋都是"基地"组织的一部分。此人被认为是 2015 年实施"查理周刊"袭击的主犯谢里夫·库阿奇（Cherif Kouachi）的"精神导师"。

② De Villepin, D. (2006) *Prevailing Against Terrorism. White Paper on Domestic Security Against Terrorism* (La documentation Française, Paris).

③ Gleizal, J–J (2001) Le débat sur la sécurité´ (4) *Revue de science criminelle et de droit pénal comparé* 912–917.

怖组织、恐怖网络、恐怖活动的实施方式具有深入的理解和认识，在各自的反恐领域（无论是对分裂恐怖主义还是伊斯兰恐怖主义）都是专家。正是基于反恐预审法官的长期稳定性及高度专业性，DST 才得以与预审法官保持高度信任的合作关系。

反恐预审法官职位的固定化不仅是为了提高侦查恐怖犯罪的效率，更是为了预防恐怖袭击的发生而持之以恒地追踪恐怖网络。恐怖犯罪案件侦查与普通犯罪案件侦查之间最大的区别在于，恐怖犯罪具有极强的复杂性，通常需要花费数年时间跨国界追踪恐怖网络。因此，只有具有稳定性和专业性的预审法官才能使这一切变成可能。

五、2012 年梅拉赫恐怖袭击引起的反思

从 1986 年至 1996 年，法国反恐刑事司法体系经历了从建立到发展、完善的历程。此后的十六年间，在美国遭受"9·11"恐怖袭击、西班牙遭受"3·11"炸弹袭击[①]、英国遭受"7·7"爆炸袭击[②]之时，法国本土未遭受恐怖袭击的历史似乎成为欧洲国家反恐的"传奇"。然而，23 岁的阿尔及利亚裔法国人穆罕默德·梅拉赫（Mohamed Merah）却成为这个"传奇"的"终结者"。他于 2012 年 3 月 11 日至 21 日 11天的时间内连续杀害 7 人，其中包括 3 名儿童。梅拉赫被法国当局宣称是"基地"组织的成员，他自导自演的恐怖袭击在法国引发了一场激烈的讨论：法国警察机构和情报部门为何没能在 3 月 11 日梅拉赫第一次行凶后及时辨认其身份，以致在长达 11 天的时间里让其制造了更多血案？[③]

从反恐的法律层面看，法国的恐怖犯罪案件集中于一个法庭，并且

---

① 西班牙马德里"3·11"事件是指一系列发生在 2004 年 3 月 11 日针对西班牙马德里市郊火车系统的恐怖主义炸弹袭击，这是该国历史上最严重的恐怖袭击事件。在这次恐怖袭击中，201 人死亡，其中包括 14 个国家的 43 名外国人，2050 人受伤。这成为西班牙第二次世界大战结束以来遭受人员伤亡最惨重的恐怖袭击。2004 年 3 月 11 日在马德里发生爆炸的那天距离两年前的美国"9·11"事件正好是 911 天。因此这一事件被称为"欧洲的 9·11 事件"。

② 英国伦敦"7·7"恐怖袭击：2005 年 7 月 7 日早上交通高峰时间，4 名受"基地"组织指使的英国人在伦敦三辆地铁和一辆巴士上引爆自杀式炸弹，造成 52 名乘客遇难，700多人受伤。此次恐怖袭击被称为"伦敦七七爆炸案"。

③ Rik Coolsaet, "Europe: Reinforcing Existing Trends," in Mohammed Ayoob and Etga Ugur, eds., *Assessing the War on Terror* (Boulder, CO: Lynne Rienner, 2013), 148.

试图恢复利用普通法律程序对抗恐怖主义，但在侦查恐怖主义犯罪针对某个嫌疑人时，法律却赋予预审法官更多的灵活性签发监听令状，或者延长对嫌疑人的拘留期限。然而美国仍然在努力协调对抗恐怖主义的正当法律程序及关塔那摩监狱的秘密法庭，换言之，即以刑事法庭或军事法庭审理恐怖主义案件之间的关系。但是另一方面，法国政府也有很大的权力以先发制人的名义侵犯公民的生活或逮捕嫌疑人。美国学者认为：法国有非常激进的体系，在"9·11"事件之前就加强了情报搜集工作，并且通过出台法律以侵犯公民的权利的方式提前破坏任何恐怖主义的苗头。① 他们采取许多行动，包括电话拦截，《爱国者法》与之相比简直是"小巫见大巫"。在美国，通常将"先发制人"作为一个军事术语，但是在法国，则是用来表达发现阴谋诡计的意思。② 法国的反恐方式被批评是过于激进的、带有种族偏见的、容易侵犯公民权利的。当其失败时，就会面临严厉的指责。为何执法机关不能阻止冷血杀手连杀七人？明明这个人因为曾经去过阿富汗—巴基斯坦的边界，以及对恐怖组织网站感兴趣而在法国的监视体系之内。③

梅拉赫轻而易举就能从法国的反恐网络中逃脱，不禁引人深思：法国的反恐网络是否存在漏洞？长久以来，法国的反恐网络（情报网络与刑事司法体系）主要依赖于人力情报资源与人为分析判断，法国情报机构在反思，如果他们能够采用更加智能化、更加昂贵的电话与网络计算机监控系统——美国式的反恐网络体系，他们也许可以更快地辨认出犯罪嫌疑人梅拉赫的身份。④ 然而这只是一个假设，因为法国与美国之间确实存在着相当大的差异。

"在美国，反恐体系依赖于计算（counts），法国则依靠人（men）"，一位法国的反恐预审法官如是说。在"9·11"事件之后，

---

① Jerome Bjelopera, "American Jihadist Terrorism: Combating a Complex Threat," *Congressional Research Service Report* (January 23, 2013), 48 – 49.

② Anja Daalgard – Nielsen, "Promoting Exit from Violent Extremism: Themes and Approaches," *Studies in Conflict and Terrorism*, 36 (2013), 100.

③ Le Ministre de l'interieur, "Prevention de la radicalisation et accompagnement des familles," April 29, 2014, http://circulaire. legifrance. gouv. fr/pdf/2014/05/cir_38287. pdf.

④ Jamie Bartlett and Miller, "The Edge of Violence: Towards Telling the Difference between Violent and Non Violent Radicalization," *Terrorism and Political Violence* 24, 1 (October 2012).

美国向"恐怖主义的全球化战争"投入了巨大的人力、财力和计算机技术，可以追踪潜在恐怖分子的家庭住址。而法国，由于具有殖民历史，其与恐怖主义斗争的历史就更为悠久。由于欧洲有近10%的穆斯林人口，通常都集中于比较贫困的居民区及更接近于中东或北非地区，法国则更加重视预防潜在恐怖分子被伊斯兰激进组织招募。基于历史原因，同时更基于有限的预算，法国反恐更加依赖人际关系、地方情报和人力资源，而不如美国更偏重智能化的电话窃听和监控。法国尽管消息灵通，却缺乏系统化，在"联系各点"方面的能力远不如美国，后者在经历了"9·11"恐怖袭击的教训之后，反恐能力得到大幅提升。总之，如上述预审法官所言，在任何一起恐怖袭击案件中，法国所拥有的反恐资源都仅是美国的十分之一。①

---

① Jean - Luc Marret, "Prison De - Radicalization and Disengagement: The French Case," *ICSR Project on Deradicalization in Jail* (October 20, 2009), 21. For a similar assessment, see also Soren Seelow, "Quelle politique de lute contre la radicalisation?" *Le Monde*, January 19, 2015.

第四章　后“9·11”时代法国的反恐举措[①]

　　2001年9月11日当天的恐怖袭击对美国及全球产生了巨大的影响。这次事件是继第二次世界大战期间“珍珠港事件”后，历史上第二次对美国造成重大伤亡的袭击。“9·11”是恐怖主义最典型的表达方式，给美国人民造成了严重的心理创伤，从此改变了美国人的生活和目标，也改变了国际政治的架构，恐怖主义的巨大影响不能低估，这让世界各国开始认真思考如何消除文化偏见、国际政治经济发展不平衡和不平等等问题。[②]

　　2001年，联合国安理会第1373号决议重申对“9·11”恐怖袭击的谴责，强调了国家所享有的单独或集体自卫的固有权利，并决议敦促各成员国采取有效措施防范和打击国际恐怖主义，呼吁加强反恐国际合作。欧盟则在“9·11”事件后通过两项反恐法案，其中涉及对恐怖主义法实行统一的死法界定和量刑标准，在欧盟范围内实行统一的“欧

---

　　① 本章一至四点内容所涉及具体立法条文与反恐措施来源于如下参考文献，文中不再具体标注：

　　中国现代国际关系研究院反恐怖研究中心：《国际恐怖主义与反恐怖斗争》，时事出版社2001年版。

　　中国现代国际关系研究院反恐怖研究中心：《世界主要国家和地区反恐怖政策与措施》，时事出版社2002年版。

　　中国现代国际关系研究院反恐怖研究中心：《国际战略与安全形势评估2002/2003》，时事出版社2003年版。

　　中国现代国际关系研究院反恐怖研究中心：《国际恐怖主义与反恐怖斗争年鉴》，时事出版社2004年版。

　　洪汉国：《9·11事件后法国反恐政策（2001—2006）》，台湾淡江大学欧洲研究所2007年硕士学位论文。

　　吕光耀：《9·11事件后欧盟反恐政策研究》，台湾政治大学2008年硕士学位论文。

　　② 《也说9·11对世界的影响》，载 http://li－xu－guang.blog.sohu.com/13002752.html.

洲逮捕证"制度，在欧洲刑警组织内部设立专门的反恐力量。①

"9·11"事件发生之后，打击恐怖主义成为世界各国保障本国安全的当务之急，各国纷纷采取了一系列有针对性的反恐侦查和措施。其中以美国《爱国者法》最为"激进"。2001年恐怖袭击之后，美国国会迅速通过了临时法案《爱国者法》，赋予情报与执法部门广泛的监视权，而此则备受争议，支持者认为该法案是对抗恐怖活动的必要武器，反对者则认为其中的许多规定都损害了公民的宪法权利。

相对而言，"9·11"事件对法国政府的反恐政策并未带来太大的"震撼"，这是因为：第一，法国早在二十年前就已经开始遭受国际恐怖主义的袭击，直至1996年袭击一直持续从未停止；第二，法国的反恐刑事司法体系早已形成且发展成熟，相关反恐刑事法律规定在《刑法典》中，法律赋予以预审法官为代表的执法机构足够的调查权力。因此，法国没有也不需要制定新的反恐法律。但即便如此，在国际社会一致将恐怖主义作为最大隐患，将"反恐"提上首要议事日程的背景之下，法国政府仍秉持其一贯坚决的反恐立场，从立法、执法等方面加强本国的反恐能力。据统计，从2002年至2006年，法国警方共逮捕了1422名恐怖嫌疑人。仅2006年，法国政府就逮捕了317名恐怖活动嫌疑人，其中140人与伊斯兰恐怖主义有关，150人涉嫌科西嘉岛分裂恐怖主义，27人与巴斯克独立运动有联系。②

2003年9月11日，"萨拉夫宣教与战斗组织"（GSPC）③发表声明，表示效忠"基地"组织。2006年9月，该组织与"基地"组织正式结盟，并于同年12月正式宣布更名为"伊斯兰马格里布基地组织"（AQIM）。此后，该组织不断扩充力量，大量吸收本土"恐怖分子"，成为"基地"组织在西北非马格里布地区④的骨干力量，并制造了一系

---

① 倪春乐：《恐怖主义犯罪特别诉讼程序比较研究》，群众出版社2013年版，第8～10页。

② De Villepin, D. (2006) *Prevailing Against Terrorism. White Paper on Domestic Security Against Terrorism* (La documentation Française, Paris).

③ 该组织的宗旨是对抗阿尔及利亚的世俗政府，但有别于"伊斯兰武装组织"的残暴手段，以获取民众支持。

④ 非洲马格里布地区包括毛列塔尼亚、阿尔及利亚、摩洛哥、突尼西亚等非洲国家；2007年12月24日有4名法国游客在毛列塔尼亚遭恐怖分子杀害。

列恐怖袭击活动。AQIM 成立之后，便将法国视为首要攻击目标。当时有关法国公共场合禁用回教面纱的激烈争辩，以及法国军队派驻阿富汗和黎巴嫩等重大的事件，都被法国政府视为激进分子借以鼓动暴力的因素。监狱中日益增加的伊斯兰激进化也让法国当局忧心忡忡，这在以后的内容中会详细加以阐述。法国外长库什内于 2008 年 1 月 11 日接受媒体采访时指出，国际恐怖主义向非洲马格里布地区扩展，法国正处于反恐的"时刻戒备状态"；[1] 法国媒体亦披露，"基地"组织正积极号召打击法国在马格里布地区的利益。[2]

一、进一步强化反恐法律

（一）修订《刑法典》，增加罪名，加大处罚

与普通刑事犯罪相比，法国政府视恐怖主义罪行为施以重刑的真正犯罪类型；宪法将恐怖主义界定为"通过恫吓或恐怖事件，严重扰乱公共秩序的个人或集体举动"，但恐怖主义受刑事处罚需结合两项标准：一是刑法指控的普通刑事重罪或轻罪，只涉及刑法设置名单中限制性列举的某些重罪和轻罪。1996 年颁布的《刑法》中与恐怖犯罪相关的罪名包括：故意伤害个人生命，绑架和非法关押，劫持飞行器、军舰或其他运输工具，抢劫、敲诈、摧毁、破坏和毁坏，信息技术犯罪，重组被取缔组织，制造或持有杀人或爆炸器械工具（包括生物武器和毒品基地），窝藏上述列举的犯罪类型；2001 年将知情罪和洗钱罪加入《刑法典》。二是个人或团体采取集体恫吓或恐怖手段严重破坏公共秩序的行为属于普通刑事重罪或轻罪。

恐怖主义罪行特别诉讼程序特点包括：侦查、预审和审判集中在巴黎法庭；拘留最高期限为 4 天；可依据特殊程序进行夜间搜查；在律师介入下拘留期限可缩短为 72 小时；由职业法官组成的特别重罪法庭负责判决恐怖主义罪；对悔改者的处罚有专门规定（如对幡然悔悟者免刑）；延长刑罚法定期限（轻罪从 5 年至 20 年，重罪从 20 年至 30 年）

---

[1] Clark McCauley and Sophia Moskalenko, "Mechanisms of Political Radicalization：Pathways toward Terrorism," *Terrorism and Political Violence*（July 2008）.

[2] 《活跃在马里北部的"伊斯兰马格里布基地组织"》，新华社，http://xihuashe. lofter. com/post/103b29_13f536f.

和诉讼期限（重罪从 10 年至 30 年，轻罪从 3 年至 20 年）。

1996 年《刑法修正案》已经对与恐怖主义犯罪相关的罪名加重处罚。当犯罪构成恐怖主义行动时判处最高期别的刑罚，在量刑上，最初为 30 年徒刑的最高刑罚改为无期徒刑，最初 20 年的改为 30 年徒刑，最初 15 年的改为 20 年，最初被判 10 年监禁后成为刑事犯罪的，改为 15 年徒刑。轻罪方面最高刑罚为 7 年监禁延至 10 年，5 年延至 7 年，最初在 1～3 年的延长一倍时间，且规定法院定期对案件作出判决并宣布刑罚。1996 年《第 96 - 747 号法律》设立新的特别罪行，名为"恐怖主义特点的罪犯组织罪"，《刑法》第 421 条第 2 款亦据此修正为"参加符合上述条款的恐怖组织或制定协定之行为，亦构成恐怖行动"，借以阻止恐怖组织在法国的发展。该特别罪行对法国境内外的人皆有效。根据法国 1996 年的法律，只要怀疑与恐怖组织有关，即可未经审判拘留犯罪嫌疑人 96 小时。法国司法部部长克来蒙（Pascal Clement）计划强化该法令，将恐怖分子的刑期从 10 年延长至 15 年。

2005 年 11 月，法国议会通过《新反恐法案》，决定增加在公共场所的录像监视设备，延长犯罪嫌疑人的拘留时间，加大对恐怖分子的惩罚力度等措施。新案规定，在紧急情况下，各省省长有权在交通工具、火车站周围、商业和宗教等公共场所安装录像监视设备；调查人员有权进入网络管理系统，取得有关数据；加强对人员流通的监控，铁路、航空和海运公司有责任向国家提供相关人员数据；加强对机动车辆的监测和过境列车乘客的身份查验；经授权的警察和宪兵有权进入行政管理部门，查询档案、车牌登记、驾照、身份证、护照、拘留申请等。[1]

2006 年 1 月 23 日，法国政府采取新的反恐法案，强化警察在犯罪法中的权力，并修订许多现行法条，对恐怖嫌疑人的初期拘禁从 4 天延长到 6 天，现行法律也允许法国政府在证据确凿或面临立即威胁时，可在审判前拘禁恐怖嫌疑人长达 4 年。法国政府也可冻结资产、进行录像或监听、增加对大众运输的监视记录、取得网站的链接或个人的资料。主导或策划攻击而被起诉的罪犯，刑期延长到 20～30 年，共犯刑期也增至 10～20 年。2006 年《反恐法》也可撤销恐怖分子在 15 年内取得的法国国籍，并将其驱逐出境。2006 年 3 月 7 日，法国政府出版《恐

---

① *Le Monde*, 25 November 2005.

怖主义白皮书》，阐述法国的总体反恐政策，其中包括攻击假定、威胁分析，以及对恐怖主义的技术与政治回应。[1]

（二）制定《2001年日常安全法》，加强日常安保机制

尽管"9·11"事件之后的2001年，法国并没有立即修改或制定刑事司法法律。因为从1996年到2001年的五年时间内，法国几乎没有遭到任何恐怖袭击。但即便如此，法国政府还是在2001年通过了一部《日常安全法》强化执法机关和情报部门的反恐情报搜集与追踪能力，加强整个国家的日常安保防范机制。该法规定的主要措施包括：涉及危害公共安全或与恐怖主义有关的犯罪行为，允许警察或宪兵检查车辆，并可夜间搜查无居民地区；可通过录音或视频会议手段，以更快地将信息传递给预审法官；若遇特殊情况，行政部门可查询存于警察系统的个人资料，并长期保存网络及其他技术数据，以便辨识追踪罪犯；在全国信息安全拦截监督委员会的监督下，对资讯进行安全拦截；在全国反高技术犯罪斗争中心设置技术警戒自动化系统。此外，《2001年日常安全法》还禁止违反法律或公共秩序的结社行为，或以宗教、慈善为"幌子"，但实际支持恐怖组织的结社行为，包括：建立在不正当理由或目标基础上的组织无效；取缔组织街头武装游行、组建战斗小组和私人卫队的组织，唆使法国或外国恐怖活动之组织亦列入取缔范围等。

随着反恐法律的不断修正与制定，法国当局的反恐能力得以不断提升。2001年之后，法国政府处理了一系列具有重大影响力的伊斯兰恐怖主义司法案件，包括在英国被拘禁了10年，并于2005年12月从英国被引渡到法国的朗达（Rachid Ramda），他因涉嫌策划1995年巴黎地铁和火车袭击，于2006年3月29日被判处10年徒刑。法国"北非伊斯兰基地组织"（AQIM/GSPC）[2] 的支持者波提（Karim Bourti），也于2006年5月被剥夺公民权。2005年5月后，法国政府逐步取消对72人的安全认证，他们为一家私人公司在戴高乐查尔斯国际机场（Charles De Gaulle International Airport）工作，其中有一些人对政府采取司法行动并恢复其安全认证。法国政府声称那些人虽不是恐怖分子，但仍对机

---

① http://tw.epochtimes.com/bt/5/10/5/n1075821.htm.

② 前身是"萨拉夫宣教与战斗组织"（the Salafist Group for Preaching and Combat, GSPC）。

场构成安全威胁，因为他们同情伊斯兰的极端分子。①

2006 年 6 月 13 日，25 名与"车臣"激进组织有关的伊斯兰好战分子被判刑，据称他们计划攻击巴黎的一处商业中心和埃菲尔铁塔。许多该团体的成员，包括班切拉里（Menad Benchellali）和本汗姆德（Merouane Benhamed）都被处以最高刑期 10 年。7 月 19 日，拥有突尼西亚和法国双重国籍的得柏斯基（Adel Tebourski）被撤销法国国籍，并于 8 月 7 日被驱逐至突尼西亚。此人因参与 2001 年 9 月 9 日暗杀阿富汗抵抗运动军事领导人马苏德（Ahmad Shah Masoud）②，于 2001 年被捕，2005 年被判刑。

6 名被拘禁在关塔那摩湾的战犯，于 2004 年和 2005 年被驱逐到法国，并被关押数月，但其中 5 名已获释，仅不拉汉·叶得（Brahim Yadel）因违反假释规定而仍在监管中。但此 6 人均因涉及恐怖活动计划而在法国被起诉，2006 年 9 月该审判暂停，因法官要求前往关塔那摩湾的法国情报官员再深入调查。10 月 26 日，摩洛哥人迈赫迪（Karim Mehdi）因从事恐怖相关活动被判处 9 年徒刑。据称迈赫迪与"9·11"事件的恐怖分子赛巴（Ramzibinal Shaibah）和贾拉（Ziad Jarrah）有联系，并被怀疑在 2003 年计划攻击统一岛（island of Reunion）。迈赫迪在判刑后将被驱逐出境，6 年内不得重返法国。

2006 年 11 月 12 日，法国主任反恐法官 Jean-Louis Bruguière 向巴黎审判法庭提交了 3 个与 2002 年突尼西亚的杰尔巴岛（Djerba）攻击有关的嫌犯。穆罕默德（Khalid Sheikh Mohammed，KSM）、甘克札斯基（Christian Ganczarski）和那瓦（Walid Nawar）疑似在杰尔巴岛的基地攻击中协助被起诉的恐怖分子纳瓦（Belgacem Nawa），受害者中有 2 名法国公民。穆罕默德仍在关塔那摩湾③美军的监控下。11 月底，3 个被

---

① http://www.state.gov/s/ct/rls/crt/2006/82732.htm.

② 马苏德生前是阿富汗抵抗运动军事领导人，从 20 世纪 80 年代起，他先后参与了抵抗侵阿苏军、苏联支持的傀儡政权及塔利班政权的斗争。由于他所领导的武装力量进行了顽强抵抗，塔利班政权始终未能占领阿富汗全境。2001 年 9 月 9 日，两名伪装成外国记者的塔利班成员在马苏德身边引爆炸药，致使马苏德当场死亡。

③ 关塔那摩湾位于古巴东南端的关塔那摩，湾中设有一属于美国海军的关塔那摩湾海军基地（Guantanamo Bay Naval Base），"9·11"事件后该基地被美军用于拘留在阿富汗与伊克等地区战事中捕获的战犯。

叙利亚驱逐的人在法国遭留置，他们疑似在叙利亚转机前往伊拉克参加对抗联军的暴动攻击。另有 9 人因类似指控在 12 月被埃及驱逐出境，他们都在短暂拘留后获释。

（三）制订"生物防毒计划"

"生物防毒计划"（BIOTOX）源于 20 世纪 90 年代初"警惕劫掠计划"中的一章，名为海盗（Piratox）的计划，内容主要涉及反生物和化学恐怖主义的预防和保护措施。1999 年法国内政部、国防部和卫生部为加强反生物恐怖主义斗争，将此章内容发展为专门计划，并于 2001 年 10 月通过，名为"生物防毒计划"，主要内容包括：危险预防，采取多种安全措施，包括饮用水、敏感储藏地（主要是药品生产地）的安全，禁止高危险生物产品（可引起鼠疫、炭疽热、天花、布鲁氏杆菌、肉毒中毒、白喉或出血热的微生物）的流通。危机监测和报警，加强对传染病的监测和对伤病患者的诊治和急救能力，由全国卫生警戒研究所负责，根据国家认定的传染病特征及为生物学和毒物学实验室的信息。危机干预，根据防区筹建专门医院，由其负责派出防疫小组，并制订可接待大批伤员的医疗计划。

此外，法国政府亦于 2001 年 9 月 22 日公布多种传染病和致病微生物内有毒物质的清单；规范会导致传染病的有毒微生物之进出口、储存、转让、获取和运输，并置于特殊的条件下；将炭疽热列入传染病，必须接受卫生局管制。[1]

二、预防伊斯兰激进化和恐怖组织成员招募

（一）加强对恐怖分子的监控和缉查

不同于英国对伊斯兰激进组织的容忍态度，法国偏好主动的非容忍作为（active intolerance），常以健康检查、查税等名义突击检查激进分子的可能藏匿点，对于涉入恐怖活动的法国人，亦考虑剥夺其公民权。自 2003 年 10 月以来，法国已取消了 34 名外来伊斯兰教布道者的法国国籍，十多名伊斯兰教布道者也被驱逐出境。仅 2004 年一年，法国当局就对巴黎地区的餐馆、肉店、长途电话公司等的 1173 人进行 88 起突击检查，其中 185 人被捕、8 人被处决。2005 年 7 月，法国内政部部长

---

[1]　http://www. state. gov/s/ct/rls/crt/2006/82732. htm.

沙科基驱逐 2 名阿尔及利亚人，包括一名被控鼓吹"圣战"，并意图于 1995 年在里昂发动爆炸攻击而被捕的传教士阿沙伊（Abdelhamid Aissaoui），以及另一名因在巴黎鼓吹"圣战"而被驱逐的艾姆罗德（Reda Ameuroud）。2005 年 9 月，法国逮捕 9 个有意攻击巴黎地铁系统、国际机场及法国国内情报局的恐怖分子，法国当局指这群人是阿尔及利亚回教组织——"萨拉菲宣教和战斗组织"（AQIM/GSPC）的成员，被捕者包括曾因策划多起炸弹攻击事件而服刑 5 年的布拉达（Safe Bourada），其于 2003 年刑满出狱后便受到警方监视。

此外，隶属于法国国内情报总局的国内情报部门自 1995 年阿尔及利亚恐怖分子对巴黎发动攻击以来，即加强对穆斯林活动的监控。该组织估计，在法国 1600 个清真寺和祈祷所中，约有 50 个受到激进分子的影响，主要分布于巴黎、里昂和马赛等地区，成员则主要是萨拉菲主义者（Salafists）。法国总理认为所有激进的传教皆被怀疑与恐怖主义有关，故必须加强监控。恐怖分子的招募不再仅限于公开的祈祷场所，而扩及私人公寓、穆斯林书店、快餐连锁店，甚至是偏远的度假地区。

法国同时还加强对大众运输工具的监控。在英国伦敦的地铁站，共配置了 6000 台监视摄影机，在追缉 2005 年 7 月 7 日伦敦恐怖爆炸嫌疑犯过程中发挥了关键性作用。有鉴于此，法国内政部部长沙科基于 2005 年 8 月宣布将在法国的大众运输系统遍设监视摄影机（当时法国仅 900 台），并延长底片保留时间（原为 1 个月），移动电话公司则必须保留通话记录 1 年。①

（二）预防恐怖组织招募成员和私藏武器

根据法国法律，不仅暗杀是恐怖主义犯罪，"与通过恐吓和恐怖行为严重扰乱公共秩序为目的的个人或集体行为有关的"犯罪行为也属于恐怖主义犯罪；法国禁止以任何形式支持恐怖主义，以防止其国民和侨民投靠恐怖主义。2001 年 12 月 6 日，欧洲理事会决定采取措施，处罚"参加恐怖主义行动，包括为恐怖组织提供情报或物质手段，或通过任何形式资助恐怖主义"的行为，并规定统一刑罚期限为 8 年。在法国，恐怖主义集团招募成员属于"恐怖组织集团罪"，判处 10 年监禁和 150 万法郎罚款，司法当局可对该类组织进行系统的司法跟踪。此

---

① *The Economist*. London：Aug 13, 2005. Vol. 376, Iss. 8439；p. 31.

外，法国法律还允许以加重处罚的方式打击预谋谋杀等非法行为，并禁止组织战斗小组；这些犯罪行为如果与恐怖主义有关，可视情况判处犯罪嫌疑人5年至10年监禁，并处以相应的罚款。法国也打击教唆种族仇恨、种族歧视、暴力行为、颂扬恐怖主义等行为，对散发相关资料、发展恐怖主义成员的人处以刑罚。

严格管制武器销售和流通。实施与恐怖主义有关的犯罪，将被判处5年至7年徒刑，包括：生产、销售、进出口爆炸物质；非法获得、持有、运输或携带爆炸物质，或用以上物质制造武器；持有、携带和运输第一类和第四类武器和弹药（第一类为战争武器）；违反禁止复制、生产、持有、储藏、获取和转让生化武器或毒品武器的行为等。此外，法国亦建立严格的敏感物品出口监督体系，预防该类物品非法出口给恐怖组织。国防部每年会向议会提交一份武器出口情况报告，并通过《军火交易佣金监督条例》，针对所有在法国设立的中间机构进行转口物质交易建立许可证体系，必要时可暂停或取消中介及进出口许可证，目的在于切断恐怖组织的武器储备来源，防止向侵犯人权的政府、不稳定地区和冲突地区提供武器。对军民两用的物品（尤其是通信器材）亦加强管理，通过出口监视系统对某些材料实施出口检查，并执行欧盟有关军火出口的行为准则，除考虑出口标准外，亦建立起有关拒绝出口的信息交流和磋商机制。

三、加强金融体系警戒，打击恐怖分子的经济来源

欧洲理事会早在1999年12月即通过《关于合作打击资助恐怖主义集团的建议》，要求各成员国要更广泛地交流恐怖主义集团使用资助手段的信息，并定期评估针对这种现象采取的措施。"9·11"事件后，欧盟多次重申，在与洗钱活动特别是明显资助恐怖主义行动有关的司法调查中，银行或税收部门无权保密；法国也积极参加国际金融行动小组制定打击资助恐怖主义的特别建议，并据以加强预防资助恐怖主义的行动。

同时，根据法国《货币和金融法典》和欧盟的有关规定，可根据经济部部长的报告发布政令冻结非常驻法人或自然人的账户，特别是禁止被视为恐怖主义的个人或实体向国外转移金融资产。此外，也可根据欧盟理事会的决定，冻结任何被指认为恐怖主义或属于恐怖主义集团的

个人或实体的金融资产和经济收入，禁止任何欧盟侨民或欧盟居民向资助恐怖主义的个人或实体提供资金或经济收入。法国《货币和金融法典》规定，任何没有通过贷款机构或服务机构向国内外转移价值高于或相当于 7600 欧元的现金、股票或证券的自然人，有义务向海关申报，不遵守者将被没收财产，或在不能扣押财产的情况下判处至少同等或最高 4 倍数额的罚款。此规定是法国海关打击洗钱、偷税漏税、毒品走私和资助恐怖主义的重要手段。法国也执行严格的账户冻结程序，金融机构必须将冻结措施报知国库司，当被冻结的个人或实体难以辨识时，须通知国库司提供账户拥有者的相关材料，并由国库司确认是否有必要予以冻结。2001 年 9 月，法国经济、财政和工业部成立专门机构，负责经济和金融部门在冻结资产行动中的协调工作。[1]

"9·11"事件后，法国政府制定措施加强金融体系警戒：包括客户和经济权力所有者的鉴别、怀疑申报体制等，特别是实施打击洗钱的国际标准；这些措施写进了法国《货币和金融法典》，法国金融体系的监督和管理机构负责监督其管辖下的机构是否遵守警戒。自 1986 年起，法国的反恐立法机构就将资助恐怖主义视为恐怖主义同谋的严重违法行为并予以追踪。为了加强处罚机制并使之更为合理，2001 年 11 月 15日法国通过一项新法律，专门对资助恐怖主义提出新指控，包括：将知情投机罪和洗钱罪列入恐怖主义行为名单；设立没收恐怖主义罪犯财产的补充刑罚，以及有权下令对该罪犯财产采取保全措施的机构；资助恐怖主义罪可判 10 年徒刑和 150 万法郎罚款；知情投机罪可判 10 年徒刑和 150 万欧元罚款；与恐怖主义有关的洗钱活动可判 10 年徒刑和 50 万法郎罚款，最高罚款可达洗钱金额的一半；引入没收恐怖主义罪犯所有财产的补充刑罚；建立能够没收财产的机构；集中所有审理职能，在涉及恐怖主义和金融的问题上指定特别法官。

当时法国已有金融情报部门"反对地下金融管道的情报处理和行动处"（TRACFIN），根据 1990 年 7 月 12 日有关金融组织参与打击洗钱的法律规定，金融组织有义务向 TRACFIN 申报那些怀疑与毒品走私或犯罪组织行为有关的交易，必要时 TRACFIN 向司法当局移交行政调查的实际结果。在法国，打击资助恐怖主义的行动主要长期由国家警察

---

[1] http://www.state.gov/s/ct/rls/crt/2006/82732.htm.

总局负责。"9·11"事件之后，为了进一步加强对金融领域涉嫌资助恐怖主义的犯罪行为的刑事司法控制，法国当局又在2001年秋在国家警察总局中成立了专门打击资助恐怖主义行为的协调处，负责与其他涉及打击资助恐怖主义的金融机构接触。

四、严格管控人员流动，防止恐怖分子入境

法国根据《日内瓦公约》和法国宪法规定提供难民地位，但亦严格规定审批法律程序，以防恐怖分子把法国当做避难所。此外，亦加强边检并对旅游申请严格审查。

（一）对难民的审查与接受

受理和裁定避难申请事宜均由"法国保护难民和无国籍人署"全权负责，并可依据《日内瓦公约》的规定，驱逐有确切证据证明其违法之人。"难民救助委员会"则负责受理和裁判难民申请被拒后的上诉，其判决可成为向最高法院上诉的证据。

对于避难申请人，接受居留和实行驱逐的措施由内政部部长负责，警察局则要在接受避难申请后进行系统的确认工作，当怀疑申请人可能会威胁公共安全时，可拒绝给予避难居留权。若确定申请人为恐怖分子，可实施驱逐、遣送出境或对其实施刑事处罚。在通过避难申请取得暂时居留权后犯下恐怖罪行，可收回临时居留许可文件，或拒绝延期居留。但若"法国保护难民和无国籍人署"未对当事人作出裁定，避难申请人就有权滞留在法国。

关于已获取难民身份的人，一旦难民身份被认可，可获10年有效期的居留证，但如果当事人有可能对公共安全造成威胁，管区警局可拒发居留证，换言之，若当事人被确认曾参与恐怖相关活动，则可收回其难民身份，若保留居留证和难民身份，则可对其处以刑事处罚，必要时亦可加以驱逐，若无法被遣返，则可加以软禁，并就近监视。若犯下与恐怖主义有关的罪行，无论轻重，或犯下高于6个月监禁而未缓刑者，皆无法获得法国国籍。

（二）强化申根协议区外边境检查

申根协议区外边境检查：负责外国人入境和居留的部门，包括"中央边防警察局"（DCPAF）、"国防部宪兵队"（DGGN）、海关，从通过边境起就要保证所有入境人员符合条件，并就以下问题进行核查：

查询申根国家信息共享数据，有无被驱逐或拒绝入境资料；是否存在妨害公共秩序威胁；是否存在妨害国家安全威胁。此外，无论在海关办理商品报关手续和旅游、运输工具及商品检查时，还是在入境点及所有边界进行机动检查时，都要进行监督。这些检查可以对敏感商品及可被利用于组织非法贸易、偷渡或运载物品秘密入境的运输车辆进行针对性搜查。除边防检查外，在申根情报体系对全境进行查看的同时，有关部门还需将检验可疑体貌特征的任务列为日常工作。

申根协议区内的补偿措施：警察、宪兵和海关可视情况再与申根国家接壤边界20千米内，以及港口、火车站等地进行特别检查，另根据与邻国签署的跨边界合作公约，这三个部门亦积极加强打击非法移民和非法买卖之合作。

培训和信息交流：1993年至1994年设置假数据测试支持软件，并通过互传警戒卡和参与国际会谈等方式加强与欧洲伙伴国之合作。重视加强边检警员的权力，2000年建立属国家一级的人员联络网，以确保军事行动信息的通畅和警员的培训。目前，重心在于通过国际警察技术部门合作，从源头加强反非法买卖的斗争。

保护护照和其他旅游信息安全：2000年11月，欧盟执委会通过护照和其他旅游数据安全化的规定。新的法国护照和安全国民身份证（CNI）由驻外之外交和领事机构发放，安全国民身份证自2002年起，护照自2003年起。法国亦积极参与G8集团和地中海论坛伙伴国有关反对资料伪造的斗争。

五、加强空中交通安全防范

20世纪80年代起，北非、中东等地区成为伊斯兰恐怖分子的主要来源地。法国最严重的恐怖事件是1995年由阿尔及利亚恐怖分子在巴黎地铁进行的爆炸攻击。为了打击恐怖势力，法国政府制定了一系列反恐措施，主要包括"加强警惕劫掠"和"生化防毒"两项计划；"9·11"事件后，法国重新启动该计划，以加强预防功能。

"警惕劫掠计划"于1978年制订，分为"简单"（第一阶段）和"加强"（第二阶段），第二阶段需动用军队。1991年"海湾战争"时第一次启动后，1995年、1997年、1998年相继启动过3次，2001年"9·11"事件次日则第5次启动属国防机密的"加强警惕劫掠计划"，除强化公共道路、火车站、港口、机场、网络安全外，亦动用警察、海关及 1000 名左右的军人加入行动，重点包括加强核设施安全，对核设施实行额外的安全措施，限制进入敏感地区的人数，以及加强对设施的监视和飞机保护。

"9·11"事件后，法国加强对空中交通安全的保护措施，涉及所有法国离港飞行，无论运营者和乘客是何国籍。主要是加强对乘客及行李的检查，加强对人员进入机场专用地区的限制与审查，加强对进入飞行器的控制，并改善货机和机上储备物的控制程序。海底隧道特别安检：由法国海关执行，对连接欧陆和英国路线的乘客、旅游工具、重物和货物进行专门检查。检查率由部级安全委员会确定，并由法、英两国组成的委员会执行，"9·11"事件后检查率有显著提高。

六、加强国际反恐合作

（一）加强反恐领域的国际情报交流

"9·11"事件后，法国积极加强反恐情报合作。在国内方面，由反恐合作协调单位 UCLAT 负责情报和分析之横向交流，以及部门间的沟通；军队则由总理府国防总秘书处领导，就情报和敏感议题进行交换。法国领土监护局势打击国内恐怖主义的部门，配置专门调查员负责与国外对口单位交换信息，其工作得到情报局的协助。

在欧洲方面，法国积极参与名为"恐怖主义"工作小组的工作，负责反恐组织和合作，评估恐怖主义威胁并写季度报告，明确指出能在欧盟领土制造威胁的恐怖集团，并就反恐重要问题提出行动建议。此外，法国亦是"打击恐怖主义刑警工作小组"成员，该小组主要由各国警察部门主管反恐部门的负责人组成，及时进行信息交换，研究打击恐怖主义的技术和作战合作的实用手段，并加密通信网络。欧洲警察局亦设立特别工作小组，负责警察和情报部门间的合作，尤其注重改善情报交流和与美、欧的合作。

在国际方面，首先是多方参与国际相关机构。法国是国际刑警组织所在地，该机构拥有高效率且覆盖全球的通信设施，对于在世界各地搜寻人员、发布寻求司法协助公告的官方联络不可或缺。此外，法国亦参加 G8 集团、地中海论坛、西地中海内政部部长会议和欧洲—地中海组织等多边机构，以利于刑警部门之交流。法国已与 42 个国家缔结警察合作协议，法国驻外使馆另有专门负责警察合作的内部安全随员。法国也和联合国安理会反恐委员会（Counterterrorism Committee，CTC）、八大工业国反恐行动小组（G8's Counterterrorism Action Group，CTAG）、针对阿富汗塔利班政权和"基地"组织的联合国 1267 惩戒委员会（the UN's 1267 Sanctions Committee）①，以及欧盟理事会的反恐战略行动计划等保持密切合作。

其次是与他国保持经常性联系，尤其是在信息交换方面，重点包括恐怖行动及其相关人员、活动方式、使用手段，以及恐怖集团的战略、目标、招募方式、组织状况、后勤支持等。法国与比利时、德国、英国、西班牙、意大利等国相互交换反恐部门的联络官，以便在实战中进行合作；法国海关和各国建立信息交换网络并签署相关协议，并与 33 国签署预防走私等相关协议。为了改善联合国安理会 1267 号决议对于恐怖团体认定过程透明度不足的缺失，法国和美国共同支持安理会 1730 号决议，该决议于 2006 年 12 月被采用。

最后是交换有关武器、炸药或敏感物质的非法买卖及信息技术的利用等情报，包括对损害公共安全的犯罪行为，允许警察或宪兵检查机动车辆，亦可根据法官下令夜间搜查无居民地区；并通过加强警察部门间的情报交换，积极参与国外军事行动，借机进入因武器走私引发冲突的地区。在交换大规模杀伤性武器情报方面，每年参与禁止生物武器公约要求的情报交换，依公约规定申报化学武器储存、运作生产设备等情况。

（二）加强司法、金融及武器领域的国际合作

在司法合作方面，法国积极参与双边或多边公约，包括 1959 年 4 月的欧洲司法互助公约在内，到 2001 年 1 月，法国共签署 50 项刑法的司法互助协定，即使在没有公约的情况下，亦允许在互惠基础上提供刑事司法互助，不局限在列举的某些违法上。此外，欧盟内部建立的

---

① 根据 1999 年 10 月 15 日联合国安全理事会第 1267（1999）号决议成立的安全理事会委员会也称"制裁基地组织和塔利班委员会"。随后的决议，包括第 1333（2000）号、第 1390（2002）号、第 1455（2003）号、第 1526（2004）号、第 1617（2005）号、第 1735（2006）号、第 1822（2008）号和第 1904（2009）号决议，对制裁制度作了调整并予以加强。目前的制裁措施适用于任何地方同"基地"组织、本·拉登和（或）塔利班有关联的个人和实体。被指定的个人和实体已列入《综合名单》。

"欧洲司法网络"和"欧洲司法局",也有助于改善成员国的司法合作和追捕的协调工作,增加与邻国互换联络法官之工作,促进国际司法合作,以及加速相互司法要求的传递工作。

在金融领域的行政合作方面,法国金融情报部提供反洗钱技术和经验,加强与恐怖主义资金斗争之力度,并通过"恐怖经济援助协调调查小组"(the Ministry of Finance's Terrorism Financing Coordination and Investigation Unit,TRACFIN),在"行使相同权限""反对洗钱""互利互惠与职业秘密义务"三项约定下,与国外金融部门交换情报,并对有关金融组织的业务有知情权。此外,为加强金融情报机构间的情报交换,欧盟亦考虑建立安全信息通信机构。

在大规模毁灭性武器方面,法国1972年4月签署《禁止生物武器公约》,1984年9月批准。根据该公约,签约国应向联合国秘书处通报其生物领域的活动情况,法国每年均参与信息交换。此外,法国亦参与1993年在巴黎签署的《禁止化学武器公约》,并于1994年4月实施,法国履行公约义务,递交其化学武器储存、生产设备等情况并定期更新。在核不扩散条约方面,法国在国际原子能机构内积极参与《核材料物理保护公约》,为寻求帮助的成员国提供援助,并严格执行监督核材料和设备及军民两用材料的出口;有关预防和反对核恐怖行动公约草案,则与G8集团和欧盟成员国共同支持俄罗斯首倡的计划。

在空中安全领域的多边合作方面,法国参与各国际空中安全组织的工作,"9·11"事件后几次修改空中运输安全措施。此外,法国亦宣布在2007年采用生物签证,除指纹外,还将获取眼底血管图和面部照片,使签证变成一张电子卡。

在军事方面,法国的特战部队(French Special Forces)参与联军在阿富汗的行动,法国同时也是联合任务部队150(Coalition Task Force 150)的主要成员,该部队为多国海军组成,负责巡察红海和也门湾,阻止可疑恐怖分子在阿富汗、阿拉伯半岛和非洲之角(Horn of Africa)之间的活动,并且法国曾两次指挥该部队。法国外长库什内2008年4月11日访问塔吉克斯坦时表示,法国在阿富汗驻军人数将由2300人增至3000人,以支持驻阿富汗北约联军。法国警察和西班牙政府在巴斯克地区密切合作,许多弹药藏匿处在法国被发现,2006年法国逮捕许多巴斯克独立组织(Basque Fatherland and Liberty,ETA)的嫌犯,并将其引渡到西班牙。①

七、后"9·11"时代法国反恐大事件

（一）海外公民频繁遭袭，法国国内加强反恐安防（2002 年）

2002 年 12 月 7 日，法国内政部部长萨科齐 7 日宣布，法国警方将从当月 15 日开始的一个月内，在全国各地的购物中心、交通枢纽和教堂等地大幅加强警力，以防范恐怖活动，保证圣诞节和新年期间的安全。恐怖分子曾计划在 2000 年圣诞节期间，袭击法国以圣诞饰品著称的斯特拉斯堡市，后因被法国警方破获而未能得逞。因此，法国警方一直不敢排除恐怖分子把法国作为袭击目标的可能性。尽管恐怖袭击是防不胜防的，但是，法国前内政部部长夏尔·帕丝夏指出，政府应该作出一切努力，把"万无一失"作为工作的目标。民意调查显示，半数以上的法国人对法国政府强化反恐措施的努力是满意的。

"9·11"事件之后，发生在世界各地的恐怖活动中，法国也遭受了不少损失：2002 年 4 月 11 日，在突尼西亚旅游胜地杰尔巴市的一座犹太教教堂前，一辆装满炸药的卡车爆炸，造成 19 人死亡，其中有 2 名法国游客；5 月 8 日，巴基斯坦卡拉奇发生针对法国人的汽车炸弹袭击事件，11 名在当地工作的法国军事技术人员丧生；10 月 6 日，法国邮轮"林堡号"在也门受到攻击，造成 1 人死亡；10 月 12 日在印度尼西亚巴厘岛发生的恐怖爆炸事件中，也有法国人伤亡。多年以来，每周三中午 12 点，巴黎市都要汽笛长鸣 3 次，为的是保证公众警报系统的良好状态。法国各个机构，也经常不定期地搞各种形式的反恐怖演习，警报一响大家都要按照要求去做，学会自我保护，并尽可能地帮助别人。②

（二）反对美国"倒萨"③，坚决打击国内宗教极端分子（2003 年）

2003 年新年前夕，总统希拉克在向法国人民发表新年致辞时，严厉抨击恐怖主义对世界的威胁，严正声明法国一定要站在国际反恐斗争第一线。1 月 4 日，希拉克在会见黎巴嫩总理时，再次表明法国对伊拉

---

① 新华社，2008 - 04 - 11。

② 何农：《法国强化反恐措施》，载《光明日报》，2002 - 12 - 09。

③ 即推翻伊拉克的萨达姆政权。

克问题的立场：应该按照联合国安理会第 1441 号决议解决伊拉克问题，中东地区不需要战争。可见，法国的态度十分鲜明，法国坚决站在反恐第一线。但是，在对待"倒萨"问题上，法国朝野上下却是一致反对。数月以来，总理拉法兰多次利用各种场合表明自己的立场：针对伊拉克的战争绝非不可避免。他主张通过施加压力和平解决伊拉克问题，联合国安理会是解决这一问题的唯一机构。他严厉批评美国对伊拉克动武是"简单主义"倾向。而在野的左派政党，在反战问题上更是立场鲜明。此前不久，80 多名不同党派的国会议员，联名签署"反战宣言"，宣言在声明支持反恐斗争的同时，还坚决反对"以反恐为名谋求其他目的"。法国知识分子和各界人士还多次走上街头，游行示威，反战情绪高昂。

"9·11"事件发生后，法国一直坚决支持美国的反恐斗争。多年来，法国本身也是恐怖主义的受害者。1991 年海湾战争爆发前后，法国曾多次遭到恐怖分子的炸弹袭击。"9·11"事件发生的当天，法政府就宣布在全国范围内实施"警惕劫掠计划"，保持最高等级的反恐戒备状态。随着美国"倒萨"战争的临近，特别是 2002 年 10 月半岛电视台播放"基地"组织一领导人公开发表将法国和德国列为袭击目标的录音讲话之后，法国政府一再强化"警惕劫掠计划"。10 月底，法国和奥地利、西班牙、希腊、意大利、瑞典五国合作，第一次在欧盟范围内进行了为期 4 天、约千人参加的防毒演习。圣诞节和元旦期间，法国又在全国各地加强警力，对名胜古迹、商业中心、办公大楼、交通枢纽等地严加防范。同时，法国政府对宗教极端分子的态度日趋强硬，坚决打击进行恐怖袭击的宗教极端分子，捣毁他们的联系网络。之前不久，戴高乐机场控制塔的一名职员，由于与宗教极端分子有联系，其机场禁区通行证就被收回。①

（三）伦敦"7·7"恐怖袭击之后，出台反恐举措加强监控（2005年）

2005 年 7 月 7 日英国伦敦地铁爆炸案发生之后，法国政府针对当时严峻的反恐形势，在 10 月讨论制定更加严格的反恐措施，确保国土

① 何农：《法国：反恐——坚决站在第一线，倒萨——不能美国说了算》，载《光明日报》，2003-01-08。

安全。法国警方于9月底捣毁了企图在法国制造炸弹袭击的一个恐怖小组，9名嫌疑人落网。据媒体报道，这些嫌疑人属于阿尔及利亚"萨拉菲斯特宣战与战斗组织"，已被各国列入恐怖组织名单。其中35岁的头目萨非·布哈达在1995年曾参与制造巴黎地铁爆炸案，后被判处10年监禁。2003年获释后，他继续招兵买马，谋划恐怖袭击。法国政府于8月中旬进一步完善和出台反恐新措施。新的反恐措施具体涉及获取情报的能力、在公共场所使用录像监视、对网吧和电话实施监控并延长获取的数据保存期限，以及驱逐伊斯兰教布道者、监控重点人物到风险国家的旅行等。对此，内政部部长萨科齐在法国电视台上表示，"必须监听一切，尽可能地了解一切"。他指出，一个法国居民，突然去阿富汗或叙利亚且时间长达几个月，很不正常。据报道，有证据表明，有6名法国青年曾参加了伊拉克敢死队并在行动中身亡。截至2005年8月，仍有10多名法国青年在伊拉克，还有一些年轻人在巴基斯坦宗教学校学习。

法国不是免遭恐怖活动的避风港。1995年曾发生的巴黎地铁爆炸案，导致8人死亡和200多人受伤，此后，法国警方分别挫败了针对1998年世界杯足球赛、2000年圣诞市场和斯特拉斯堡大教堂的恐怖袭击，反恐成绩显著。但在西班牙和伦敦发生的血腥恐怖爆炸事件，使得法国提升和保持了反恐警戒级别，反恐警戒级别仍为红色。内政部部长萨科齐表示，按目前5级警戒水平，法国目前反恐形势已处在4级水平。他认为，乘坐交通工具而生命不受威胁是公民自由的首要目标。目前恐怖分子逐渐呈现低龄化现象。未成年人极易受到鼓动，严厉惩罚和驱逐伊斯兰教布道者是反恐防范措施的重点之一。自2003年10月以来，法国已取消了34名外来伊斯兰教布道者的法国国籍，10多名伊斯兰教布道者也在近期将被驱逐出境。萨科齐表示，这些人的言论与共和国价值观背道而驰。①

（四）伦敦汽车爆炸未遂之后，进一步提升反恐级别（2007年）

2007年，继英国伦敦6月29日发生未遂汽车炸弹袭击事件和格拉斯哥机场次日遭燃烧汽车袭击等恐怖事件后，法国在维持反恐怖"警惕劫掠计划"级别为"红色"的同时，积极行动起来，加强防范措施。

---

① 宋斌：《法国反恐措施日趋严厉》，载《光明日报》，2005-09-29。

恐怖事件发生后，英国政府内阁紧急状况委员会于7月1日举行了3天以来的第四次会议，并把反恐级别提升至最高级，而法国新任内政部女部长米谢勒·阿里奥－玛丽也在同日下午召开由国家反恐协调委员会主任克里斯多夫·沙波和国土监控局局长皮埃尔·德波斯盖参加的紧急反恐会议。会议上，阿里奥－玛丽表示，在英国发生恐怖事件的背景下，法国有必要保持警惕，加强反恐措施，保卫国民安全；尽管法国近期尚未遭遇恐怖事件，但种种迹象表明，法国已经成为恐怖袭击的目标。据媒体报道，法国新任内政部部长曾在5月下旬透露，针对法国的恐怖威胁是现实存在的，国家有必要继续维持目前的"红色"反恐级别，并提醒国民配合专业部门积极防范。

法国曾一度遭受恐怖袭击的苦难。十二年前（1995年）来自阿尔及利亚恐怖组织的连环爆炸袭击至今令法国人难以忘怀，在希拉克当选总统后不久法国相继发生了一系列恐怖事件：巴黎凯旋门星形广场路边的一个垃圾桶突然爆炸，17人被炸伤；里昂一所犹太小学门旁的一辆汽车被引爆，造成14人受伤；以巴黎地铁爆炸事件最为惨痛，该事件造成8人死亡和数百人受伤。为此，法国国民议会中的执政党小组主席、原国家预算部部长科普表示，曾感受残酷恐怖袭击的法国应该立即采取行动，并为预防此类事件而长期保持有效的反恐措施。预防和处置恐怖袭击发生的"警惕劫掠计划"创建于1981年，并于1991年被首次启动。在2005年英国伦敦地铁遭受震惊世界的恐怖事件后，该反恐计划一直维持在"红色"级别。根据这项计划，法国应该对进站的铁路乘客进行严格检查、在高速火车上派驻强力部门的巡逻队及在航空交通领域实行某些限制和对民用自来水实施保护等措施。法国该项反恐计划分为四个等级，并用相应的颜色予以区分。黄色表示加强警惕，普遍应用于非紧张时期的日常检查；橙色主要针对某个单项的恐怖活动；红色意味着多个严重恐怖事件有可能相继发生，而鲜红色则提醒国民近期将会发生一系列重大恐怖事件。[①]

---

① 宋斌：《法国紧急加强反恐措施》，载《光明日报》，2007－07－03。

第五章　欧洲"反恐先锋"的幻灭：法国面临本土"圣战"恐怖主义

　　法国遭受伊斯兰恐怖主义袭击的历史可以追溯到20世纪80年代。在经历了巴黎百货公司连环爆炸案、"豺狼"卡洛斯炸弹袭击、巴黎地铁爆炸案等一系列由国际恐怖组织策划实施的袭击之后，法国开始大刀阔斧地从立法、司法和执法领域改善和提升反恐能力。从1996年至2012年，当美国遭受"9·11"恐怖袭击、英国伦敦遭遇"7·7"连环爆炸之时，法国领土上几乎没有发生一起恐怖袭击。法国由此获得了"欧洲反恐先锋"的盛名，其成功的反恐模式成为西方国家效仿的"楷模"。表面上看，法国似乎已经成功抵挡住"外来"恐怖主义的袭击，殊不知恐怖主义"内患"却在悄无声息地滋长。

　　2012年，自称"基地"组织成员的阿尔及利亚裔法国人穆罕默德·梅拉赫于12天内在法国南部连续杀害7人。法国举国震惊，蓦然察觉土生土长的恐怖分子已然成形。2014年，曾效力于"伊斯兰国"的法国人迈赫迪·纳姆什（Mehdi Nemmouche）持冲锋枪闯入比利时布鲁塞尔犹太博物馆，开枪打死4人。这两起"独狼"式恐怖袭击促使法国政府先后出台《2012年安全与反恐法》与《2014年反恐法修正案》。前者针对在国外实施恐怖活动或参加"圣战"训练的法国人提起诉讼；后者新增"个人恐怖行为罪"，规定嫌疑人在采取恐怖袭击之前，依据其私藏武器或爆炸物即可定罪。2015年年初，"查理周刊"恐怖袭击发生后，法国政府于1月和4月先后两次投入巨额资金加强反恐情报搜集与军队巡逻常态化，5月通过旨在加强反恐监控的情报工作法案，10月又出台新规定扩大执法人员对疑似恐怖分子的临时搜查权。然而，这一系列的反恐举措都未能阻挡法国"圣战"分子的步伐，2015年11月的一个星期五晚上，法国历史上最血腥的恐怖袭击如梦魇般发生了。但这仍然不是终结，2016 年 7 月又先后发生了尼斯国庆日恐怖袭击与诺曼底鲁昂教堂劫持案，法国已经深深陷入本土"圣战"分子的恐怖威胁之中。

正如法国原总理多米尼克·德维尔潘（Dominique de Villepin）在"查理周刊"袭击案之后所说：当今的法国已经被笼罩在一种越来越浓的战争氛围之中。这是一种叫不出名来的奇怪战争，又是一种分不清国内国外、没有边界的战争。在国内，有势不两立的人物，有互不妥协的立场，也许可以说是内战。恐怖主义正在改头换面，先是成网络地袭击，后来是"独狼"式袭击，现在，他们正在被一些更加暴力的"特战队员"所代替。这些"特战队员"全副武装，采用黑手党伎俩，一心想要消灭那些具有代表性的、象征着民主自由的目标。这已经不是混乱的恐怖行动，而是一种有组织的、实实在在的威胁，它被一砖一石地筑起，目的是把我们每一个人包围。①

一、法国本土"圣战"分子实施的恐怖袭击（2012～2016 年）

（一）2012 年 3 月法国南部城市系列枪击案

2012 年 3 月 11 日和 14 日，法国南部城市图卢兹和蒙托班先后发生当地驻军士兵遇袭事件，共造成 3 人死亡、1 人重伤。19 日在图卢兹一所犹太人学校门前发生另一起枪击案，造成 1 名教师和 3 名儿童丧生。一共有 7 人在这起系列枪击案中丧生。袭击者穆罕默德·梅拉赫，为阿尔及利亚裔的法国公民，时年 23 岁。梅拉赫自称为"基地"组织的圣战成员，其在法国实施的杀戮行为意在为巴勒斯坦儿童复仇，另一个目的就是对参与海外干预行动的法国军队实施报复。法国内政部部长克罗德·盖昂告诉媒体，梅拉赫表明接受了位于巴基斯坦"基地"组织的命令，但是拒绝完成自杀的使命。梅拉赫原本计划在 3 月 19 日再杀一名军人，但是因为没有找到目标，就屠杀了犹太学校的孩子。②

穆罕默德·梅拉赫在图卢兹长大，认识他的当地居民对其的描述是

---

① ［法］多米尼克·德维尔潘：《对恐怖主义、恐惧和社会分裂说"不"》，王倩、彭翠岩译，载《中国经济报告》2015 年第 2 期，第 10～11 页。

② 《法国警方围捕连环杀人嫌犯》，载搜狐新闻，http://roll. sohu. com/20120322/n338595762. shtml.

"友善、平和、有礼、慷慨"，并认为他"不是一名极端分子"，而更像一个"时下的年轻人"。穆罕默德·梅拉赫有多次违法记录，部分涉及暴力行为，关联宗教极端势力，曾前往阿富汗和巴基斯坦。阿富汗南部坎大哈市监狱长吴拉姆·法鲁克证实，穆罕默德·梅拉赫于 2007 年因制造炸弹遭捕，获刑 3 年。塔利班 2008 年 6 月袭击该监狱，梅拉赫与 400 多名塔利班成员趁机越狱。穆罕默德·梅拉赫的哥哥同为宗教极端分子。法国国防部证实，他曾在 2008 年试图加入陆军，两年后还曾报名参加外籍军团。①

2012 年 3 月 21 日上午 11 时 30 分左右，在与梅拉赫对峙长达 32 个小时后，法国警方反恐力量黑豹突击队从嫌疑犯梅拉赫据守的住宅大门和窗户强攻入内。法国内政部部长盖昂在现场透露，梅拉赫是跳窗而死，此前其已经拒绝投降。②

（二）2014 年 5 月比利时犹太博物馆枪击案

2014 年 5 月 26 日下午，比利时布鲁塞尔一家犹太博物馆发生枪击案，造成 3 人死亡、1 人重伤，晚间重伤者宣告不治死亡，使得死亡人数增至 4 人，两男两女。遇害者均是面部或喉咙被子弹击中。有目击者称，一名背包男子乘一辆奥迪轿车在犹太博物馆前下车后直奔博物馆，随后开枪射击，作案后又乘坐同一辆轿车离开案发现场。以色列总理本雅明·内塔尼亚胡把袭击描述为"谋杀"，称这是"针对犹太人及其国家（指以色列）持续煽动的结果"。比利时反对派犹太人组织（LBCA）主席鲁本菲尔德在接受法新社采访时指出："这是一起恐怖事件，是经过精心策划的、在犹太博物馆进行的刺杀事件。"③

迈赫迪·纳姆什于 5 月 30 日在法国南部城市马赛落网。法国总统

① 穆罕默德·梅拉赫，百度百科，http://baike.baidu.com/link? url = uo54gc6YmXtSXWhixW_EdXZOGWW3egGg0w2W6gMaP273PiRnyPF667ll c0BQYk9OyAAzMZuNlJ - Kokp66s6h6K.

② 法国警方消息人士称枪击案嫌犯欲逃跑时被击毙，载中国网络电视台，http://news.cntv.cn/20120325/108783.shtml.

③ 《闯进犹太人博物馆　比利时男子枪杀 4 人》，载网易新闻中心，http://news.163.com/14/0526/06/9T5BJO4D00014AED.html.

弗朗索瓦·奥朗德①声称，这名嫌疑人"刚踏足法国就被捕"。纳姆什现年29岁，来自法国北部城市鲁贝，2012年曾经入狱。其在行凶时还使用录像机拍摄袭击过程，这种手法与两年前在法国城市图卢兹射杀数名犹太人的法籍枪手穆罕默德·梅拉赫类似。据法国调查人员披露，纳姆什曾于2013年前往叙利亚，加入宗教武装组织并参与叙利亚内战，这一情况早已为法国国家安全局所掌控。

（三）2015年1月"查理周刊"恐怖袭击案

2015年1月7日，法国讽刺杂志《查理周刊》（音译《沙尔利周刊》）在首都巴黎的办公室遭到3名枪手袭击，造成12人死亡、10余人受伤。法国检方调查人员说，当天，几名武装人员手持AK47和火箭弹发射器，袭击了《查理周刊》总部，造成包括周刊主编及4名漫画插图师在内的至少10人死亡。随后，一名枪手劫持了一辆汽车，在与警方交火时，还打死了2名警察。有视频显示，其中1名警察是在倒地后被补枪身亡。②

2015年1月8日，法国警方在位于巴黎东北部的法国城市兰斯展开追捕行动，法国特别反恐部队已经投入追捕行动。制造"查理周刊"血案的库阿奇兄弟成为法国通缉犯。弟弟谢里夫·库阿奇（Cherif Kouachi）曾于2011年前往也门，在返回法国前接受了那里的"基地"组织分支的恐怖训练，并曾做过比萨送餐员和鱼贩。嫌犯两兄弟自"数年前"便在美国的监控名单上，他们被视为恐怖嫌疑人，并且被列入禁飞名单，不得飞往美国。1月9日，警方在巴黎东北部的小镇达马丁—高尔发现了嫌犯的踪迹。兄弟二人于9日早晨盗窃一辆汽车，并与警方多次交火。最终，警方展开强攻，现场爆炸、枪声等持续20秒，兄弟二人最终均被击毙。③

---

① 弗朗索瓦·奥朗德（François Hollande），1954年8月12日出生于鲁昂，法国左翼政治家。2012年4月22日，奥朗德在法国大选首轮投票中居首位；并在5月6日的第二轮选举中当选为法国新一任总统。奥朗德的政策带有明显的传统左翼色彩，但也渗透着一定的自由主义的精神，可谓"左右通吃"，他立誓要做一个"团结的总统"，让所有人都参与到建设其"法国梦"的进程之中。

② 宋鲁郑：《"查理周刊"惨案不只是恐怖袭击》，载环球网，http://world.huanqiu.com/hot/2015-01/5380832.html.

③ 《1·7巴黎查理周刊枪击事故》，载百度百科，http://baike.baidu.com/.

《查理周刊》是法国著名的讽刺杂志之一。法国媒体有讽刺时政的传统，早在2012年，该杂志就曾将伊斯兰教先知穆罕默德作为漫画人物，漫画的题目则选取了当时红极一时的电影《不可触碰》，讽刺意味非常明显。《查理周刊》还曾创作半裸的穆罕默德漫画形象。2015年年初一期内容聚焦于米歇尔·维勒贝克的一本新小说，该书设想了未来法国和欧盟被伊斯兰化后的糟糕画面。就在杂志上市当天，即1月7日，蒙面枪手们袭击了该刊在巴黎的办公室，杀害了12人。据法国媒体报道，在这次袭击中，有目击者听到袭击者高呼"我们为先知复仇了"。袭击案发生在光天化日之下的巴黎，造成的恐怖效果令人震惊。而震惊之余，法国媒体已开始对长期以来法国的移民融入政策和外交政策进行反思。

（四）2015年6月法拉维耶工厂袭击案

2015年6月26日，位于法国东南部伊泽尔省（Isère）的圣—屈昂坦—法拉维耶（Saint - Quentin - Fallavier）的一家天然气工厂遭遇袭击。袭击者开车闯进大门后撞击气罐引发剧烈爆炸，事件造成1人死亡、数人受伤。法国总统奥朗德随后表示，这是一起恐怖袭击事件。①

据现场的职工称，当时袭击者驾车冲破工厂入口的围栏阻挡，猛力撞击厂内的气罐引发巨大的爆炸，同时他还引爆了车内的多个小型炸弹，因此引发了大规模爆炸。在工厂大门附近，一名男子身首异处，头颅被袭击者挂在了栅栏上，上面贴有阿拉伯文字，尸体旁边还挂有一面旗帜，其上有疑似极端组织"伊斯兰国"（ISIS）的内容。警方在现场逮捕了一名男性嫌犯。警方消息称，该名男子自称是"伊斯兰国"成员，被捕时手中还持有一面ISIS旗帜，与遇害者身旁的旗帜相同。还有消息称，袭击者可能不止一人，还有一名隐藏在车上的男子已伺机逃跑。②

35岁的袭击者亚辛·萨勒伊（Yassin Salhi）是一名货车司机，6月26日早些时候他杀害其老板埃尔韦·科尔纳拉（Herve Cornara）（此

---

① 《法国一工厂遭遇恐怖袭击　奥朗德紧急回国处理》，载凤凰财经，http://finance.ifeng.com/a/20150626/13801493_0.shtml.

② 《法国工厂遭恐怖袭击　一死多伤》，载网易新闻中心，http://news.163.com/15/0627/15/AT4IGT3H00014Q4P.html.

前老板的朋友曾见过受害人与疑犯数次激烈争执），将其头颅割了下来装到自己的货车厢中，然后驱车来到附近的"Air Products"天然气工厂（Air Products 是一家美国化工公司，在全球 50 个国家聘有员工）。在引发工厂爆炸之后，他将科尔纳拉的头颅挂在栅栏上，并通过通信软件"WhatsApp"把照片传到一个加拿大的手机号码上。①

亚辛·萨勒伊被认为是这起恐怖事件的主要袭击者。警方随后的调查显示，2006 年其曾因为与"萨拉菲斯特运动"（Salafist，与"基地"组织有关联的一个北非极端组织）有联系而接受过调查，2012 年曾参与一起发生在图卢兹—里昂旅游列车上针对犹太少年的"反犹太"（Anti - Semitic）袭击。2009 年，亚辛·萨勒伊以学习阿拉伯语为由，带着妻儿在叙利亚生活了一年。在此次袭击事件发生之前，他与法国的"圣战"分子塞巴斯·坦尤尼斯（Sebastian Yunis）一直保持着固定的联系，后者已被法国当局获知奔赴叙利亚加入"伊斯兰国"。尽管亚辛·萨勒伊宣称其动机是基于与老板的私人恩怨，因为老板解雇了他，同时又和妻子发生了争执。但是根据其之前的"极端化"倾向及与恐怖分子的联系，法国当局仍认定其行为属于恐怖袭击。②

（五）2015 年 8 月国际列车袭击案

2015 年 8 月 20 日下午 6 点左右，三名结伴而行的美国青年（其中两名为美国海军陆战队队员）在火车上发现一名年轻男子形迹可疑，后来还在该男子如厕时听到厕所里发出枪支上膛的声音。可疑男子走出厕所时，手里握有一把 AK47，开枪向乘客扫射。两名海军陆战队队员迅速行动，将其制服；其中一名队员脖子中枪，但没有生命危险。

这两名海军陆战队队员当时正在休假，因此没有佩带武器。他们发现这名男子行为可疑后，就主动对其进行跟踪。一些乘客回忆，嫌疑人可能开了两枪；从嫌疑人走出厕所到被制服，持续不到 15 秒。火车上当时共有 550 多名乘客，如果不是美国青年及时发现，后果不堪设想。袭击事件发生后，这趟原定从阿姆斯特丹开往巴黎的列车在法国北部城

---

① 《法国恐袭案：嫌犯将老板斩首并与其头颅自拍外传》，载人民网，http://world.people.com.cn/n/2015/0628/c1002 - 27219576.html.

② 2015 Saint - Quentin - Fallavier attack - Wikipedia, the free encyclopedia https://en.wikipedia.org/wiki/2015_Saint - Quentin - Fallavier_attack.

市阿拉斯紧急停车，枪手也随之被捕。①

25 岁的恐怖袭击嫌疑人阿尤布·卡扎尼（Ayoub el – Qahzzani）是摩洛哥籍。火车刚刚离开比利时进入法国境内，他就开始实施袭击行为。他手里有 9 个装满子弹的弹夹，有将近 300 发子弹。此外，他还带了一把刀。随后警方的调查显示，阿尤布·卡扎尼最初住在摩洛哥北部地区，2007 年移居西班牙，2014 年起在法国生活，并曾在一家手机操作公司任职两个月。阿尤布·卡扎尼对于法国当局而言并不陌生，其名字早就出现在了法国安全档案之中，属于法国国家安全最高级别"警告"（warning）的极端分子。此外，在比利时、西班牙和德国的安全档案中，阿尤布·卡扎尼也"榜上有名"。他在西班牙期间，曾因为发表捍卫"圣战主义"的言论、参加激进清真寺和涉嫌贩卖毒品引起西班牙当局的注意。此后他又移居法国，西班牙当局亦通知法国对其加以关注。法国内政部部长贝尔纳德·卡则纳夫（Bernard Cazeneuve）宣称阿尤布·卡扎尼在 2015 年年初离开法国去了比利时，并于 2014 年 5～6 月待在叙利亚。②

（六）2016 年 7 月尼斯国庆日恐怖袭击案

2016 年 7 月 14 日晚间，法国南部城市尼斯著名的滨海大道——盎格鲁大道上聚集了大量民众观看国庆节烟火表演，一辆卡车以高速冲入人群，司机还拿出枪向人群射击，造成 77 人死亡、数百人受伤。巴黎检方发言人称，尼斯事件是恐怖袭击。驾车伤人的卡车司机被警方击毙后，警方在其驾驶的卡车中发现了枪支和手雷。③ 法国执法当局后期的调查显示：尼斯恐怖袭击事件是一次"有预谋"的行动。

巴黎共和国检察官弗朗索瓦·莫林于 7 月 19 日通报尼斯恐袭案调查进展，尤其是有关作案者穆罕默德·布莱勒（Mohamed Lahouaiej – Bouhlel）策划准备过程的细节。袭击者穆罕默德·布莱勒有法国和突尼斯双重国籍，其于 7 月 4 日联系卡车租赁公司，7 月 11 日上午 8 时

---

① 《法国火车险爆恐怖袭击 海军陆战队徒手擒凶》，载网易新闻中心，http://news. 163. com/15/0822/13/B1KGTL7D00014SEH. html.

② 2015 Thalys train attack – Wikipedia, the free encyclopedia, https://en. wikipedia. org/wiki/2015_Thalys_train_attack.

③ 《法国尼斯发生恐怖袭击 至少 77 人死亡》，载凤凰财经，http://finance. ifeng. com/a/20160715/14600831_0. shtml.

30 分租下作案所使用的那辆白色大型货柜车，并于作案前两次驾车前往益格鲁大道踩点。对穆罕默德·布莱勒的电脑调查分析发现，他曾经上网搜索近期发生的 3 起袭击事件，包括美国奥兰多枪击案、达拉斯枪击案及法国马尼安维尔市警察夫妇遇刺案。此外，他还检索过一些有关重大死伤事故的情况。

调查还进一步了解了作案者的人格特质。根据证人的描述，穆罕默德·布莱勒是一个并无宗教敬畏心的人，平时也不遵守伊斯兰教教规。检察官莫林指出，在袭击发生前不久，穆罕默德·布莱勒的行为方式发生明显改变，对"伊斯兰激进主义运动"表现出"某种兴趣"。他曾连续 8 天蓄须，并称此举代表宗教含义。他还对"伊斯兰国"的领土诉求不被承认感到不解。但截至目前，法国政府尚未认定，31 岁的突尼斯裔尼斯居民穆罕默德·布莱勒与包括"伊斯兰国"在内的任何恐怖主义或极端主义组织有关联。在调查的同时警方也试图确认穆罕默德·布莱勒在本案中是否还有其他同伙。在仍然被警方拘留的 6 人当中，已有 3 人被移送到位于巴黎近郊的法国国内安全总局的羁押地点。[①]

（七）2016 年 7 月诺曼底鲁昂教堂劫持案[②]

2016 年 7 月 26 日上午 9 时 45 分，两名男子手持匕首和手枪闯入法国北部诺曼底地区的鲁昂的一座 16 世纪修建的天主教教堂内，劫持了一位神父、三名修女和两位祷告者作为人质。袭击者中的一人穿了一件仿冒的炸弹背心，另一人则背着看似装着炸弹的背包。据人质说，袭击者们用阿拉伯语在祭坛上做了"布道"，还用手机拍下了整个过程。在警察赶来之后，他们还大呼"是你们这些基督徒想消灭我们"！

袭击者强迫 86 岁的兼职神父雅克·海默尔（Jacques Hamel）下跪，神父试图抵抗，推开袭击者时说到"滚开，撒旦！"袭击者们大喊"真主阿拉"，用刀割破了神父的喉咙。其他人质没有受到严重伤害。在杀害神父之后，袭击者们开始与修女谈论《古兰经》，其中一人警告说"只要叙利亚还要发生爆炸，我们就会继续实施袭击"。

---

① 《法检方：尼斯恐袭有预谋 实施者曾搜其他袭击案》，载新浪新闻，http://news.sina.com.cn/o/2016 - 07 - 19/doc - ifxuaqhu0658491.shtml.

② 2016 Normandy church attack - Wikipedia, the free encyclopedia, https://en.wikipedia.org/wiki/2016_Normandy_church_attack .

在袭击者集中杀害人质的时候，一名修女趁其不备逃出教堂，拦下一个骑摩托车的路人并通知了警察。警察立刻赶到教堂，试图通过一个小窗户与两名袭击者展开谈判。随后赶到的武装警察试图冲进去，却被袭击者用人质筑起的人墙挡在了门外。10 时 45 分，两名袭击者紧跟人质逃离教堂，其中一个挥舞手枪，他们向警察大喊"真主阿拉"，很快被特种部队"鲁昂反恐干预旅"（Rouen's Research and Intervention Brigade）击毙。

袭击案引起法国当局的高度重视。此次事件距离尼斯恐袭案发生仅两周时间，法国媒体与公众舆论亦高度关注事件进展。总统奥朗德与内政部部长卡兹纳夫均已赶到现场慰问受害者与当地教会负责人。据《费加罗报》报道，两名袭击者中的一名被确认是列入法国 S 档案的伊斯兰激进分子——19 岁的阿尔及利亚出生的法国人阿德尔·凯尔米什（Adel Kermiche）。他曾于 2015 年两次试图前往叙利亚，其中一次被德国遣返，另一次则在到达土耳其边界时被土耳其政府遣返。凯尔米什也因此入狱一直到 2016 年 3 月才得到释放。在狱中凯尔米什向法官写信道，"我是一个有怜悯与善良之心的穆斯林，我不是一个极端分子"，他宣称会好好悔过，每天祈祷两次，还"想见他的朋友并结婚"。尽管检察官反对，法官仍决定将其释放，但是需要佩戴电子脚链，与其父母住在一起，每天只能在 8:30~12:30 与 14:00~18:00 两个时间段外出。在袭击案发生之后，法国总理曼努埃尔·瓦尔斯（Manuel Valls）称对凯尔米什的释放是法国司法的"错误"。凯尔米什死后，警方发现其记录的在监狱中与"精神导师"面谈的文字内容，他把这位"导师"称作"酋长"，为他"指引方向"。

7 月 28 日，警方也查出了另一位袭击者的身份：出生于法国的阿卜杜勒·马利克·珀蒂（Abdel Malik Petitjean），现年 19 岁。2016 年 6 月 29 日他试图经土耳其进入叙利亚。在被遣返回国之后，法国警方也对其加以监控。珀蒂是商学院的学生，在袭击发生之前几年就已经有极端化倾向。

二、"独狼"式恐怖袭击的出现

2012 年至 2016 年短短四年间，经历了一系列恐怖袭击的法国"正处于恐怖主义靶心"。不同于 20 世纪八九十年代源自中东与北非的国际恐怖主义，从 2012 年图卢兹等地连环枪击案中的穆罕默德·梅拉赫，2014 年比利时犹太人博物馆枪击案中的迈赫迪·纳姆什，到 2015 年法拉维耶工厂袭击案中的亚辛·萨勒伊，国际列车袭击案中的阿尤布·卡扎尼，2016 年尼斯国庆日袭击案中的穆罕默德·布莱勒，我们可以发现，这些袭击者大都是土生土长的法国穆斯林，而且不同于以往有组织的大规模劫持人质和连环爆炸，这些本土"圣战"分子多以"独狼"形式出现，以多样化方式（刀、枪、炸弹为武器劫持人质、枪击或爆炸）实施恐怖袭击，令人防不胜防。

"独狼"恐怖主义也称"个体"恐怖主义。"独狼"一词发端于 20 世纪 90 年代初期的美国"白人至上主义者"阿历克斯·柯蒂斯（Alex Curtis）。1993 年，他呼吁"白人至上分子"采取单独行动，以任何手段清除非白色人种，并将这种"独自采取行动的战士"称为"独狼"。1998 年 11 月，美国联邦调查局和加利福尼亚州圣迭戈警察局在抓捕柯蒂斯时，采取了代号为"独狼"的行动。此后，随着美国面临的本土恐怖威胁越来越严重，恐怖分子的个人行动不断被执法机构和媒体称为"独狼"。[①]

"独狼"恐怖袭击并非伊斯兰极端分子独有的袭击形式，它也被西方基督教"宗教激进分子""白人至上主义者"所采用。典型案例如 2011 年 7 月 22 日发生在挪威首都奥斯陆的连环爆炸枪杀案，共造成 77 人死亡。袭击者极端右翼分子安德斯·布雷维克在出席审判时拒不认罪，并声称其杀人是为了使挪威"抵御多元文化主义和伊斯兰教的侵袭"。[②]

但近年来，多数"独狼"案件仍由伊斯兰极端分子实施。2013 年 4 月 15 日，美国波士顿国际马拉松赛连环炸弹爆炸就是典型的"独狼"式恐怖袭击。凶手为 19 岁的焦哈尔·特萨尔纳伊夫和 26 岁的塔梅兰·特萨尔纳伊夫。两兄弟都为车臣永久居民，从车臣到美国已有十年，在车臣时已经深受伴随分裂战争所兴起的伊斯兰极端主义的影响。[③] 2015 年 12 月，在加州圣贝纳迪诺一所名为"内陆地区中心"的残障康复中

---

① 严帅：《"独狼"恐怖主义现象及其治理探析》，载《现代国际关系》2014 年第 5 期。

② 《去年杀 77 人震惊世界　挪威"独狼"杀人犯不认罪》，载价值中国网，http://www.chinavalue.net/Story/2012－4－17/429948.html.

③ 乌元春：《美媒称波士顿爆炸案嫌疑人是来自车臣两兄弟》，载环球网，http://world.huanqiu.com/exclusive/2013－04/3851395.html.

心内，一对美国穆斯林夫妇赛义德·里兹万·法鲁克和塔什芬·马利克持枪扫射，造成至少 14 人死亡、17 人受伤。夫妇俩都是伊斯兰极端分子，马利克曾在 Facebook 上宣誓效忠"伊斯兰国"（ISIS）头目巴格达迪。[①] 美国联邦调查局报告表示，"独狼"式恐怖袭击已成为当今世界发展最快的恐怖主义形态。

我国台湾学者杨士隆认为，"独狼"式恐怖分子指的是单独组织、实行恐怖行动之恐怖分子。这类恐怖分子通常并没有接受过专业训练，以自己熟悉且精通的设备进行恐怖攻击，个性自私，追求刺激。"独狼"式恐怖分子源于尊崇恐怖主义之个人，其动机不一定为政治或宗教信仰，而是在某些情况下，被私人原因或事件触发。他们把自己当成负责维护正确价值观之使者，且观察到近年来许多恐怖行动的成功，进而决定单独进行恐怖行动。"独狼"式恐怖分子多为被社会隔离者，独来独往，宣称自己是为了利他行为进行恐怖行动。其具有反社会行为之倾向，包括以自我为中心、反抗权威、虚伪多诈，并合理化其行为。"独狼"式恐怖分子具有高度自主性，使用激烈之暴力行为，如暗杀、大规模屠杀，将暴力行为当成事业经营，利用恐怖行动获得个人成就感。[②]

虽然目前国际上尚未对"独狼"恐怖主义给出一致的定义，但均认为"独狼"恐怖主义存在独自行动、不属于某个恐怖组织，以及袭击的策划和实施不受外界直接指挥等特征。与有组织的恐怖活动相比，"独狼"恐怖活动具有其鲜明的特点：第一，恐怖袭击突发性强，防范难度大。作案前，多数"独狼"的生活、行为方式与普通人无异，不易被外界觉察。"独狼"通常不属于某一个受到监控的特定恐怖组织，与外界联系较少，执法部门无法通过渗透等传统方式逮捕恐怖分子，更难以提前预警并将其袭击阴谋扼杀在萌发状态。[③] 第二，造成的生命和财产损失可能相对较小，但却易于复制、效仿。美国反恐问题专家杰弗里·西蒙指出，由于个人获取恐怖袭击需要的技术和资金越来越容易，

---

① 柴刚：《美国加州枪击案被定为恐怖袭击　女凶手曾效忠 IS》，载搜狐新闻，http://news.sohu.com/20151205/n429834753.shtml.

② 杨士隆：《独狼式恐怖分子之特性、攻击模式与防制对策》，载中国犯罪学学会年会2014 年论文集。

③ 严帅：《"独狼"恐怖主义现象及其治理探析》，载《现代国际关系》2014 年第 5 期。

"独狼"袭击将愈演愈烈。这是一个人的军队，他们的危害不亚于那些训练有素的恐怖组织。"独狼"不受组织压力或决策程序束缚，不必担心被支持者抛弃，也无须担心遭到政府和执法部门的事后打击，因而可以无所顾忌、不计后果地放手大干，跳出固有思维模式，借助任何武器，实施"最富想象力"的恐怖袭击。因此，"独狼"恐怖形式易于复制，具有示范效应，对潜在的极端分子具有很大的吸引力。

三、法国本土"圣战"恐怖袭击特点

(一) 恐怖分子是法国本土的穆斯林青年

法国是欧洲最大的拥有穆斯林移民的国家，曾经有人认为是这些移民给法国带来了激进的伊斯兰教，甚至有人建议暂停从伊斯兰国家向法国的移民，以此来避免进一步的恐怖袭击。然而真实的情况是，以伊斯兰教的名义制造这些恐怖袭击的人正是法国人，他们的父母原籍为伊斯兰国家，在近代通过经济移民或者说劳工输入的方式来到法国。他们出生在法国并在法国接受了教育，并不是近期的移民，也并非将国外的恐怖主义引入法国。他们是法国本土的激进的伊斯兰主义者，并且多数曾前往中东地区参与过"培训"或者参加过"圣战"。这就意味着即使停止北非这个法国伊斯兰人口最多的来源地，或者其他伊斯兰国家的移民，也不会改变弥漫在法国民众当中的紧张感，或者使他们避免进一步的恐怖袭击。[1]

而在伊斯兰群体当中，青年人成为了恐怖袭击的主要参加者。恐怖主义犯罪的年轻化是近年来恐怖主义活动的显著特点，青年人思想活跃、自尊心强，更容易被发展成为恐怖分子。法国具有伊斯兰背景的青年人通过在学校学习和日常生活，体会到的种族歧视和文化冲突更为深刻，而且这种情况对他们的刺激也更为严重。面对正常社会生活的排斥，不管是基于个人意愿，还是受中东恐怖主义势力的"派遣"，参与恐怖袭击的多数都是法国本土的伊斯兰青年群体。[2] 例如，2012 年 3 月法国南部连环杀人案的凶手穆罕默德·梅拉赫，就是一名阿尔及利亚裔

---

① 崔东：《法国反恐模式研究及对中国的启示》，西南政法大学 2016 年硕士学位论文，第 7~8 页。

② 法国出台《反恐怖主义法》全面防范涉恐活动，载《光明日报》，2014 - 09 - 27。

法国人，自称是"基地"组织成员，年仅 27 岁；2015 年的"查理周刊"事件，其中一名嫌疑犯的年龄仅为 18 周岁；2016 年诺曼底鲁昂教堂人质劫持案中的两名嫌疑犯都只有 19 岁。年轻化加剧了法国应对恐怖袭击的难度，也引发了法国市民家庭的危机。

根据法国内政部 2014 年 4 月公布的数据，法国三分之二的"激进分子"为 15～25 岁的年轻人，四分之一是未成年人。也就是说，绝大部分"激进分子"正处于青春期。法国巴黎狄德罗大学心理学教授 Fethi Benslama 参加了接待从叙利亚参加"圣战"回国的青年的"感化中心"的工作，他认为对年轻人伊斯兰"激进化"现象，需要进行政治、历史和临床医学的综合研究。Fethi Benslama 说，"青春期"是人生观和人格形成期，这个过程并不容易，有时充满了痛苦，青少年需要榜样和精神的满足。从精神分析的角度看，在个人人格形成过程中，榜样的作用是通过它使个人与集体建立密切的关系。年轻人的"激进化"现象，就是这个时代年轻人寻找榜样、寻求精神满足时心理动荡的反映。"圣战"宣传很容易吸引那些出现人格形成困难、认同困难的青少年，给他们提供一个榜样，填补空缺，修补扭曲的人格，甚至替他们创造出一个新的自我，这可以说是一种信仰的拐杖，而青少年需要这方面的帮助，自然对其不会有怀疑。①

（二）恐怖分子大多在中东地区接受过恐怖组织"培训"

中东是穆斯林聚集的地区，似乎对各国的伊斯兰激进分子有着莫名的吸引力，近些年来西欧各国前往中东参加"圣战"的民众越来越多，中国也出现了伊斯兰激进分子前往中东地区的情况，中东地区成为当今世界滋生恐怖组织的温床，从某种程度上来说，伊斯兰恐怖主义就是中东恐怖主义，也就是国际恐怖主义。法国每年都有大批信奉伊斯兰教的青年离境前往北非或者中东参加所谓的"圣战"，法国的出入境部门对此进行了严格的控制。这与伊斯兰恐怖势力的宣传有关，也和法国社会的种族问题现状脱不了干系。自 2001 年至 2011 年，法国情报部门确认

---

① 《专家解读：法国青年为何激进化？》，载法国新闻网，http://www.cnfrance.com/info/renwu/20160728/14376.html.

只有 50 多名法国人前往阿富汗参加"圣战"。①

2012 年，3 名准备前往叙利亚的"圣战分子"在卢瓦尔省圣埃蒂安机场被捕；2014 年，法国反恐部门在巴黎大区逮捕了 8 名前往叙利亚参加"圣战"的年轻人，其年龄都在 20～30 岁。2014 年，据法国《欧洲时报》报道，在法国大量涌入叙利亚的"圣战"者中，有 12 人甚至尚未成年。法国从 2014 年以来投身"圣战"的青年离境人数剧增了近 80%，法国警方自 2014 年春以来阻止此类人员离境已经达百次以上。②

据不完全统计，近些年参加各种"圣战"组织的法国人已经达到 1000 名以上，其中有 40% 的法国人去了叙利亚和伊拉克境内，甚至在其中形成了一些法国营地。③ 2012 年的梅拉赫杀人案、2014 年法国人迈赫迪在比利时博物馆杀人案、2013 年的"查理周刊"事件都有着惊人的相似，恐怖袭击者从中东接受"培训"返回法国，在一定时期内摆脱法国情报部门的监视后伺机发动袭击。这给法国的国家安全和社会秩序带来了严重的隐患，不管是去参加"圣战"还是去接受"培训"，目的都是接受洗脑，掌握技巧方法，其最终目标仍然都指向法国本土。④

（三）"独狼"式恐怖袭击和"组织化"恐怖袭击并存⑤

法国所遭受的恐怖袭击既具有恐怖主义袭击的一般特征，又具有其自身的特点。众所周知，恐怖袭击具有针对不特定对象、不特定地点、不特定时间、不特定方式的特点，并且当前恐怖主义已经具备了国际化、组织联系紧密化、恐怖犯罪智能化、袭击范围扩大化的特点，尤其是最近巴黎恐怖袭击过后，西方各国相继遭受了一系列的恐怖袭击或者疑似恐怖袭击活动，既有单个袭击，也有组织化、规模化的袭击。美国

---

① 崔东：《法国反恐模式研究及对中国的启示》，西南政法大学 2016 年硕士学位论文，第 9 页。

② 2014 年 9 月 20 日，法国警方在马赛机场将两名此前离家出走的法国少女拦截，她们欲通过土耳其前往叙利亚。有网友评论说："这就是法国社会的现状。"

③ 《从巴黎五大袭击根源看中国反恐》，载《东方早报》，2015 - 01 - 11。

④ 据 2014 年法新社报道，法国内政部部长瓦尔斯在做客某电台时曾说：法"圣战"者大量涌入叙利亚的现象令人担忧，这是法国今后数年必须面对的巨大风险，从其规模看，法国民众可能会对这种现象不知所措。

⑤ 崔东：《法国反恐模式研究及对中国的启示》，西南政法大学 2016 年硕士学位论文，第 9～10 页。

总统奥巴马在一份报告中使用了"'lone wolf' terror attack"一词①，也即"独狼"式恐怖袭击。当前，由于受到全球反恐形势的重压，恐怖组织越来越重视"独狼"战术，其行动模式正在通过布置恐怖"单兵"向"个体圣战者"转型。这样一种方式可以较少的成本获得较大的"回报"。而"群狼式"则不言而喻，自然是规模化、组织化的群体性袭击，如尚有余温的"查理周刊"事件和近期的巴黎恐怖袭击。这一方式往往是在多个地区同时实施，破坏性更大，也最难以及时有效地应对和处置。

法国反恐法治化的过程也是其反恐能力不断提高的过程，法国建立起了比较完善的恐怖主义犯罪侦查模式，形成了较为完善的情报网络，立法又规定了预谋恐怖主义犯罪与恐怖主义犯罪无异，尤其是美国"9·11"事件的影响促使各国反恐情报网络的加强，大规模有组织的恐怖袭击受到压制，随之而来的是小规模的、个体的恐怖行为。个体行为者在经过恐怖组织的"培训"后，通过所学的能力自制炸弹或者通过非法交易获得恐怖袭击工具是其实施袭击的一般方式。然而需要注意的是，对于任何国家，反恐工作的特点永远都表现出此松彼紧、此消彼长的关系。导致这一现象有多方面的原因，如反恐成本的有限性决定了不可能实行长期性的高压态势，这些因素也促使恐怖袭击呈现出"波浪式"的特点。恐怖组织也会根据社会反恐态势来进行评估以制定相对应的策略。

（四）恐怖袭击的主要方式由爆炸发展为枪击

20 世纪初期，曾经一度出现了针对政要的暗杀狂潮，多国政要在那个年代被暗杀，"暗杀"是当时"恐怖"的代名词。随着各国领导人安保工作的加强，恐怖分子实施暗杀行为的空间被极大地压缩，当时的"恐怖"与目前的"恐怖主义"的内涵也出现了很大的差异。恐怖分子为了提高成功率和获得更大的社会影响力，袭击目标也转向平民及其财产。

根据相关数据显示，自 20 世纪末至今，全球范围内使用炸弹的恐怖袭击已经超过了 70000 起，使用枪支的恐怖袭击超过了 50000 起，此外还包括械斗、化学制品袭击、车辆袭击等。② 20 世纪八九十年代国际

---

① 沈清：《什么是"独狼"式袭击》，载《中国日报网》，2011－08－10。
② 崔东：《法国反恐模式研究及对中国的启示》，西南政法大学 2016 年硕士学位论文，第 11 页。

恐怖主义袭击法国最常用的武器是炸弹，如70年代末80年代初恐怖分子"豺狼"卡洛斯及90年代阿尔及利亚恐怖组织 GIA 对法国的恐怖袭击都是以在公共场所或交通工具上实施爆炸为主。

2012～2016年法国发生的恐怖袭击，无论是"独狼"式还是有组织化的，均以枪击为主，而且是杀伤力很大的突击步枪。对于恐怖分子来说，欧洲活跃的武器黑市是获得枪支弹药的重要渠道。在欧洲近年来发生的多起恐怖袭击中，袭击者都装备有杀伤力很大的突击步枪或炸药。对此，媒体披露，欧洲多年来一直存在活跃的武器交易黑市，走私者主要从巴尔干地区将武器非法运入西欧国家。

具有讽刺意味的是，布鲁塞尔作为欧盟和北约总部所在地，号称"欧洲心脏"，却成为走私武器交易集中的场所，恐怖分子很容易得到发动袭击的武器。2014年在布鲁塞尔市中心犹太博物馆枪杀4人的迈赫迪，2015年血洗《查理周刊》编辑部的库阿奇兄弟，都是手持 AK47 发动恐怖袭击的。2015年8月，摩洛哥人阿尤布·哈扎尼在阿姆斯特丹开往巴黎的国际列车上手持 AK47 步枪发动袭击，所幸被同车乘客制服。有专家称，在号称"欧洲心脏"的比利时首都布鲁塞尔，半小时内就能在黑市上买到一把 AK47 步枪，售价不超过1000欧元。①

与欧洲大多数国家持枪是非法的有所不同，比利时在枪支管制上较为宽松，人们很容易弄到武器，这也为恐怖分子发动袭击提供了条件。比利时检方对2015年11月巴黎恐怖袭击案主要嫌疑人调查时，在其藏身据点发现了许多武器，包括重型武器。法国媒体早前报道称，比利时"多年以来就是非法武器的中转站"，法国"查理周刊"袭击事件所用武器也是在比利时找到的相关线索。另外，比利时在地理上与法国、德国等欧洲主要国家很近，往来的交通十分便利，再加上《申根协定》让欧洲许多国家之间边境开放和免检，布鲁塞尔便成了恐怖分子眼中的"天堂"。②

---

① 《恐怖袭击武器来源探究：揭秘欧洲武器黑市》，载凤凰资讯，http://news.ifeng.com/a/20151202/46480960_0.shtml.

② 《比利时为何遭遇恐怖袭击?》，载大公网，http://news.takungpao.com/world/exclusive/2016-03/3297067.html.

四、本土恐怖袭击频发对法国反恐模式的审视

2012年3月，阿尔及利亚裔法国人穆罕默德·梅拉赫在法国南部城市图卢兹枪杀了1名犹太教师和3名犹太儿童，法国执法机构在随后的数次抓捕行动中连续失败，导致凶犯在12天内又射杀了3名士兵，这是自1996年起法国本土发生的第一起重大恐怖活动。实际上，由于梅拉赫具有极端主义倾向并到过阿富汗和巴基斯坦，国内情报部门曾经监控并讯问过他。2014年5月，法国人纳姆什在布鲁塞尔的犹太博物馆杀害4人，法国情报部门同样也掌握到其具有极端主义倾向，并从叙利亚返回欧洲的情况。而在2015年"查理周刊"袭击案发生之前，法国情报部门也因库阿奇兄弟与也门"基地"组织有联系而对其实施过监控。上述三起案件都有惊人的相似：恐怖分子具有极端主义倾向，从中东地区返回法国，引起情报部门的注意；情报部门起初实施监控，随后放松警惕，后期完全转移目标停止监控，恐怖分子随即发动袭击。其他包括天然气工厂袭击案、国际列车袭击案、尼斯袭击案和鲁昂教堂劫持案中的嫌疑犯几乎都因为去过或试图进入叙利亚等中东国家，或者与本国极端分子保持联系，或者因激进行为被判入狱而"有案在身"，受到法国情报部门或警察机关的关注。

其实所有国家的情报部门都面临这样的难题：如何利用有限的反恐资源①在成千上万的可疑分子中选择更有可能实施恐怖袭击的恐怖分子并加以严密监视？法国境内有超过3000名的伊斯兰激进分子，负责监控任务的国内情报总局（DCRI）只可能有选择地对其中一部分实施监控。②从表面上看，未能阻止恐怖袭击的直接原因在于国内情报总局监控人力资源不足。实际上，还有更深层次的原因隐藏在法国反恐组织体系之中：虽然情报职能部门众多，情报资源丰富，但各方长期各行其

---

① 按照一位DCRI官员的说法：过去十几年间，需要监视的可疑分子不足百人，但现在却有几千人。如果每天24小时监控一个可疑分子，需要15~20个探员，但目前DCRI只有3000多人，人手远远不够。

② 2015年1月21日，法国总理宣布最新反恐计划，预计在未来3年内，以4.25亿欧元的财政支持再创造2680个反恐工作岗位，以监控该国超过3000名伊斯兰激进主义分子。法国宣布将新增近3000个反恐岗位监控极端分子。载中国新闻网，http://www.chinanews.com/gj/2015/01－21/6992325.shtml.

是，缺乏合作，难以协调；面对数量如此庞大的可疑分子，国内情报总局自然也力不从心，无法独当一面。

（一）情报、警察部门①职能重叠，互不信任缺乏合作

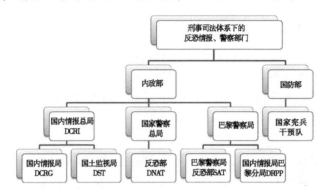

在法国，反恐领域的情报搜集权与侦查权被分散于若干情报、警察机构中。如上图所示，具有搜集国内反恐情报职能的部门包括四个国家机构：国内情报局（DCRG）、国土监视局（DST）、国家警察总局反恐部（DNAT）和国家宪兵干预队，以及两个巴黎机构：巴黎警察局反恐部（SAT）与国内情报局巴黎分局（DRPP）。其中，DCRG 与 DST 是专业国内情报部门；除国内情报局与巴黎分局之外，其他四个部门由于本身具有司法警察的性质，因此还有反恐侦查权。②

一方面，虽然反恐机构数量众多，但职能重叠，易浪费司法资源。最为典型的是 DST 与 DCRG，这两个部门都是依据政府法令建立的国内情报部门。根据规定：DST 有权搜集法国境内"受外国因素的煽动、支持或发起的威胁国家安全的行为"的情报；DCRG 则负责搜集"与国内恐怖主义相关"的情报。因此，DST 主要负责国际伊斯兰恐怖主义，其情报网络可以覆盖至法国境外，而 DCRG 则局限于法国境内，主要负责监视本国伊斯兰极端分子。但是，在很多情况下，两个部门的调查范围会交叉重叠。③ 因为，近年发生的三起恐怖袭击证明：恐怖分

---

① 法国具有司法警察职能的部门具有刑事侦查权；本文中所提的警察机构皆指司法警察机构（不包括具有行政执法权的普通警察机构）。

② Didier Bigo："Reassuring and Protectiing：Internal Security Implications of French Participation in the Coalition against Terrorism"，*Critical Views of* 911，The New Press，2002. p. 72 – 94.

③ Samet，C.（2000）*Journal d'un juge d'instruction*（Presses Universitaires de France，Paris）.

子都是法国本土的伊斯兰极端分子，都受到了国际伊斯兰恐怖组织的煽动和支持。于是，在实践中，这两个部门经常对同一目标进行监控。即使在 2008 年之后，DST 与 DCRG 合并入国内情报总局（DCRI），也只是形式上的合并，两个机构长期以来形成的不同文化氛围、不同工作方式在短期内很难融合。就如同一位法国反恐专家所言："DST 自认为是'高大上'的反情报机构。合并后，这种心态污染了整个国内情报总局。DCRG 曾经有条不紊地、耐心地搜集情报，合并后却在这方面减少了资源投入。换句话说，在伊斯兰激进分子的威胁不断增长的同时，结构性故障削弱了对这种威胁的情报覆盖。"①

另一方面，由于各反恐机构设立的背景和法律依据不同，没有一个权威机构能够予以领导或协调。实践证明，1986 年内政部成立"反恐协调中心"（UCLAT）并没有从根本上解决法国众多反恐情报与警察部门之间的情报合作与共享关系。UCLAT 不是领导机构，对各情报与警察部门并无任何制约作用，本身就缺乏权威性；再加上各部门长期以来的本位主义，相互存在隔阂与对抗，根本不愿共享情报。因此，UCLAT 每周举行的反恐情报协调会议形同虚设，其反恐作用十分有限。这也是导致反恐预审法官选择专业情报部门 DST 作为直接合作对象的一个重要原因。因此，1986 年反恐领域的改革并没能更好地解决法国警察与情报部门之间的合作关系。②

并且，由于缺乏一套由中央核心权力制定的规则和程序，法国情报职能部门的合作主要取决于部门领导人之间的人际关系。而部门领导人的关系会受到多重因素的影响，如所属政党、部门利益、个人观点等，所以这种依赖于"人"的情报合作关系是非常有限和不稳定的。实际上，多年以来，法国的反恐情报职能部门仍然互不信任，缺少合作。例如，1995 年 GIA 在巴黎地铁实施连环爆炸袭击，当时的宪兵队已经掌握了可以证实两起地铁爆炸案有关联的重要情报，却一直没有提供给警

---

① 董磊：《巴黎血案暴露情报部门软肋　法国已身处战火》，载《参考消息》，2015 - 01 - 16。http://mil. cankaoxiaoxi. com/2015/0116/630677. shtml.

② Hodgson, J. (2001) The police, the prosecutor and the *juge d'instruction*：Judicial Supervision in France, Theory and Practice.´41（2）*British Journal of Criminology* 342 - 361.

方或情报部门，这份报告在 15 年后才被披露出来。①

（二）预审法官的合作选择，加深了情报与警察部门间的对抗

在法国，有太多数量的情报与警察机构在致力于反恐。如果说设立 UCLAT 是试图协调各反恐机构建立合作关系，反恐预审法官则起到了完全相反的作用，因为在不同的时期、不同的案件中，预审法官会有针对性地选择某个或几个反恐部门合作，其他长期被"冷落"的部门就会产生不满，从而引发各部门之间的隐形对抗。例如，在 1996 年之前，对伊斯兰恐怖主义展开侦查措施时，预审法官主要倾向于选择 DNAT 或者 SAT；然后才是 DST。换言之，在这一时期，预审法官主要依靠司法警察机构开展反恐侦查。

1998 年后，由于 DNAT 将主要精力放在打击国内分裂主义恐怖势力上，预审法官开始将伊斯兰恐怖主义案件全部交给 DST 负责。由于与预审法官建立起了高度信任的合作关系，DST 成为了反恐情报、警察机构中最重要的力量，这也被认为威胁到了其他机构在打击伊斯兰恐怖主义中的地位和作用。例如，宪兵队几乎没有任何机会侦查或逮捕伊斯兰恐怖分子，这使得宪兵队认为自己已被排除在反恐体系之外。②

为了在伊斯兰恐怖主义侦查中保留一席之地，2006 年 DNAT 进行改革，提高级别更名为"国家警察总局反恐分局"（SDAT），聘请了三十位研究伊斯兰恐怖主义的专家。在 SDAT 看来，身为情报机构的 DCRI 实施的是行政执法权，不适合开展司法侦查；他们希望能够从 DCRI 手中夺回反恐侦查权。于是，这两个部门展开了激烈的较量。但是，DCRI 在合并后成为了一个拥有 3000 名探员的庞大组织，拥有覆盖广泛的情报网络，其内部的 DST 仍保留司法警察职能；而 SDAT 的规模则相形见绌，在常规情况下，一个恐怖案件最多只能集聚 100 个探员。因此，情报部门 DCRI 受到大多数反恐预审法官的青睐。将反恐侦查权授予哪个部门执行，不同的预审法官做法也不尽相同。多数预审法官支持"垄断"，认为可以提高侦查效率；少数预审法官不赞成"垄断"，认为会引发不良竞

---

① Royer, J－P (2000) Le ministère public, enjeu politique au XIXe siècle´in J－M Carbasse (ed), *Histoire du parquet* (PUF, Paris) 257－296.

② Rohan Gunaratna, Jolene Jerard and Lawrence Rubin, *Terrorist Rehabilitation and Counter－Radicalisation* (New York: Routledge, 2011), 1.

争，打击积极性，于是将侦查权授予不同的部门，如让 DCRI 负责证据搜集，让 SDAT 负责执行逮捕。于是，同一起恐怖主义案件的侦查很可能由于侦查执行部门的不同而产生不确定性和非一致性。[①]

（三）体制痼疾导致"欧洲反恐先锋"幻灭

一个国家反恐模式的效能如何，至少取决于以下两个因素：第一，能够整合多少国家机构进行反恐？第二，各反恐机构之间存在何种内在关系？从政体层面看，法国具有悠久的中央集权传统，强调国家利益，能够在国家安全受到威胁时，整合法官、检察官、司法警察等全部司法资源进行反恐；从法律层面看，法国的纠问式诉讼制度在 1986 年司法改革后得以强化，检察官尤其是反恐预审法官有权领导国家安全部门实施反恐侦查，换言之，法国允许司法机构直接与隶属于政府的行政机构共同反恐。因此，法国可以最大化整合国家机构提升反恐模式的效能，这在西方国家中是独一无二的。

但同时，由于没有明确区分各反恐机构的权限范围与职责分工，法国的众多情报与警察机构之间职能重叠，存在严重的对抗；而且，由于缺乏一套由中央核心权力制定的规则和程序，法国的反恐组织体系并不规范，司法机构、情报部门、警察部门在哪个阶段合作，分享何种情报，取决于个人（反恐预审法官或司法部门、警察部门的领导人）的决定而非正规的程序。所以，这些不利因素又降低了法国反恐模式的效能。

从 1980 年至 1996 年，法国被认为是国际恐怖主义的"天堂"，伊斯兰恐怖分子不仅直接在法国境内实施恐怖袭击，而且还将法国作为组织筹划恐怖活动的基地。这一时期，法国建立了预审法官主导型反恐模式，其预防型反恐侦查理念、集中型反恐刑事司法程序、司法主导情报的合作方式使法国在过去十六年间（1996～2012 年）避免了伊斯兰恐怖主义的袭击。因此，法国的预审法官主导型反恐模式总体来看仍是一种成功的反恐模式。然而，长久以来法国背负着"反恐先锋"的光环，忽视了其反恐组织体系内存在的痼疾。随着伊斯兰恐怖主义的不断滋长，增加反恐情报资源纵然可以解燃眉之急，但若不从体制上规范各反恐机构之间的合作关系，现有的反恐模式也难见显著成效。

---

① Shapiro, J. and Suzan, B. (2003) The French Experience of Counter‒terrorism´45 (1), *Survival* 67‒98.

五、本土恐怖袭击频现引发对法国社会问题的深思

从 2012 年穆罕默德·梅拉赫、2014 年迈赫迪·纳姆什的"独狼"式恐怖袭击，到 2015 年年初的"查理周刊"惨案，再到 2015 年 11 月巴黎的血案，以及在 2016 年法国国庆日发生的尼斯恐怖袭击案，法国境内的恐怖袭击爆发频率越来越高，人员伤亡越发惨重。法国人质疑是这些移民角色带来了激进的伊斯兰教，甚至有人建议暂停从伊斯兰国家向法国的移民，以此来避免进一步的恐怖袭击。虽然有必要研究法国的移民史来弄清楚这些是如何发生的，但是认为通过改变目前的移民政策以对目前的情况发挥作用的想法是错误的，"伤害"已经形成。

真实的情况是，以伊斯兰教的名义制造这些恐怖袭击的人正是法国人，他们出生在法国并在法国接受了教育，他们并不是最近的移民，也并不是将恐怖主义从国外引入法国的人。他们是法国本土的激进主义者。这就意味着即使切断来自北非（法国穆斯林人口最主要的来源地）或其他伊斯兰国家的移民，也不会改变渗透在法国民众当中的紧张感，或者使他们避免进一步的恐怖袭击。[1]

作为法国本土"圣战"恐怖分子，梅拉赫、纳姆什、库阿奇兄弟等人的动机来源于宗教信仰，所以，理解西方本土恐怖主义产生的背景是很重要的，尤其是法国的"世俗主义"背景，国家忽视他们的存在，文化与宗教传统将他们与主流社会相分离[2]。

（一）法国五十年间的"糟糕"外交和国内政策

弥漫在法国穆斯林与非穆斯林人群的分裂氛围是法国五十年来对于原北非殖民地糟糕外交和国内政策造成的恶果。殖民地的独立斗争及随后涌入法国的移民潮都在为这些离散的伊斯兰信徒的反叛做准备，因为他们感到无论是法国还是摩洛哥或阿尔及利亚都不是他们的家乡。[3]

法国把对北非的殖民统治看作是对当地的"文明教化"，事实上，

---

① Daniel Brown, quoted in "Look out, Europe, They Say: Islam, America and Europe," The Economist Vol. 379 Issue 8483 (24 June 2006): 29 – 34.

② Paul Smith, The Terrorism Ahead: Confronting Transnational Violence in the Twenty – First Century (New York: M. E. Sharpe, 2008), p.172.

③ Elizabeth Sebian, Islam in France, available online at http://www. euro – islam. info/country – profiles/france/ [accessed 2 July 2012].

这是对阿拉伯人和柏柏尔人的轻视，把他们的语言放在了第二或者第三的地位，将法国的财富观和世俗社会作为"文明的选择"引入已经确定的穆斯林生活方式。20世纪50年代、60年代的独立战争使得法国和新兴的北非国家之间充斥着血腥、残酷和欺骗，阿尔及利亚是这些斗争中最糟糕和最不稳定的因素，双方都有很高的死亡人数统计和关于严刑拷问的可怕报告。① 半个世纪过后，有关这些事件的记忆仍然回响在法国人的思维当中。虽然法国的主流文化试着将这些历史抹去，但收效甚微，以致2012年阿尔及利亚独立50周年纪念日当天，法国国内几乎没有相关的报道②。

（二）法国的经济性输入劳工和种族隔离

法国在马格里布（北非地区）长期的殖民历史，导致这一地区国家在独立后的数十年里有几波涌入法国的移民潮。第二次世界大战以后，用于重振劳动力的工人数量已经减少，20世纪60年代和70年代，穆斯林移民居住在城市近郊的棚户区。其后，随着更多的移民家庭到来及移民数量的膨胀，政府构建了低收入住房，公寓远在市中心之外并且总是处于公共交通线的尽头。这些郊区，更像是美国的市中心，具有高失业率、低收入、频繁的治安检查等特点，逐渐导致穆斯林移民脱离了法国的主流社会，被忽视并被忘却。③

北非移民社区也经历着一种隐藏的隔离，从法国大革命开始，法国的社会和政治结构就建立在"世俗主义"基础之上，它意味着法国政府不承认公民之间存在差异，例如，法国拒绝为少数民族或局部地区的语言签署欧盟特许状，这样做的理由是如果同意的话就等于法国政府承认了本国少数族群的存在，这样一来就会违反世俗主义原则。④ 通过假

---

① Emma Charlton, "Sarkozy calls for change to 1905 secularity Law", Middle East Online (31 October 2007), available online at http://www. middle – east – online. com/english/? id = 14899 [Accessed 6 August 2012].

② Mohammed Ayoob, "Political Islam: Image and Reality," World Policy Journal Vol. 21 Issue 3 (Fall 2001): 11.

③ Crenshaw, Martha (1990). Questions to Be Answered, Research to Be Done, Knowledge to Be Applied. In Walter Reich (Ed.), Origins of Terrorism: Psychologies, Ideologies, Theologies, States of Mind (pp. 247 – 260). New York: Cambridge University Press.

④ Bakker, Edwin. Jihadi Terrorists in Europe, Their Characteristics and the Circumstances in Which They Joined the Jihad: An Exploratory Study. The Hague: Clingendael Institute, 2006.

定其所有公民都是平等和相同的，法国忽视了事实上存在并且应当注意的差异，这样一来，造成了穆斯林族群与主流社会本来就已经出现的分离态势的扩大。

个人作为世俗的公民在政府面前应当人人平等，包括参与政治和接受教育，这导致法国国内关于佩戴穆斯林头巾的争论，并以在学校内禁止佩戴头巾而告终。在法国，法律保护公民权利，但并不意味着允许公民在公共场所表达个人的宗教信仰。宗教信仰，对于这个国家来说，属于公民私人领域的东西，这也是法国另一种孤立其大量穆斯林人群的方式，对于来自伊斯兰国家的家庭来说，这并不属于私人问题，而是一个国家层面的宗教信仰问题。虽然少数民族在这个国家不应该被独立出来，也不能被孤立，但否定他们的存在会导致这个族群的异化并产生一个新的族群。而法国却致力于本国公民的雷同，要求不同种族不同信仰的公民完全地被吸收和同化。在这两种方式的综合作用下，必然产生穆斯林族群与主流社会隔离和"背叛"①。

（三）强迫和忽视"同化"之间的中间地带

2015 年 1 月发生的"查理周刊"恐怖袭击突出反映了法国的宗教群体（穆斯林群体）与法国主流社会之间的紧张关系，伊斯兰教义与法国社会主流意识形态之间存在着根本性的冲突。相比在法国的身份认同，穆斯林更加忠实于其本身的宗教。② 法国人与穆斯林之间的紧张关系由来已久。一方面，法国的"世俗主义"传统要求国家（而不是宗教）占有绝对统治地位，这从法国打击天主教教堂的历史就可以体现出来。因此，当现在的穆斯林宣称其宗教身份时，便产生了威胁到法国世俗主义传统的恐慌。法国历史上的主要宗教是基督教，伊斯兰教被认为是对传统宗教的新威胁。

此外，许多法国穆斯林是来源于法国原殖民地国家的移民，基于殖民与被殖民的历史，双方的关系就更显紧张。由于极端恐怖主义及西方国家在阿富汗、伊拉克和其他中东国家进行的战争，法国主流社会与穆

---

① Picador; Sageman, Marc . *Understanding Terror Networks*. Philadelphia: University of Pennsylvania Press,2004.

② Elizabeth Sebian, *Islam in France*, available online at http://www. euro – islam. info/country – profiles/france/ ［Accessed 2 July 2012］.

斯林之间这种长期存在且基于深厚历史因素的紧张状况在过去的10～15年内更加被政治化了。需要指出的一个重要问题是，法国的许多穆斯林很难平衡其在宗教世界与世俗国家之中的身份差异上的矛盾。有大量证据显示法国存在反穆斯林的情绪，近来的研究显示法国穆斯林不仅在劳动力市场受到歧视，即使在日常生活中也受到怀疑与敌视。①

虽然美国与法国同样都遭到伊斯兰恐怖主义的威胁，但是二者最主要的差别在于，美国不会认为宗教是威胁国家的主体，美国的穆斯林也并非来自美国的原殖民地国家，并且美国穆斯林受过更好的教育，更加富裕，所以法国穆斯林与美国穆斯林在各自历史和经济关系方面完全不同。当法国穆斯林于20世纪五六十年代来到法国时，他们主要被认为是"移民工人"，是来帮助第二次世界大战后法国重建的人，当时也因此引发了政府应如何管理其社会经济状况的各种讨论。后来，随着各国移民的不断涌入并在法国"安居乐业"，又产生了移民们之间由于来自不同国家而产生的融合问题——阿尔及利亚与摩洛哥移民面临来自于塞内加尔、葡萄牙或意大利移民的挑战。20世纪末21世纪初期，宗教问题成为了阻碍法国种族融合的主要问题。这部分归于伊斯兰教全球政治化的原因。法国穆斯林被疏远，并对其法国身份产生敌意。②

"查理周刊"袭击案之后，法国的主流社会及非穆斯林很担心遭遇更多的恐怖袭击，而穆斯林则担心会遭遇反穆斯林的浪潮——尽管这已经成为现实。在一系列法国本土"圣战"分子实施的恐怖袭击发生之后，法国国内已经出现了反穆斯林情绪。正如法国前总理多米尼克·德维尔潘所担心的那样："如今的第三个敌人是'社会分裂'。我们国家的社会形势正在变得一天比一天紧张，它的精英们正越来越多地公开谈论族群分裂和排他情绪。历史告诉我们，团结的堤防一旦毁坏，国家就有崩溃的危险。如果我们自己也必须使用暴力，那说明我们的社会已经

① Elizabeth Sebian, *Islam in France*, available online at http://www.euro - islam.info/country - profiles/france/ [Accessed 5 June 2012].

② Alain Rodier, *The Terrorist Threat in France in Fall* 2011 [*La Menace Terroriste en France à l'Automne* 2011], Note d'Actualité no. 256, Centre Francais de Recherche sur le Renseignement, available online (in French) at http://www.cf2r.org/fr/notes - actualite/la - menace - terroriste - en - francea - automne - 2011. php [Accessed 3 July 2012].

分裂、衰退、封闭，变成了一个正在流血的受伤之国。"①

　　事实证明，法国所进行的一系列移民改革措施中的失误是明显的，而且难以挽回，法国已经孤立了600万左右的穆斯林族群。法国穆斯林中的年轻人对其伊斯兰身份更加注重，因为激进的伊斯兰"圣战"分子热衷于发动与西方世界的"战争"，他们呼吁穆斯林青年拒绝西方文化，使其感到自己被阻挡在社会之外；他们为其"讲解"伊斯兰原教义，使那些服刑的年轻人在监狱中获得"灵感"，监狱也成为法国伊斯兰激进分子的来源地。②

　　然而，将宗教视为社会不平等方式的理由是站不住脚的。20世纪80年代，第二代北非移民试着融入法国的主流文化，他们想要进入社团、酒吧、舞厅，他们仅仅想要成为"法国人"。如今，一切都变了，聚集穆斯林的法国郊区存在着一股宗教信仰的复兴势力，部分原因是在"9·11"事件之后伊斯兰在全世界备受瞩目，而之前法国穆斯林群体早已被主流社会疏离和遗忘。现在法国的穆斯林青年在对待宗教信仰时比他们的父母更加虔诚和公开，这对于坚持"世俗主义"传统的法国而言，是一种"挑衅"，是一种拒绝法国文化和西方文化的表现方式。③伊斯兰恐怖主义是一种世界范围内的现象，它并不仅仅在信奉伊斯兰教的国家和地区存在。然而法国是个例外，它面临着本国土生土长的"圣战"恐怖主义难题。法国不像美国或英国那样愿意认同本国穆斯林的文化和要求，甚至还想要"同化"他们，但事实是：对于一个客观上存在却又不被认同的民族而言，同化他们几乎是不可能的。④

---

　　① ［法］多米尼克·德维尔潘：《对恐怖主义、恐惧和社会分裂说"不"》，王倩、彭翠岩译，载《中国经济报告》2015年第2期，第10～11页。

　　② The terrorist threat in France has never been greater［'La menace terroriste en France n'a jamais été aussi grande'］, L' Express（11 September 2010）, available online at http://www. lexpress. fr/actualite/monde/la – menace – terroriste – en – france – n – a – jamais – ete – aussigrande_918729. html［Accessed 20 June 2012］.

　　③ "Terrorism：The French remain unconcerned"［Terrorisme：Les Français sereins］, Le Journal du Dimanche（30 September 2010）, available online at http://www. lejdd. fr/Societe/Actualite/ Terrorisme – Les – Français – sereins – 223609［Accessed 20 June 2012］.

　　④ "Barometer of the terrorist threat"［Baromètre de la menace terroriste］, poll conducted by Ifop in March 2012 on a representative sample of 977 individuals. Full poll results available online（in French）at http://www. ifop. com/media/poll/1813 – 1 – study_file. pdf［Accessed 20 June 2012］.

第六章　后"巴黎恐怖袭击"时代：
法国与 ISIS 的对抗

2015 年 1 月 7 日，法国"圣战"分子针对讽刺漫画杂志《查利周刊》编辑部的屠杀，是法国半个世纪以来经历的最糟糕的恐怖袭击。然而，这次事件很快被 10 个月后巴黎发生的"11·13"恐怖袭击所代替。2015 年 11 月 13 日晚，在法国巴黎市发生一系列恐怖袭击事件，巴黎 10 区、法兰西体育场、巴黎 11 区的巴塔克兰音乐厅等地陆续发生爆炸和枪击，造成至少 150 人丧生，300 多人受伤。[①] 大部分的受害者当时在巴塔克兰音乐厅（Bataclan），那里的人们正在欣赏美国乐队——死亡金属之鹰（Eagles of Death Metal）的表演。当三个恐怖分子越过没有武器的保安冲进来时，这个乐队正在演奏他们的成名曲"撒旦之吻"（Kiss the Devil）。《查理周刊》——民主言论自由的支持者和宗教法西斯主义的反对者，曾用明显挖苦的语言写道："呼唤他的名字，他就会出现"（Invoke his name, and he will come），"撒旦"真的出现了。[②]

2015 年以来，来自叙利亚等国的难民危机造成欧盟各国的空前压力，法国对叙利亚境内的极端组织展开军事行动，正是试图从根本上解决问题的应对举措。法国总统奥朗德曾表示，空袭行动是有风险的，但为了法国的安全别无选择。这一系列的行动显然严重刺激了极端组织，

---

① 法国总统奥朗德表示，巴黎遭到史无前例的恐怖袭击，全国进入紧急状态。美国总统奥巴马对此次巴黎恐怖袭击事件表态称，这是一起针对全人类的恐怖袭击。奥朗德发表全国讲话，谴责"伊斯兰国"（ISIS）组织策划了巴黎恐袭案，并称此次恐怖袭击是"战争行为"，系由境外 ISIS 组织策划实施，法国国内势力协助。2015 年 11 月 16 日，奥朗德将会在法国国会召开特别会议，并将设立 3 天的哀悼日。引自"11·13 巴黎恐怖袭击事件"，载百度百科 http：// baike. baidu. com/.

② "Paris attacks：More than 100 killed in gunfire and blasts, French media say". CNN. 14 November 2015. Retrieved 14 November 2015.

法国在欧洲国家中的高调行动也使其首当其冲。ISIS 极端组织不时通过网络放话，将对法国展开报复行动，使得 2015 年以来法国反恐形势严峻。① 根据申根协议，包括法国在内的欧盟内部大多数成员国之间可以自由往来，一般不受限制。就在此次恐怖袭击事件前不久，为确保即将于 11 月底在巴黎召开的联合国气候大会的安全，法国已宣布自 11 月 13 日~12 月 13 日期间进行为期一个月的边境检查。然而，就在此次临时边境管制期开始的第一天，便遭遇了欧洲史上最严重的恐怖袭击。②

"伊斯兰国"（ISIS）利用叙利亚难民危机使几个恐怖分子深入欧洲，利用比利时较松散的安全防卫派遣 4 个比利时人作为实施者进入法国。对巴塔克兰音乐厅最致命的袭击是由三名在叙利亚久经战场的法国恐怖分子实施的。对于这次袭击，ISIS 作出了一个战略性的决定：使用在叙利亚的归国人员而不是其他激进但不可靠的法国"圣战"分子。对这个具有危险性但行动上有效的策略，袭击巴塔克兰的全部行动人员法国当局都知道，这样他们就有一个很好的阻断他们袭击的机会。③

民族国家无力阻挡地震和风暴等自然灾害，因为自然的力量大于人类的力量。然而，民族国家的军队、情报机关和执法机关有能力在恐怖分子向其袭击目标移动时阻止他们。一旦恐怖分子设定其袭击目标，减轻恐怖袭击的损失则需要依赖"定点"安全保卫，尤其是易受特定武器攻击的当地建筑的安保。具体可以通过加强入口安全检查、聘用额外保安人员、设置安全屏障、加固建筑物防爆功能等措施提升安全性。但从国家安全层面而言，只要恐怖分子开始袭击，国家的反恐任务就已经宣告失败了。对于恐怖分子而言，如果难以对既定目标实施攻击，他们就会选择一个更具有操作性的袭击目标，巴黎的法兰西体育场和巴塔克兰音乐厅就是这种易于攻击的目标，这类人员集中的公共场所，为恐怖分子追求最大伤亡目标提供了足够的潜在"理由"。④

---

① Elgot, Jessica; Phipps, Claire; Bucks, Jonathan（14 November 2015）. "Paris attacks: Islamic State says killings were response to Syria strikes". The Guardian.

② 《巴黎恐怖袭击原因分析：为何会发生在法国》，载闽南网，http://www.mnw.cn/news/world/1031684.html.

③ M. Marcus（19 November 2015）. "Injuries from Paris attacks will take long to heal". CBS. Retrieved 20 November 2015.

④ "Parisians throw open doors in wake of attacks, but Muslims fear repercussions". The Guardian.

一、阻断恐怖袭击阴谋的主要手段

国家情报和安全部门有责任阻断恐怖分子的阴谋。正直、专业和能力是决定上述机构反恐效果的关键因素。但这些"特质"在不同的国家会产生不同的效果。在不稳定的政治环境下，巴基斯坦安全机关 ISIS 积极支持伊斯兰武装分子利用他们"游击队"的角色与印度进行边界争夺。因此，巴基斯坦的恐怖分子得以快速"发展"，本·拉登能够在阿博塔巴德（巴基斯坦东北部城市）藏身数年。巴基斯坦的邻国阿富汗也受到了严重的影响，许多塔利班领导人居住在巴基斯坦西部城市基达（Quetta）附近。恐怖分子的跨境活动是"挑战"反恐机制的核心因素，ISIS 于 2015 年 11 月 13 日对巴黎的恐怖袭击就证明了这一点。

对恐怖袭击阴谋阻断同样重要的因素还包括情报和安全部门的人员、设备和经费等资源。上述反恐资源在财政紧缩期间会受到一定的压力，以"欧元区"过去八年的经历为例：比利时国内情报局 2006 年至 2014 年的负责人 Alain Winarts，曾经抱怨情报局的预算远远达不到必需水平。其在任时情报局的情报员和分析员只有 600 名，但实际上至少需要增加 120～150 名员工才能使比利时最主要的反恐机关正常运行。

在其他西方民主国家中，"五眼联盟"①（Five Eyes Alliance）是世界上最先成立的情报部门联盟，它是由美国、英国、加拿大、澳大利亚和新西兰等以英语为母语的国家组成的。这个联盟每年有超过 1000 亿美元的预算，并且美国国家安全局和英国政府通信总部通过最卓越的全球通信技术、监听和破译技术掌握了互联网。在集权主义国家，粗暴的反自由主义措施可以用来抑制恐怖主义。但在民主国家，则需要好好平衡对公民自由的保护和对恐怖主义的控制之间的关系。任何明显侵蚀公

---

① "五眼联盟"的前身是英、美战后多项秘密协议催生的多国监听组织"UKUSA"。1946 年 3 月 5 日，为了共同对抗以苏联为首的华约组织，英、美两国签订的"英美防卫协定"（UKUSA Agreement），确定共同搜集、分享苏联及其他"华约"国家有关的通信情报，开启了两国的"铁杆盟友"之路。英国政府通信总部和美国国家安全局联合操作，将这一系统以英、美两国的国名缩写定名"优库萨"（UKUSA），其高度机密的代号是"梯队"。为了增加讨价还价的分量，英国于 1948 年开始拉来加拿大、澳大利亚等英联邦国家参会。最终，为英国站脚助威的加拿大、澳大利亚、新西兰等 3 个英联邦国家都被吸纳进英、美情报协定，"五眼情报联盟"正式成立。

民权利的行为就其本质而言都是恐怖主义取得的一种"胜利"。然而，保护国民的安全、阻止恐怖分子的袭击是一个民主国家的首要任务。[①]因此，西方国家也开始采用更加严厉的反恐措施阻断重大恐怖阴谋。不过这些反恐措施既可能随着恐怖袭击的发生而相应加强，也可能在成功抵御恐怖袭击的"间歇期"相应放松。

（一）线人（informants）

情报机构使他们的特工深入恐怖组织内部充当线人的角色。这些特工通常会与恐怖主义分子有着同样的阶层、宗教和文化身份背景。他们中的一些人可能是被改造的极端分子或是有前科的人，他们以作为线人为情报机构服务为条件来获得减刑。线人的运用可以很好地瓦解"集中型"恐怖组织的"阴谋"，但是对"分散型"恐怖组织就不够有效。为了抵御"线人"的"侵蚀"，恐怖组织将任务分成若干独立的小"单位"，这样即使有"线人""打入"某个"单位"，整个恐怖组织受到的影响也是有限的，不会对恐怖组织的结构产生多少影响。[②]

（二）"密探"（agents provocateurs）

情报机关和执法机关可能会让其内部员工扮演"密探"，他们会通过在网上发言或在集会中"发声"公开地表现出支持恐怖主义。他们积极参与到恐怖分子计划、准备甚至模拟实施恐怖行为的过程中，以达到搜集并固定证明其具有实施恐怖主义罪行证据的目的。一个具有代表性的成功案例就是发生在2016年新年前夕美国联邦调查局（FBI）利用"密探"成功挫败发生在美国罗切斯特市的一起"独狼"式恐怖袭击。

2015年12月31日，美国联邦调查局宣布，他们前一天在纽约州逮捕了一名25岁的男子卢奇曼（Emanuel L. Lutchman），此人支持极端组织"伊斯兰国"，并计划在新年前夜"杀害数千无辜美国平民"。根据卢奇曼的供述，在叙利亚的ISIS联络人通过电子邮件鼓励他实施"独狼"式恐怖袭击。卢奇曼在之前两个月的时间里，与ISIS海外联系人保持着稳定的联系，还跟联邦调查局在罗切斯特市的3个线人见过

---

① Chrisafis, Angelique (22 August 2015). "France train attack: Americans overpower gunman on Paris express". The Guardian. Paris, France. Retrieved 14 November 2015.

② Farhad Khosrokhavar, Lecture in Transnational Jihadism, Yale University, 3 March 2008.

面，要求对方提供刀具等袭击工具，FBI"密探"一直在跟踪卢奇曼。根据"密探"的证词，卢奇曼考虑过在夜总会放置炸弹并劫持人质，但是他没有钱，后来假扮同谋的"密探"在当地沃尔玛超市给他买了两把刀，两个黑色滑雪面罩、大砍刀、乳胶手套等"工具"。卢奇曼曾告诉FBI"密探"说，加入ISIS让他"梦想成真"，"我要杀人，这对我来说没什么问题"。2015年12月30日，卢奇曼还在手机里录下了他效忠ISIS头目巴格达迪的视频。当天晚些时候，他跟"密探"驾车途中被警方逮捕。①

"密探"对于阻止"独狼"式恐怖袭击的发生尤其有效。"独狼"式恐怖分子不属于恐怖组织的任何分支，也缺乏专业知识和资源去准备其恐怖袭击，因而需要从"密探"处获得帮助。但是对于那些经过训练有素且经验老到的恐怖分子，"密探"就很难下"圈套"了。②

（三）举报

有警惕心的陌生人、商家或者小贩在出售某些不同寻常的商品或提供服务时观察到对方的行为或活动可疑，则可以向警方或者其他执法机构汇报。在某些情况下，举报可能会来自于和嫌疑犯比较熟悉的人：邻居、伊玛目③、同事、朋友或家庭成员。

举报对于专业反恐工作而言是一项极具价值的自发组织的补充。然而，举报人获得举报线索靠的是碰运气，是随意的，因此不能靠举报来阻断恐怖主义的阴谋，特别是对于视家族忠诚高于国家安全的人而言。例如，实施"11·13"巴黎恐怖袭击的成员比拉尔·哈德非④，在其已经表现得十分明显的"激进化"过程中，没有任何亲人向法国当局报告，因为对于家人而言，国家安全也不能使其"背叛"自己的亲人。

---

① 《美国男子谋划新年夜杀数千人》，载腾讯新闻，http://view. inews. qq. com/a/NEW2016010101057603.

② Peter Neumann, "Europe's Jihadist Dilemma," Survival, Vol. 48, No. 2 (Summer 2006): 74.

③ 伊玛目，阿拉伯语单词的汉语音译。英语音译为Imam，意为领拜人，引申为学者、领袖、表率、楷模、祈祷主持人，也可理解为伊斯兰法学权威。

④ 比拉尔·哈德非（Bilal Hadfi），法国公民，居住于比利时。2015年11月13日，比拉尔·哈德非参与了法国巴黎恐怖袭击事件。2015年11月13日，比拉尔·哈德非在考克里街麦当劳餐厅门外引爆炸弹，距离体育场大约300米。哈德非被认为在2015年早些时候曾前往叙利亚。

（四）对已知恐怖分子的监视

执法当局对已知的恐怖分子应该保持在积极的和集中的人力和电子监控之下，使任何可能与未来的恐怖主义有关的活动都能够被跟踪，任何潜在的阴谋在其形成初期就可以被瓦解。牢固的边境安全对阻止已知的恐怖分子从其所属国——可能是一个反恐失败的国家或是一个被恐怖分子认为是"安全港"的国家——跨境进入目标国家是很重要的。特别是在禁止入境名单中出现的那些人应通过各种手段把他们挡在国境线之外。

（五）对恐怖组织支持者的监视

对反恐官员来讲最大的挑战是来自于从内部涌现出来的大量恐怖组织的同情者和支持者的威胁，这些支持者会耗费许多执法机关的监控人力资源。每一个嫌疑人都需要若干特工人员对其进行 24 小时监控。而且，电子监控和通信监控对于辨别其是否与恐怖组织分支有联系是必不可少的。

执法当局需要追踪监控对象的人际关系网，也就是找到与已知的或被怀疑的恐怖分子有联系的人。追踪通信的过程包含大量搜集由美国前国家安全局成员"告密者"爱德华·斯诺登[1]披露的不同类型的通信元数据[2]。随着斯诺登的情报披露，恐怖分子开始在他们的通信网络中最大限度地利用加密术和"暗网"[3]。此外，人权组织还要求限制情报部门的任意监控。不断更新的立法及来自于大型科技公司的反对也严格控制了美国和英国情报机关的监控权力。但是要保卫国家安全则需要利用

---

① 爱德华·斯诺登（Edward Snowden）生于 1983 年，曾是美国中央情报局（CIA）技术分析员，后供职于国防项目承包商博思艾伦咨询公司。2013 年 6 月将美国国家安全局关于 PRISM 监听项目的秘密文档披露给了《卫报》和《华盛顿邮报》，随即遭美国政府通缉，事发时其人在中国香港，随后飞往俄罗斯。2013 年 6 月 21 日，斯诺登通过《卫报》再次曝光英国"颞颥"秘密情报监视项目。2013 年 8 月 1 日 7 时 30 分，斯诺登离开俄罗斯谢列梅捷沃机场前往莫斯科境内，并获俄罗斯为期 1 年的临时避难申请。

② 元数据（metadata），又称中介数据、中继数据，为描述数据的数据（data about data），主要是描述数据属性（property）的信息，用来支持如指示存储位置、历史数据、资源查找、文件记录等功能。

③ "暗网"（dark web）都是公共可见的网站，但却将真实的服务器 IP 隐藏了起来。大部分的暗网网站使用匿名的 Tor 技术或使用类似的软件如 I2P 等。这类软件会加密网络流量并随机挑选位于世界各地的计算机传输数据。从理论上讲，哪怕是数据源到数据目的地都被控制，这种技术也完全可以避免窃听和审查。

更多的情报资源。公民的隐私权与国家安全之间总是存在对立和矛盾之处，这是一个难以协调的问题。

二、"微观"与"宏观"恐怖袭击的效果

无论阴谋阻断的模式是什么，很显然在一项恐怖袭击阴谋中，参与的人越多，而参与者被反恐当局察觉并通过与其接触而获得袭击阴谋细节的可能性就越大。如果参与者中的任何一个人都设法避免使用任何可能危害到袭击阴谋的通信，那么这个阴谋就不会被阻断。这种可能性的发生会受到恐怖分子个人原因的影响，当恐怖阴谋扩大时，其被发现的可能性也会相应增大。[①] 因此，"独狼"式恐怖袭击的阴谋因为很少用到通信联系，其被阻断的概率是最低的。

美国和英国情报部门通过系统和高强度的电子监控及网络追踪方式，对恐怖分子的社会网络加以分析，并通过 RMS[②] 计算法推算出恐怖组织规模与阻断恐怖阴谋可能性之间的关系。如下表所示：

恐怖组织规模	1	2	3	4	5	6	7	8	9	10
阻断可能性	0.26	0.46	0.60	0.70	0.78	0.84	0.88	0.91	0.93	0.95

阴谋阻断的可能性会通过随机举报和线人及"密探"的活动得到增强。恐怖分子们野心勃勃地想制造灾难性袭击的恐怖阴谋，可能会因为参与者众多，其被阻断的可能性反而会更大。如果恐怖阴谋被及时阻断，恐怖分子们就会因为"浪费"资源而降低"士气"。有消息称，本·拉登就曾反对在美国本土投入两位数字以上的恐怖袭击实施者，他曾说："即使针对美国的大规模行动，参与的成员也不宜超过 10 个。"因此，可以明确的一点是，在一起恐怖袭击阴谋中，参与者人数越多，其恐怖阴谋被阻断的概率就会越大。[③]

在恐怖主义风险分析中，引出一个"宏观"恐怖袭击概念是十分

---

① Celestine Bohlen (15 November 2015). "Parisians Fear Terror Attacks Will Divide, Not U-nite, the City". *The New York Times*. Retrieved 15 November2015.

② RMS (Rate - Monotonic Scheduling) 调度算法。

③ Bierman, Noah; Halper, Evan (December 3, 2015). "After shooting, Republicans want a wake - up call'on terrorism, Democrats on gun control". *Los Angeles Times*.

有益的。所谓的"宏观"是指恐怖袭击的后果造成了50人以上死亡，或经济损失超过10亿美元，或者某种极具标志性的目标被摧毁（如"9·11"事件中的世贸大厦）。这样的大规模恐怖袭击需要制订大量的计划，恐怖分子的"构思"与策划，大量的设备及经济来源。为此恐怖分子需要付出大量的人力和物力。相应地，这种"宏观"恐怖袭击的对象通常集中于国际知名的大城市，如2015年11月13日受袭击的法国巴黎。①

另一起"宏观"恐怖袭击的典型案例是2005年7月7日的伦敦地铁爆炸案。此次恐怖袭击的主要参与者居住在英国东北部一个偏远的小镇上。比起在他们居住的小镇暴恐，他们宁愿开车向南伦敦方向行驶数百英里，为了实现最大伤亡数，在早晨上下班的高峰期发动恐怖袭击。自"9·11"事件开始，在西方联盟国家中发生的宏观恐怖袭击的目标几乎都集中在了主要城市：纽约、伦敦、马德里、巴黎。

（一）"微观"恐怖袭击方式：2015年美国圣贝纳迪诺袭击案

相比之下，所谓的"微观"恐怖袭击在本质上可能发生在任何地方。与"宏观"恐怖阴谋相比，"微观"恐怖袭击的"野心"较小：恐怖分子通常会在其"老家"附近选择袭击目标。这种袭击的后勤负担较小，可以便于观察和运输武器。"宏观"恐怖袭击典型的袭击模式是被称作是恐怖分子"空军"的汽车炸弹。"微观"恐怖袭击通常用只需少量炸药的国内制造的管状炸弹代替汽车炸弹。在美国，手榴弹可能会被用来作为一种现成的替代品。恐怖分子仅需要一个特别的印花税章和通过可能起到震慑作用的联邦调查局背景就可买到。② 在美国，冲锋枪是很容易买到的，这也是"微观"恐怖袭击的常备武器。

冲锋枪和管状炸弹是2015年12月2日发生在美国加州圣贝纳迪诺（San Bernardino）"微观"恐怖袭击中使用的武器。③ 12月2日上午11

---

① Mozingo, Joe; Serrano, Richard A.; Chu, Henry; Finnegan, Michael（14 November 2015）. "As Paris reels from night of terror, investigators seek origin of attackers". Los Angeles Times. Retrieved 15 November 2015.

② Shear, Michael D.; Gardiner, Harris（December 6, 2015）. "Obama Says of Terrorist Threat: We Will Overcome It". The New York Times. Retrieved December 6, 2015.

③ Siemaszko, Corey（December 2, 2015）. "Authorities Respond to Report of Shooting in San Bernardino, California". NBC News. Retrieved December 2, 2015.

时左右，圣贝纳迪诺县公共卫生部正在"内陆地区中心"一个会场举办年终聚会，身处所在大楼中心的人数以百计。聚会进行期间，袭击者赛义德·法鲁克"愤怒离场"，稍后与 27 岁的妻子塔什芬·马利克返回并开火。枪击造成 14 人死亡，22 人受伤。受害者中一个叫 Hal Bowman 的人，曾经在南加州大学的国土安全反恐中心（Homeland Security Terrorism Risk Center，CREATE）工作过。对于一起"微观"恐怖袭击而言，存在潜在的大量（成千上万）缺乏防卫的软性目标。[①] 与其他大规模的枪击事件不同，这种"微观"恐怖枪击对目标的先后顺序选择是依据个人的喜好决定。但在圣贝纳迪诺发生的这起恐怖袭击不止一名枪手参与，这是十分罕见的。

任何一个与曾在沙特阿拉伯生活过的具有巴基斯坦血统的虔诚穆斯林身处同一办公室的人，都知道在谈论伊斯兰问题时应当谨慎和小心。也许在某次下午茶时间内讨论有关中东的政治问题都可能导致重大的个人犯罪。Hal Bowman 曾在 CREATE 工作，在那里研究了恐怖主义，因此他在与枪手法鲁克的交往中会变得更加审慎。如果某个同事碰巧变成"激进分子"，那么某次同事间简短的谈话也会使其心理从平静转为愤怒甚至暴怒，从而引发恐怖袭击。事实上，法鲁克最后在他的同事身上发泄怒火，调查显示是因为他认为同事与他的聊天亵渎了神灵。[②]

恐怖主义与恐怖分子都是反恐的对象。由单个个人发起的"独狼"式恐怖袭击通过电子监控是很难阻断的，因为在他们计划和准备袭击过程中很少使用通信设备联系。正如上表所示，涉及两个"执行者"的"微观"恐怖阴谋是很难通过电子监控阻止的。如果这两个执行者的住址比较近，那么他们之间的电子通信数量将会进一步减少。此类典型案例包括 2013 年 4 月在美国波士顿发生的马拉松爆炸案中的察尔纳耶夫（Tsarnaey）兄弟；2015 年 1 月巴黎"查理周刊"袭击案中的库阿奇（Kouachi）兄弟以及 2015 年 12 月在美国加州圣贝纳迪诺袭击的法鲁克（Farook）夫妇。

---

① *Schmidt, Michael S.; Pérez-Peña, Richard (December 4, 2015). "F. B. I. Treating San Bernardino Attack as Terrorism Case". The New York Times.*

② Baker, Peter; Schmitt, Eric (December 5, 2015). "California Attack Has U.S. Rethinking Strategy on Homegrown Terror". *The New York Times.*

法鲁克的同谋是他的妻子，塔什芬·马利克（Tashfeen Malik）——另一个与沙特阿拉伯有联系的巴基斯坦人。在她嫁给法鲁克之前，曾于 2012 年在网络上公开声称她是"圣战"分子的同情者。[①]然而，美国移民局官员并没有定期检查签证申请人的社交媒体账户。但美国国团却全部注意到了其不当言论。因此，在未来的反恐进程中，社交媒体的审查也是一个非常重要的方面。

法鲁克夫妇使用的步枪是在 2011 年合法购买的，随后加以非法改装以增加步枪的杀伤力。购买者 Enrique Marquently 是法鲁克的一个朋友和邻居，据说他与法鲁克一起策划了许多起袭击阴谋。[②]但是由于他们两个都不是恐怖嫌疑分子，因此他们的恐怖阴谋都没有引起反恐部门的注意。当法鲁克和妻子准备实施恐怖阴谋时，只有一个机会可能阻断其阴谋得逞——监控。但执法当局从未对其加以监控，也没有利用线人阻止他们的袭击。幸运的是，在公众中可能会有举报人。这对夫妇在他们家中积攒了大量的武器库存、弹药和制造弹药的装备。的确，他们家深夜不同寻常的车库活动被一个善于观察的邻居注意到了，但是他因害怕被误解而没有向警察报告。[③]

从反恐的观点来看，法鲁克是极少留下个人激进化痕迹的穆斯林成员。他的同事 Hal Bowman，尽管有着先前在 CREATE 工作的经验，也并没有充分地关注法鲁克，并发现其异常之处向执法当局报告。法鲁克将其推特（Twitter）上的账号与穆斯林兄弟联盟（Muslin Brotherhood）联系在一起，包括叙利亚自由军（Free Syria Army）的官方账号和叙利亚革命组织（Syrian Revolution Network），但是其没有与 ISIS 有任何社交媒体方面的联系，因此没有引起反恐部门的重视。[④] 如果法鲁克的妻

① Wesson, Gail; De Atley, Richard K. (December 30, 2015). "SAN BERNARDINO SHOOTING: Marquez charges grow (UPDATE)". The Press-Enterprise. Retrieved January 1, 2016.

② "Trial Delayed For Accused San Bernardino Shootings Gun Buyer". CBS Los Angeles. February 4, 2016. Retrieved February 4, 2016.

③ Bernstein, Sharon (May 6, 2016). "U. S. trial delayed for man accused of buying guns used by San Bernardino shooters". Reuters. Retrieved May 6, 2016.

④ Blankstein, Andrew; Windrem, Robert; Williams, Pete; Esposito, Richard; Rappleye, Hannah (December 8, 2015). "San Bernardino Shooters Practiced for Attack a Year in Advance". NBC News. Retrieved December 8, 2015.

子马利克的社交媒体能够被调查，那么她就不会获得去美国的签证。这位女枪手在袭击过程中一度通过社交媒体向 ISIS 表示效忠。①

（二）宏观恐怖袭击方式：2015 年巴黎"11·13"袭击案

在 2015 年 11 月 13 日晚上，恐怖分子袭击巴黎，使得长期以来民众所担心的安全问题变成致命的现实。欧洲"圣战"分子积极"响应" ISIS 鼓吹的返回欧洲袭击巴黎或伦敦的"口号"。他们选择的袭击方式，与 2008 年 11 月印度孟买发生的恐怖袭击极为相似。2008 年 11 月 26 日晚间到 27 日凌晨至少有 8 处地点发生了恐怖袭击事件，袭击者先后攻击孟买南部市中心繁华区的豪华饭店、医院、火车站、知名餐厅和警察总部等场所。还在两处豪华酒店内绑架人质，与警方对峙。造成至少 177 人死亡，250 多人受伤。② 自 2001 年"9·11"事件之后，以美国为首的西方国家进一步加强对恐怖嫌疑人的监控，西方国家发生的大规模恐怖袭击屈指可数，实际上，法国等西方国家的安全部门成功地阻断了许多恐怖分子的阴谋，被阻断的恐怖阴谋数量要远远高于成功实施的数目。英国国家安全局局长安德鲁·帕克（Andrew Parker）就竭力主张强化情报部门的监视权力，以对抗来自 ISIS 的威胁。

ISIS③ 建立的目的是在叙利亚和伊拉克边境处建立一个伊斯兰国家，因为大马士革（叙利亚首都）政府和巴格达（伊拉克首都）政府剥夺了逊尼派穆斯林的权利。ISIS 宣称其"战斗"的理由是为了那些被巴格达政府边缘化、被什叶派替代的逊尼派，为了因叙利亚总统阿萨德的宗教镇压而被驱逐出境的叙利亚人，以及为了那些在欧洲被视为二等公民、憧憬在"伊斯兰帝国"展开全新生活的穆斯林。

一向擅长使用社交媒体的"伊斯兰国"也有自己的在线杂志

---

① Goldman, Adam; Berman, Mark. "San Bernardino Attackers Talked About Jihad and Martyrdom´in 2013". *The Washington Post*. RetrievedDecember 9, 2015.

② Riedel, Bruce. "Modeled on Mumbai? Why the 2008 India attack is the best way to understand Paris". Brookings. Retrieved 15 November 2015; Mehta, Nalin (15 November 2015). "What we can learn from Paris". The Times of India. Retrieved 15 November 2015.

③ "伊拉克和大叙利亚伊斯兰国"，英语：Islamic State of Iraq and al Shams, ISIS。在宗教上来说，ISIS 属于伊斯兰教中的逊尼派。"9·11"事件之后，美国在伊拉克扶植什叶派政府，于是逊尼派组织开始反抗，他们自称"圣战士"，发动对美国及其他西方国家的"圣战"。ISIS 的野心是建立东到中国新疆维吾尔自治区、西到摩洛哥、南至肯尼亚、北到哈萨克斯坦的"逊尼派大帝国"。

Dabiq，从 2014 年 7 月开始发行。"这并非开始，而是一个终结"，杂志说，"这是一场长达一个世纪战争的高潮，虽然其间有时偃旗息鼓，但从未消亡——并且马上会迅速增长并吞噬所有。这是天启，它来了。"杂志的名字来源于叙利亚北部城市 Dabiq 的象征意义。那座城市虽小，却在历史和宗教上有着很重要的地位。"西方和伊斯兰世界的战争将在这里发生，那时将是末日。那一刻直到罗马人登陆 Dabiq 之时才会成立。" *Dabiq* 的第一期引用了伊斯兰先知的预言。①

ISIS 已经威胁到力图通过军队介入阻碍他们"建国"大业的国外力量，这些国家将被视为恐怖袭击的目标。自 2015 年 9 月 30 日开始，俄罗斯空军部队应叙利亚政府的请求对其境内的极端组织"伊斯兰国"展开大规模空袭。11 月 17 日，俄方确认俄客机在埃及境内坠毁系恐怖袭击②之后，决定动用远程战略轰炸机，从本土起飞参与叙利亚空袭行动，将把空袭强度增为原来的两倍。法国是第一个加入美国反"伊斯兰国"同盟的国家，给反阿萨德的叙利亚反对派提供了物资支持，包括库尔德战士。2015 年 9 月，法国战机首次对"伊斯兰国"目标进行攻击，随后法国战机对"伊斯兰国"的石油、天然气基础设施、成员训练基地等进行了多次打击。③ 显然两个月后发生的巴黎恐怖袭击是 ISIS 对法国军事打击的报复。巴塔克兰音乐厅的一个恐怖分子对被劫持的人质宣称："我们是'伊斯兰帝国'的战士。这些全部都是奥朗德的错。你们在叙利亚袭击我们的妇女和儿童，我们通过在法国袭击你们的妇女和儿童来保护我们自己。"④

1. 袭击目标的选择

宏观恐怖袭击目标是恐怖分子深思熟虑的，有目的性的策划结果。ISIS 也通过其声明证实了这个原则："一组来自'伊斯兰帝国'的信徒

---

① 《ISIS 官方杂志〈*DABIQ*〉是如何给人洗脑的?》，载 http://www.360doc.com/content/15/1120/23/15549792_514686659.shtml.

② 2015 年 10 月 31 日，俄罗斯科加雷姆航空公司一架从埃及红海旅游城市沙姆沙伊赫飞往俄罗斯圣彼得堡的航班在西奈半岛坠毁，217 名乘客和 7 名机组人员无一生还。极端组织"伊斯兰国"在西奈半岛的分支通过网络发布声明，宣称制造了此次坠机事件。

③ 《巴黎袭击后西方或将认真打击"伊斯兰国"》，载搜狐财经，http://business.sohu.com/20151115/n426531308.shtml.

④ "French mag: Bataclan an Islamist target due to Jewish owners". *The Times of Israel*. Retrieved14 November 2015.

把巴黎作为目标，八个荷枪实弹的兄弟提前选择好了袭击目标，除了巴塔克兰音乐厅，还有法兰西体育场，袭击当晚会有一场德国和法国的足球比赛，而这两个国家都是'十字军'战士国家。"恐怖分子袭击的首要目标是法兰西体育场，在那里总统奥朗德会出席法国和德国的足球友谊赛。① 从法国举办1998年"世界杯"时起，国际足球比赛就已经成为恐怖袭击的目标，因此，法国当局也为2016年夏天举行的"欧洲杯"的安全担忧。由于法国安全部门收到恐怖袭击情报，原定于2015年11月17日在汉诺威举办的一场荷兰和德国的友谊足球赛也被取消了。②

2015年11月13日在法兰西体育场举行的足球比赛现场部署了150名安保人员，安全性是比较高的。当时，有一名保安发现三个可疑人员试图尾随一名持票者入场，尾随者们被保安拦截了下来，随后发现他们身上都背着炸弹。三人中的两人是通过土耳其和希腊莱罗斯岛的难民路线到达法国的叙利亚人，另一个人比拉·哈迪夫，在2015年年初就从比利时去了叙利亚。③ 这些恐怖分子计划首先在体育场内部引爆炸弹，另外两个人则在慌乱中冲进体育场杀害观众。所幸的是，由于现场保安的警戒性和专业性（这名保安本身就是一个虔诚的穆斯林），只有一个葡萄牙球迷死亡。尽管有些人受了重伤，包括一对贩卖围巾的小贩夫妇，但是入口处保安的细致检查避免了更大的屠杀。④

恐怖主义方式运作的一个重要原则是目标替代。2015年10月31日前数周，恐怖分子本来是打算袭击一架以美国为首的西方联盟的飞机，但是考虑到埃及沙姆沙伊赫机场的俄罗斯飞机安检更为松懈，于是将俄罗斯飞往西奈半岛的快捷航空公司飞机9268作为袭击目标。⑤

---

① *Aurelien Breeden*；*Katrin Bennhold & Kimiko de Freytas - Tamura*（17 November 2015）．"Paris Attacks Suspect Was Target of Strikes on ISIS in Syria"．*The New York Times*．Retrieved 17 November 2015.

② *Halliday，Josh*；*Bucks，Jonathan*（18 November 2015）．"Abdelhamid Abaaoud：what we know about the Paris attacks mastermind"．*The Guardian*．*The Guardian*．Retrieved 20 November 2015.

③ "Suspected Mastermind of Paris Attacks Named"．Sky News. 16 November 2015．Retrieved 16 November2015.

④ *Anthony Faiola，Missy Ryan & Souad Mekhennet*（18 November 2015）．"Suspected architect of Paris attacks is dead，according to two senior intelligence officials"．*The Washington Post*．Retrieved 18 November 2015.

⑤ "Terror in Paris：What we know so far"．CNN．Retrieved 16 November 2015.

多目标袭击策略的好处之一是如果一个目标袭击失败，其他的袭击目标则可能会成功。在巴黎恐怖袭击中，恐怖分子的第二个主要袭击目标是位于巴黎第 11 区第 50 号福尔泰大道的巴塔克兰音乐厅。作为巴黎历史上最著名的音乐会场地之一，这个音乐大厅至 2015 年 9 月之前的四十年间为两个犹太兄弟所拥有。由于这个原因，巴塔克兰已经好几次被作为袭击的目标了——恐怖分子本身就有重返"故地"的习惯。2004 年，一对以色列的说唱二重唱演员尽管受到威胁但仍然继续表演。2006 年，一个慈善演出被取消。2007 年和 2008 年，巴塔克兰音乐厅在为以色列边防警察等犹太组织举办活动时受到恐怖组织的威胁。2011 年，一个比利时男子供述其策划袭击巴塔克兰音乐厅。对于恐怖分子以巴塔克兰音乐厅为袭击目标的其他动机，可能就是死亡金属之鹰乐队于 2015 年 7 月在叙利亚一个联合抵制亲巴基斯坦的迪法恩斯进行了乐队表演。[1]

2015 年 11 月 13 日对巴塔克兰音乐厅的攻击由三个法国人组成的小分队执行，他们分别是：沙米·阿姆摩尔（Sami Amimour），伊斯梅尔·莫斯特费（Iamael Mostefai）和穆罕默德·阿贾（Fouad Mohamed -Aggad）。叙利亚政府知道阿姆摩尔是个恐怖分子，另外两个则是激进分子。在超过 1000 人的观众中这三名恐怖分子枪杀了 90 人。他们大喊让乐队站出来，但乐队所有成员都逃走了。这些恐怖分子们特别留意寻找并试图杀害乐队的主唱——Jesse Hughes，他的绰号叫做"撒旦"。[2]讽刺的是，他是一个美国私人拥有枪支制度的坚定支持者。

即使在袭击当日没有像法兰西体育场举行的国际性赛事，这个特殊的美国乐队也可能成为恐怖分子袭击的明显目标，法国反恐官员应该对此加强警惕，至少应该加强对巴塔克兰音乐厅的安保工作。

对恐怖主义策略而言，"同步性"事件是极具吸引力的。因为在经历一次成功袭击之后，安全警戒会得到明显的提高。例如，假设死亡金属之鹰的音乐会定于第二天即 11 月 14 日星期六举行，那么发生在法兰

---

① "Terror in Paris：What we know so far". CNN. Retrieved 16 November 2015.

② Nossiter, Adam；Breeden, Aurelien；Bennhold, Katrin（14 November 2015）. " Three Teams of Coordinated Attackers Carried Out Assault on Paris, Officials Say；Hollande Blames ISIS". *The New York Times*. Retrieved 15 November 2015.

西体育馆前一晚的自杀性爆炸袭击就会促使巴黎所有主要的公共场所都提高安全警戒，包括巴塔克兰音乐厅。但巧合的是，足球比赛和音乐会的日程安排碰巧凑到一块儿，于同一天晚上和同一时间举办。这就是所谓的"同步性"事件，非常适合 ISIS 制定袭击策略。但是有一些问题是值得研究的，为什么 ISIS 要加入其他袭击目标以实现其主要的袭击阴谋？特别是这些袭击目标之间没有一丝明显的联系。

吉尔·克贝尔（Gilles Kepel）——研究伊斯兰战争的权威法国专家，引用了 17 世纪犹太裔荷兰籍哲学家斯宾诺莎的话："为了保持政治学上的精神自由，我们不得不习惯计算，我必须小心翼翼不去嘲笑人们的行为，既不去谴责也不去声讨，而是去理解。"ISIS 恐怖分子在巴黎的袭击是惨痛的，是应该受到谴责的，但也是需要加以理解的。理解是对恐怖主义危险评估的关键。① 所谓"前事不忘，后事之师"，对过去理解得越多，就越清楚恐怖主义未来的威胁。

巴黎伏尔泰大道（Boulevard Voltaire）是一个犹太人聚居地，有许多犹太人开的商店，这个地区以自由的生活方式而闻名，但这种自由则被 ISIS 视为颓废。尽管不是城市最繁华的地区，但这里却聚集了许多酒吧和咖啡厅。在巴黎恐怖袭击年报里，公共饭店很少遭受恐怖主义袭击。最突出的一次袭击发生在 1982 年 8 月 9 日马莱区（东欧犹太人聚居地），巴勒斯坦阿布·尼达尔组织②（Abu Nidal Organization）袭击了一家犹太餐馆 Chez Jo Goldenberg。两个袭击者向餐厅抛入一枚手榴弹，然后冲进去手持机枪扫射，杀死了 6 名老顾客。

在伏尔泰大道附近不缺少犹太人饭店，但是这些饭店在 2015 年 11 月 13 日都没有成为袭击目标，也没有任何犹太人的超市遭到袭击。反而是一系列的酒吧和咖啡馆受到"有序的"袭击：其中 15 人死于 Le Carillon 和在街对面的 Le Petit Cambodge，19 人死于 La Belle Equipe（一个在 2014 年末开张的受人欢迎的小酒馆），除此之外，还有 5 人在 La

---

① Engel, Richard; Schuppe, Jon. "Responsibility For Paris Terror Attacks Remains Unclear". NBC News. Retrieved 14 November 2015.

② 阿布·尼达尔（Abu Nidal）（1937 年 5 月—2002 年 8 月 16 日），原名萨布里·卡里尔·阿尔－班纳，是法塔赫－革命委员会，一个以阿布·尼达尔组织（ANO）闻名的激进的巴勒斯坦分裂组织的建立者。在其权力达到巅峰的 20 世纪七八十年代，法塔赫被视为"奋斗之父"，被认为是最无情的巴勒斯坦领导人。

Café Bonne Biere 和在街对面的 La Casa Nostra 被枪杀。[1]

在伏尔泰大道用餐饮酒的客人们很早就留意到一名年轻人在一家名叫 Le Comptoir Voltaire 的咖啡厅遮阳棚前来回踱步，他就是易卜拉欣·阿卜杜勒－萨拉姆。根据警方报告的总结，目击者告诉调查人员，当时这个年轻人身上笨重的好几层衣物引起了他们的注意：他最外面穿了一件厚厚的夹克衫，夹克衫里面是一件带有皮毛装饰的大衣，从衣物的间隙里可以看出，他大衣里还套了一件背心——就算是在寒冷的 11 月晚间，这种穿法也太夸张了。[2] 晚上九点出头，他转身穿过弯曲的吧台附近的露台，走进了这家小酒馆。法国警方的这份报告里提供了此前未曾披露的细节："他转过身，微笑着看向人们。他为自己引起的骚乱表达了歉意，然后他就把自己引爆了。"[3] 易卜拉欣·阿卜杜勒－萨拉姆是 2016 年 3 月在比利时落网的萨拉赫·阿卜杜勒－萨拉姆的弟弟。他发动自杀式爆炸袭击时，这个晚上的大屠杀才刚刚在咖啡馆、餐馆、国家足球场和一处音乐厅拉开序幕。

易卜拉欣·阿卜杜勒－萨拉姆引爆他的自杀背心后当场死亡，一名女服务员和几名顾客受了伤，幸运的是没有造成更多的人员伤亡，只是成功地杀死了他自己。此次袭击的具体时间也是事先定好的。分配在每个酒吧和咖啡馆的时间也就仅仅几分钟，平均每隔几分钟就要驾车去下一个地点。晚上 9 点 40 分发生在 Le Comptor Voltaire 的自杀性爆炸袭击是最后一个地点，在此之前恐怖分子还袭击了三个地理位置分离的场所。

2. 袭击时间的选择

ISIS 为什么会选择上述酒吧或者咖啡厅作为袭击目标？La Belle Equipe 是由四个女孩经营的，Le Carillon 是一个被大力推崇的半地下酒吧。但是巴黎是一个具有悠久酒店历史的城市，这里有着全世界最高级和最具特色的酒店，为什么 ISIS 没有盯上这些酒店呢？反而是这些被袭击的小酒吧或咖啡厅，没有什么知名度，只有当地的中产阶级才熟

---

[1] "French identify another Paris attacker via DNA from body parts". reuters.com. Reuters. Retrieved 15 January 2016.

[2] "France finds explosive belt, detects Paris suspect's phone". Reuters. 23 November 2015. Retrieved 23 November 2015.

[3] 《巴黎恐怖袭击事件新细节浮出水面，ISIS 到底做了什么？》，载搜狐科技，http://it. sohu.com/20160323/n441792531.shtml.

知。巴黎成千上万的酒吧、咖啡厅或小餐馆中，为什么 ISIS 会选择像 La Casa Nostra 这样一个普通的意大利比萨专卖店，或是选择 Le Petit Cambodge，一个专门针对年轻时髦顾客，却没有米其林星级的餐厅呢？①

在 11 月 13 日巴黎恐怖袭击之夜，巴塔克兰音乐厅的袭击者大概有 15 分钟没有武装干涉的自由射击时间。通常情况下，枪击一旦发生，警察或特殊部队就会在几分钟内到达现场。为了保障这么长的射击时间，需要一个欺诈性的目标转移视线，"诱导"警察或紧急救援远离音乐厅。这是一个源自《孙子兵法》里的经典策略："兵不厌诈。"

可以推测恐怖分子选择这些咖啡厅或小酒馆的理由如下：第一，在街道两旁袭击使警察介入的机会减到最小；第二，处于或靠近十字路口袭击时要确保逃跑路线的畅通；第三，袭击选择在周五晚上比较拥挤的地方；第四，袭击露台外的人群以使射击时间减到最小；第五，每个袭击点连续袭击两个相邻的餐厅以使袭击目标机会增到最大；第六，同时在巴塔克兰音乐厅的北部和南部发动袭击，吸引警力造成交通拥挤；第七，袭击远离巴塔克兰音乐厅的地方，避免其加强安全警报；第八，在 Le Boulevard Voltaire 以自杀式爆炸结束袭击，并与巴塔克兰袭击同步，以转移和延缓警方的快速反应。②

根据法国警方公布的调查结果，巴塔克兰音乐厅的枪杀事件发生在晚上 10 点之前。为了营救更多的生命，警方的反应速度必须更快，但是当时所有的警察都被"吸引"到受袭击的酒吧和咖啡馆。晚上 10 点之前只有"反犯罪旅"（Brigades - Anti - Criminalite，BAC）机动警察赶到现场。当时，音乐厅附近还有在"查理周刊"血案后参加法国本土安保任务"哨兵行动"的军人正在巡逻。据说当时一名反犯罪旅的警员对在场的军人说："走啊，我们上吧!"但是，这名"哨兵行动"巡逻队员回答说："不行，我没有接到命令，不能离开。"警员愣了一

① Mozingo, Joe; Serrano, Richard A.; Chu, Henry; Finnegan, Michael（14 November 2015）. "As Paris reels from night of terror, investigators seek origin of attackers". Los Angeles Times. Retrieved 15 November 2015.

② *Aurelien Breeden*; *Katrin Bennhold & Kimiko de Freytas - Tamura*（*17 November 2015*）. *"Paris Attacks Suspect Was Target of Strikes on ISIS in Syria". The New York Times. Retrieved 17 November 2015.*

下，只得说："那把你的法玛斯（FAMAS）冲锋枪给我吧。"但这名巡逻军人依然拒绝将手中精良的作战武器借给警方。无奈之下，这些警察随后部署在了巴塔克兰音乐厅的紧急出口前，面对的是恐怖分子持AK47冲锋枪扫射的猛烈火力。[①]

大概在晚上10点50分，"调查与干预旅"（Brigades Recherche etd' Intervention, BRI）出现在事发地点来支援反犯罪旅。"调查与干预旅"是巴黎警察局的一个特殊联合队伍，仅限于干预首都巴黎范围内及周边地区，他们受训实施专业的跟踪监视。BRI的指挥官Christoph Molmy，在接到法兰西体育馆及Charonne街区酒吧受袭的消息之后，迅速调动了15人的紧急干预力量。[②]

阻止第一个试图进入法兰西体育馆的"人肉炸弹"的安保人员因拯救法国受到了赞扬。他的警惕所减轻的不利后果是当天所有袭击计划中最重要的。可以想象，如果没有成功"拦截"身穿炸弹背心的恐怖分子，晚上9点20分第一个炸弹爆炸之后，法兰西体育馆将会出现一定数量的伤亡人员，而且恐慌将导致场馆中80000名人员的无组织出逃，后果将不堪设想。随后在晚上9点30分的爆炸袭击了退场的观众，也引发了警报，"反犯罪旅"和"调查与干预旅"席卷而来。体育馆的第三次袭击，即晚上9点53分的爆炸则提高了警报级别并且增加了不确定感，恐惧进一步笼罩在法兰西体育馆上空。[③] 正是基于上述原因，恐怖分子于晚上9点40分开始的巴塔克兰音乐厅的"屠杀"获得了更多的时间，更多的无辜人们最后死在了恐怖分子的枪口下。

3. 袭击武器的选择

可以在拥挤的公共空间引发最大伤亡的武器是简易爆炸装置和突击

[①] 据法国BFMTV电视台报道，国家警察机构工会副秘书长让—吕克·塔尔塔维于24日参加国民议会反恐斗争调查委员会的听证，报告了一段在事发现场的警察和军人之间的对话。这段"奇谈"引发了军方参加本土安保的职责应如何界定之问。引自巴黎恐袭：警察勇闯遇袭剧场 军人为何"按兵不动"？载凤凰资讯，http://news.ifeng.com/a/20160325/48212447_0.shtml.

[②] "Paris attacks: Everything we know on Wednesday evening". The Telegraph. 18 November 2015. Retrieved 19 November 2015.

[③] Nossiter, Adam; Breeden, Aurelien; Bennhold, Katrin (14 November 2015). "Three Teams of Coordinated Attackers Carried Out Assault on Paris, Officials Say; Hollande Blames ISIS". *The New York Times*. Retrieved 14 November 2015.

步枪，2015 年 11 月 13 日的恐怖袭击正是运用了这两种武器。8 个恐怖分子每人穿了一件内含三丙酮三过氧化物（TATP）爆炸物的自杀背心。① TATP 是一种高挥发物，但爆破强度并不稳定。法兰西体育馆一共引爆了三件自杀背心，但只有一个球迷不幸被炸身亡。萨拉赫·阿卜杜勒—萨拉姆（Salah Abdeslam）未使用的自杀背心被发现遗弃在巴黎郊区蒙鲁日（Montrouge）的一个垃圾箱内。炸弹制造者被迅速确认为是来自法国北部城市鲁贝（Roubaix）的炸弹制造专家穆罕默德·华雷（Mohammed Khoualed）②。

比简易爆炸装置更可靠的是 AK47 突击步枪，这是"制造"数百人伤亡的致命武器。和其他在公共拥挤区域的恐怖袭击一样，年轻人和中年人是主要的遇害者。死亡人数中，有 25% 遇难者年龄跨度在 35～39 岁，在 30～34 岁和 25～29 岁的遇难者人数各占 20%，在 20～24 岁和 40～44 岁的遇难者人数大概各占 10%。

除国际军火供应商以外，自拿破仑时代以来，比利时已经成为武器供应的中心，这些并不被人广为所知。欧洲卖到中东和南非的小型武器中有三分之一来自比利时。更大数量的来自南斯拉夫的改良 AK47 在比利时市场上售卖，被用于犯罪和恐怖袭击。免除欧盟边界检查的《申根协议》使这些武器跨越欧洲大陆的转运变得非常容易。方便的武器供应使布鲁塞尔成为欧洲恐怖武器的市场。③ 2015 年 8 月 21 日，摩洛哥人 Ayoub El Khazzani 在阿姆斯特丹开往巴黎的国际列车上手持改良版 AK47 步枪试图扫射乘客，嫌疑犯正是从布鲁塞尔登车后作案，而作案武器极有可能购于比利时。④

三、法国反恐安全机制的漏洞与失败

自"9·11"事件以来，只出现过两次成功对抗美国、英国、加拿

---

① Claire Phipps（15 November 2015）. "Paris attacker named as Ismaïl Omar Mostefai as investigation continues – live updates". The Guardian. Retrieved 15 November 2015.

② "Paris attacks: What we know so far". France 24. 15 November 2015. Retrieved 17 November 2015.

③ Aurelien Breeden & Michael Nossiter（15 November 2015）. "Manhunt Underway as Investigation of Paris Attacks Widens". The New York Times. Retrieved 15 November 2015.

④ "Prosecutor: 3 Paris attack suspects already known to Belgians". CNN. 17 November 2015.

大、澳大利亚和新西兰"五眼联盟"的微恐怖袭击，它们分别是 2005 年 7 月 7 日的伦敦地铁爆炸案和 2013 年 4 月 15 日的波士顿马拉松爆炸事件。通过优秀的技术手段和覆盖全球的反恐监视，"五眼联盟"国家成功阻断了恐怖分子的多次袭击阴谋。[①] 正如爱德华·斯诺登透露的，秘密监控可以挫败恐怖分子：如果一个同谋者与某个已知恐怖分子联系，就应该将其置于通信监控之下，越大的恐怖阴谋就需要监控更多的人。基于这种密集型监控环境，在美国和英国发生的恐怖袭击以"独狼式"为主，像巴黎"11·13"这种大规模的有组织性恐怖袭击的比例很小。

事实上，美国和英国可以挫败多起恐怖阴谋正是在于其安全机关的实力和专业化，当然也包括幸运的因素，如警方接到线报或者在搜查汽车、住宅时偶然发现可疑的人或事。在 2005 年的伦敦地铁爆炸和 2013 年波士顿马拉松爆炸袭击发生之前，这两起袭击中至少有一个恐怖分子是被英国和美国的安全机关所知的[②]，尽管没有证明其的确是恐怖分子，但是由于没有发生上述幸运的因素，安全机关防不胜防，最后才酿成惨剧。2015 年 11 月 13 日发生在巴黎的"黑色星期五"也是如此。

案发两个月前，即 2015 年 8 月 11 日，ISIS 的一个法国籍支持者，瑞达·海姆（Reda Hame）从叙利亚返回法国时因涉嫌在音乐厅实施大规模袭击而被拘留。瑞达·海姆是一名电脑专家，2015 年 8 月初辗转到叙利亚加入 ISIS。在那里，他接受了一系列密集快速的训练，仅仅受训一周多就被派回巴黎执行恐怖袭击。2015 年 9 月，法国情报部门实际上收到了美国安全部门（其拥有顶尖的国际电信截获与电子监听能力）关于法国可能面临恐怖袭击的警告。[③] 尽管"11·13"恐怖袭击发生之前有种种预兆，但是巴黎还是被突袭了，袭击者们正是利用比利时边界地区策划的恐怖阴谋，而比利时却是一个缺乏情报文化的国家。

---

① Nakashima, Ellen (December 9, 2015). "After terrorist attacks, the debate over encryption gets new life". *The Washington Post*.

② De Atley, Richard K. (January 13, 2016). "SAN BERNARDINO SHOOTING: Claim is just first step in long process". *The Press - Enterprise*. RetrievedJanuary 14, 2016.

③ Thomas, Leigh; Bon, Gerard (21 November 2015). "Tapped phone led Paris attack leader to his death". *Reuters UK*. Thomson Reuters. Retrieved21 November 2015.

法国最高级别的情报机关"国家安全"（Sûreté de l'Etat）①，政治家和公众对其既不关心，也缺乏信任。尤其在爱德华·斯诺登揭露了英国政府通信总部（GCHQ）侵入比利时最大无线电通信供应商 Belgacom，并安装间谍恶意软件以监听比利时电话之后，这种情况更加严重了。

　　"黑色星期五"的袭击者们在比利时布鲁塞尔残破不堪的移民区莫伦贝克（Molenbeek）②策划恐怖阴谋，这个地区有 30% 的失业者，并以欧洲"圣战首都"和非法武器交易中心而臭名昭著。巴黎"11·13"恐怖袭击事件策划者阿卜杜勒－哈米德·阿巴乌德（Abdelhamid Abaaoud）是一个摩洛哥裔比利时人，他是一个公开承认的恐怖分子，因参与实施了大量的恐怖阴谋而闻名。阿巴乌德作为比利时恐怖分子的领头人，恶名昭彰。比利时官员称，阿巴乌德于 2015 年 1 月策划袭击比利时警察，但被情报部门发现，警方捣毁该批极端分子的住所，并通缉阿巴乌德。2015 年 4 月，他企图袭击巴黎的一间教堂，8 月又指示枪手登上一列开往巴黎的"大力士"火车，企图大开杀戒，但皆未能得逞。③他被比利时法院缺席判决 20 年监禁。

　　即使恐怖分子难以捉摸、行踪不定，但电子监控也能捕捉到他们的通信。2015 年 1 月，阿巴乌德用手机与"圣战"分子的联系路线（从比利时到希腊）被追踪到。④不经过大量的电子通信往来，任何复杂性的恐怖阴谋都不可能被策划和执行。遗憾的是，比利时的通信监控能力实在太有限了，甚至连简单的监控也不行。在 2010 年之前，根据法律

---

　　①　"S"是"国家安全"（Sûreté de l'Etat）的简称，内政部下属国内安全总局（DGSI）单位每天更新"S"级档案库。被列入档案的人包括恶棍球迷、极左或极右团体的成员等。法国有一万多人被列入这个"S"级档案上。其中一半以上是伊斯兰激进分子或与恐怖主义团伙有联系的人。转引自《反恐进行时－直击巴黎北郊反恐突击行》，载法中网，http://www.fr-cn.fr/china/news/17831.html.

　　②　布鲁塞尔的莫伦贝克区是个拥有 9 万人口的行政区，穆斯林人口高达 80%，根据布鲁塞尔统计分析局（Brussels Institute of Statistics and Analysis）公布的资料，这里的失业率高达 30%，年轻人失业率更是高达 37%，是全国水准的 3 倍。《为什么这次遭殃的是比利时？》，载华尔街见闻，http://wallstreetcn.com/node/234039.

　　③　《巴黎恐袭策划者生活背景曝光，父母曾祈祷他已死》，载《观察者》，http://www.guancha.cn/society/2015_11_20_341955_s.shtml.

　　④　Engel, Richard; Schuppe, Jon. "Responsibility For Paris Terror Attacks Remains Unclear". NBC News. Retrieved 14 November 2015.

规定，比利时国内安全机关不能利用监控手段，如窃听、电子监控、电话监听和黑客技术搜集情报。2010 年一部新的法律通过之后，这些搜集情报的基本方法才被允许使用。

比利时警方与情报部门高度分离的管理体系，使国家安全受到极大的挑战。2013 年秋天，比利时情报部门发现阿登高地（ardennes）有三个"圣战"分子集训营。然而，这个情报并没有传送到当地的警察局。布鲁塞尔本身有六个警察区，但它们之间缺乏信息交流。而法国国内安全总局（DGSI）并没有与比利时分享其有关叙利亚"圣战"分子的名单。

欧洲范围内比利时为恐怖分子提供了一个相对安全的避风港。由于《申根协议》①的存在，比利时的恐怖分子可以从莫伦比克驱车 150 英里来到巴黎，就如同没有法国边界一样。由于比利时恐怖分子威胁源的存在，法国卓越的反恐能力也被否定了。为了制止比利时恐怖分子再次袭击法国，法国总统奥朗德已经呼吁对国家安全机关进行重大改革，并且会延伸到对《申根协议》的解释上。

欧洲大陆国家的安全状态对美国的国家安全机关而言是不可思议的，在美国同行眼里，欧洲的情况就如同美国的国家安全机关和联邦调查局被废除了，只保留有相互独立的各州的情报和执法机构似的。欧洲小国（如比利时）根本没有足够的资源保障其国家安全机关的反恐能力。《申根协议》国家间的自由迁徙，使大国（如法国）的安全防范能力受到限制。巴黎恐怖袭击发生后，欧盟开始进一步收紧边境政策：各国开始在边境检查游客护照、加强枪支管控、对乘坐飞机的旅客身份的核实也变得更加严格。法国政府提出：申根地区 26 国应该"立即采取必要措施"，加大在边境的检查力度，打击非法难民进入欧盟国家。法国政府同时呼吁，在保证欧洲安全这一点上，欧盟国家应该互相合作，这也得到了大多数欧盟国的认可。② 2016 年 3 月比利时首都布鲁塞尔恐

---

① 1985 年签订的《申根协议》规定了成员国的单一签证政策：任何一个申根成员国签发的签证，在所有其他成员国也被视作有效，无须另外申请签证。1995 年，《申根协议》正式生效，1999 年签订的《阿姆斯特丹条约》则使申根政策成为了欧盟的法律。截至目前，共有 22 个欧盟国家和 4 个非欧盟国家加入了申根区。

② 《比利时恐袭后，申根协议还能撑几天》。载今日头条，http://toutiao.com/a6265198501715116290/。

怖袭击①发生后，比利时第一时间恢复了边境检查。

四、巴黎"11·13"恐怖袭击引发的反思

1984 年 10 月布莱顿（Brighton）酒店爆炸案②中幸免于难的玛格丽特·撒切尔诙谐地说："我们只需要幸运一次，而你们需要一直幸运下去。"自"9·11"事件之后，法国和比利时很幸运地摧毁了许多恐怖袭击阴谋。但法国 2015 年 11 月 13 日的巴黎袭击暴露出欧洲边境安全的弱点，这也是法国和比利时反恐的重大失败。但恐怖分子却足够幸运，在法国与比利时当局对其大多数成员完全了解的情况下，完成了他们雄心勃勃的无耻阴谋。在"黑色星期五"晚上，ISIS 所派出的四名"圣战"者，都为比利时当局所知，其中三名为法国当局所知，只有两名来自叙利亚自杀式炸弹袭击者是掌控之外的。③

2006 年"基地"组织曾密谋对横跨大西洋的七架飞机使用液体爆炸物爆炸，这个计划被"基地"组织首席策划者艾曼·扎瓦希里④鼓吹将是自"9·11"之后最大的恐怖袭击。但这个计划被英国和美国的联合反恐力量挫败。假设当时这个计划密谋于比利时的莫伦贝克而不是英国的沃尔瑟姆斯托，并且目标航班是由巴黎出发而不是伦敦，结果应该大不相同。

巴黎的恐怖袭击之后，西方国家的情报部门加大了监控力度，拦截了阿巴乌德与叙利亚 ISIS 领导之间的通信。而且，通过巴塔克兰音乐厅附近一部手机内的信息，追踪到了阿巴乌德的表妹哈斯娜·阿布拉森

---

① 就在此次布鲁塞尔恐袭发生前 5 天，比利时警方刚刚连同法国当局发起突袭行动，成功抓捕巴黎恐袭案在逃嫌犯萨拉赫·阿卜杜勒·萨拉姆及其同伙，他的被捕当时曾引发莫伦贝克区居民的骚乱。在稍早前的行动中，比利时警方还击毙了另一名嫌犯。

② 1984 年 10 月 12 日清早，一枚爱尔兰共和军的炸弹在布莱顿酒店爆炸，执政的保守党高级官员们正在那里召开年会。4 人在爆炸中死亡（包括安东尼·贝里爵士），但没有英国内阁成员死亡。首相撒切尔夫人得以幸免，但政府其他成员受了重伤。

③ "Gunfire in Brussels raid on Paris attacks suspects". *BBC News*. 2016 – 03 – 15.

④ 作为"基地"的首席战略家，扎瓦赫里深受本·拉登信任，策划了多起恐怖袭击，1998 年美国驻坦桑尼亚和肯尼亚大使馆同时爆炸及 2001 年震惊世界的"9·11"恐怖袭击他都是主谋。曾有反恐专家认为这个被称作"拉登大脑"的二号人物其实给美国国家安全带来的威胁最大。2011 年 5 月 1 日，本·拉登被美军在巴基斯坦击毙，2011 年 6 月 16 日，"基地"组织发表声明称，该组织已经任命埃及人艾曼·扎瓦赫里为新的领导人。

（Hasna Aitboulahcen）①，由此挫败了恐怖分子发起另一轮袭击的阴谋。当时藏匿在巴黎北郊圣但尼市（Saint Denis）某公寓内的恐怖分子策划19日袭击位于拉德芳斯（La Defense）的四季购物中心（Les Quatre Temps）及那里的办公楼。2015年11月18日，法国特种部队黎明前对圣但尼市的两个公寓单位展开突击，与藏匿在公寓内的恐怖嫌犯持续枪战近七个小时，巴黎系列恐怖袭击案幕后主使阿卜杜勒－哈米德·阿巴乌德被击毙，其表妹阿布拉森引爆炸弹身亡，另有八人被捕。

欧盟并没有像前东德作为警察国家那样，用恐怖手段对所有持不同政见者施以令人压抑的监控。监控不可能掌握所有ISIS支持者的行踪。战略性地优先使用监控资源，尤其是对从叙利亚返国的人员实施监控可以达到更好的效果。② 那些在叙利亚受训的"圣战"分子曾对ISIS作出承诺，也为其所信任。相较而言，那些没有去过叙利亚的激进分子，无论是其技术还是制造阴谋的条件都是有限的。

申根区的个别国家，如瑞典和丹麦，一直保持其边界控制以防止非法移民的涌入。作为反恐失败的立即反应，一些加强欧洲边界安全的新措施被采用。其中一项措施是创建一个永久性的欧洲边界力量和海岸警卫队来控制申根区外部边界。另一项措施则是创建欧盟旅客登记系统，以用于控制进入和离开欧盟的航空客运。

而且，欧盟委员会将接受一个有关安全的欧盟议程，这个议程将重新调整欧盟的内部安全以应对最近犯罪和恐怖威胁所暴露出来的不足。这将加强欧洲刑警组织和其他欧洲机构及威胁评估机构，如著名的欧洲情报和形势中心（European Intelligence and Situation Centre，EU INT-CEN）之间的合作。③ 这也将加强欧盟与其他国家之间对非法枪支信息的交流。但直到这些措施生效之前，欧洲大陆的恐怖威胁风险仍然很

---

① 2015年11月18日，警方对巴黎北郊的一处公寓进行围攻，目标是巴黎恐怖袭击案主谋之一——阿卜杜勒－哈米德·阿巴乌德。围捕行动在当日11点40分宣告结束，共击毙两名恐怖分子，其中一名为女性，八人被捕。一女子引爆了身上的炸弹。根据警方调查，该女子名叫哈斯娜·阿布拉森，是巴黎恐怖袭击主谋阿卜杜勒－哈米德·阿巴乌德的表妹。哈斯娜因此成为欧洲第一位女性自杀式袭击者。

② Francesca Galli, The Law on Terrorism：the UK, France and Italy compared（Bruxelles：Bruylant, 2015）.

③ Home Office, Response to the Seventeenth Report from the Home Affairs Committee Session 2013－14 HC 231：Counter－Terrorism（London：Cm 9011, London, 2015），6.

大。来自英国的帮助将是有价值的，英国政府原独立反恐立法评估人、自由民主党成员卡莱尔勋爵（Lord Carlile）在《新闻周刊》中这样评论道："比利时的安全机关比法国的差远了。坦率地说，欧盟之间的协作所需要的是确保安全机关和情报部门对恐怖主义威胁达成共识从而能够共享情报。对于比利时政府而言，至关重要的是应让其他欧洲国家的安全机关和警察机构相信其有能力处理类似的恐怖阴谋。"①

"五眼联盟"国家比"欧元区"国家有更好的情报、窃听及解码能力，而且美国和英国具有更加广泛的监控权力和更为深远的反恐目标。例如，英国的政府通信总部宣称其能够在任何时间、任何地点监控任何手机。此外，还有一个非常重要的因素，"五眼联盟"国家拥有的漫长的海岸线成为天然的国境屏障，而申根区国家大多以陆地接壤，恐怖分子可以轻易地穿越国境，因此前者的边界安全更加稳固。

尽管进入美国、英国和澳大利亚的障碍非常大，但是 ISIS 攻击这些国家的意图非常明确，ISIS 公报曾赤裸裸地威胁：这次袭击只是风暴的开始，是对那些希望沉思和吸取教训的人的警告。阿卜杜勒－哈米德·阿巴乌德在 2015 年 8 月使用假的护照到访过英国，其手机中有几张这个城市最受欢迎的景点之一伯明翰斗牛场购物中心（Birmingham Bullring Shopping Centre）的照片。类似伯明翰斗牛场和拉德芳斯四季购物中心这样的大型公共场所，通常是恐怖分子武装袭击的重要目标。"五眼联盟"的情报机构已经掌握到伯明翰市有一批激进穆斯林青年加入了叙利亚的 ISIS，这些人中的关键人物是朱奈德·侯赛因（Junaid Hussain），ISIS 黑客团队的主要头目，他在 2015 年 8 月美军的一次空袭中丧生。②

---

① Kennedy, Merrit（18 March 2016）. "Paris Attacks Suspect Salah Abdeslam Is Captured During Raid In Brussels". NPR. Retrieved 18 March 2016

② 2015 年 8 月 28 日，美军中央司令部发言人帕特·赖德当天在新闻发布会上说，美军 24 日对"伊斯兰国"位于叙利亚拉卡市的大本营实施"定点清除"，成功炸死该组织电脑专家、现年 21 岁的英国人朱奈德·侯赛因。朱奈德·侯赛因负责在网上为该极端组织宣传造势，在西方国家招募"伊斯兰国"支持者，煽动他们在本国发动"独狼"式袭击。此外，朱奈德·侯赛因在过去几周策划发布了约 1300 名美国军队服役人员和政府公职人员的个人信息，呼吁"伊斯兰国"支持者袭击这些美方人员。美国情报人员将朱奈德·侯赛因视作"伊斯兰国"黑客团队的主要头目，认为他曾策划侵入美军中央司令部社交媒体账号，并发布支持"伊斯兰国"和威胁美军的信息。

巴黎"11·13"恐怖袭击事件证明，执法机构的难题不是在浩瀚如烟的监控数据中发现目标，其实巴黎恐怖袭击的罪魁祸首早为法国情报机关所知晓并监控。现在迫切的是调整执法活动的基本原则，寻找欧盟国家安全防卫合作的新方法。实际上，在2015年年初"查理周刊"袭击案发生之后，欧盟委员会与欧盟反恐协调机构（CTC）陆续发表声明或拟定法案应对恐怖主义，包括预防极端主义和激进化；加强申根区的边界控制；完善欧洲旅客订座记录系统；加强欧盟国家的信息情报共享；扩大欧盟刑警组织的作用；建立恐怖主义案件的网络司法合作；加强枪支管理等措施。①

除此之外，巴黎恐怖袭击事件还将会促使欧洲各国反思和改进对已入境难民的社会融合政策。法国遭到恐怖袭击固然与其军事打击"伊斯兰国"有关，但也被认为是法国融合穆斯林移民失败的一个后果，因为袭击者中至少有四名持有法国护照，甚至完全是在法国出生长大的穆斯林移民。法国是一个严格实行政教分离的国家。在这里生活着500多万穆斯林。此外，穆斯林大多生活在贫困的城市郊区，就业机会少，生活前景差，他们感觉自己被主流社会所排斥和歧视，缺少对法国的认同感和归属感。在这种境遇下，前途无望的穆斯林青年比较容易受到宗教激进主义的影响，被转化成极端分子，毫无顾忌地采取报复法国社会的行动。② 巴黎恐怖袭击之后，德国《焦点在线》指出，对穆斯林的社会融合变得比以往任何时候都更加重要，德国要避免法国在这方面所犯的错误。事实上，不只是法国和德国，对穆斯林移民的社会融入是欧洲国家共同面对的挑战。③

① "Nette augmentation des passages aux Urgences pour stress en Ile – de – France" (in French). Francetvinfo. fr. 20 November 2015. Retrieved 22 November 2015.

② Celestine Bohlen (15 November 2015). "Parisians Fear Terror Attacks Will Divide, Not U-nite, the City". The New York Times. Retrieved 15 November 2015.

③ 《巴黎恐怖袭击对欧洲难民政策有何影响?》，载搜狐财经，http://business. sohu. com/20151119/n426958075. shtml.

第七章　法国反"圣战"
激进化对策研究

　　从 2012 年至 2016 年，法国本土"圣战"恐怖袭击不断发生，而且从 2015 年"查理周刊"袭击案发生之后，恐怖袭击发生的频率越来越高，规模也越来越大。引发这些本土"圣战"袭击的原因是多方面的：本土穆斯林长期被主流社会隔离，法国对中东地区的军事干预，外部恐怖势力与本土极端分子的勾结，难民潮中恐怖分子的渗透，情报搜集与监控不到位，日常交通安检不严格等。在上述众多因素中，有一个由来已久的问题格外受人关注，那就是法国本土极端分子引发的恐怖主义威胁。2015 年 11 月，巴黎恐怖袭击案中已被法国警方确定和披露的 4 名嫌疑人都是法国本土极端分子，这意味着法国同时面临恐怖主义的"内忧"与"外患"，反恐形势异常严峻。①

　　2015 年 1 月 11 日，法国人民举行了一场难忘的、展现团结和不屈的大游行，抗议发生在巴黎的凶残暴行。②法国对自己及世界发出的信号是明确无误的。它不会放弃基本的价值观——言论自由和宽容——这是法兰西共和国的根基。像所有欧洲政府一样，法国在袭击事件后需要重新检查自身的安保能力。实施暴行的库阿奇两兄弟已被执法机关记录在案，而且他们与也门方面有联系，但他们还是设法建立了一个私藏武器之所。法国当局将不得不向公民解释为什么会发生这样的过失。然而，单靠安全政策无法战胜那些宣称以伊斯兰教的名义行动的罪犯带来的挑战，这需要政府机构下功夫深入穆斯林社区，努力使那些信仰伊斯

----

　　① 刘莹：《制度"痼疾"不解决法国反恐成效难显》，转引自《法制日报》－法治－人民网，http://legal.people.com.cn/n/2015/0505/c188502－26947888.html.

　　② 指的是 2015 年 1 月发生在巴黎《查理周刊》编辑部的恐怖袭击事件。2015 年 1 月 11 日全世界 50 位政府领导人参加了这场大游行。英国《金融时报》于 1 月 12 日发表社评文章称，法国的集会显示了民众不放弃共和国对自由和宽容的追求。

兰教、可能堕入袭击计划的年轻人非激进化。对于去激进化，没有哪个国家有过特别成功的案例，即使在已将此作为一个政策重点的英国也是如此。但法国需要采取更多的措施，防止生活在城郊贫民区、好斗的年轻穆斯林选择暴力。①

"查理周刊"袭击事件发生之后，法国前总理多米尼克·德维尔潘说："我们面对的是三个不同的强大对手。第一个也是最明显的对手就是'恐怖分子'。不能听任宗教极端分子肆意散布仇恨而不受惩罚，必须动用国家的一切法律手段将他们逮捕法办。我们必须改进防御系统、监控系统和某些敏感场所的保护系统，同时还要防止激进行为，特别是在监狱里。与这些没有国界的敌人进行斗争，只有在欧洲范围内及在与其他有关国家之间不断加强警察和司法部门的合作，才会切实有效。"②

据相关数据显示，目前大约有 1000 名法国人曾参与或涉及叙利亚和伊拉克的"圣战"活动，有 200 人已回国，这些极端恐怖分子将会对法国安全造成巨大的隐患。作为曾经的殖民地宗主国，法国长期以来接收了大量来自北非、西非等前殖民地的移民。在法国超过 6500 万的人口中，有 10% 是穆斯林，是欧洲穆斯林人口最多的国家。对于法国本土极端恐怖分子的产生，目前很多观点都把问题归咎于穆斯林移民融合政策的失败。但法国记者汤姆森在其近日出版的新书《法国"圣战"》中却揭示了不同的原因：受访的所谓"圣战"分子大多与穆斯林群体并没有来往，也很少去清真寺。他们几乎都是通过网络接触的伊斯兰极端思想，被 ISIS "锻造"历史的口号所吸引，赶赴叙利亚参与"圣战"。③

一、西方学者对"激进化"相关概念的讨论

"去激进化"计划（deradicaliztion programs）在许多西方国家（如英国、荷兰、丹麦、德国）起到了明显作用。有针对性的干预措施、

---

① 《恐袭之后法国怎么走？英媒评论：让穆斯林青年非激进化》，载《欧洲时报》，http://www.oushinet.com/news/europe/france/20150112/178834.html.

② ［法］多米尼克·德维尔潘：《对恐怖主义、恐惧和社会分裂说"不"》，王倩、彭翠岩译，载《中国经济报告》2015年第2期，第10~11页。

③ 《外媒：法国有5800名"圣战者"和激进分子》，载腾讯网，http://news.qq.com/a/20151115/033002.htm.

热线电话、职业培训和教育、咨询和劝退程序（exit programs）被认为是重塑和恢复"极端化"个体的重要工具。这些方法在一些非西方国家也取得了突出的成就（包括沙特阿拉伯、埃及、巴基斯坦、阿尔及利亚等地，这些国家政府指导改变人的内心和思想，并使已经被定罪的恐怖分子嫌疑人感到自责、忏悔，并放弃暴力重新加入主流的政治意识形态、宗教与社会）。这些指导行为包括通过受人尊敬的牧师对其进行宗教教育、心理咨询、帮助其融入社区和家庭、职业培训等参与措施。① 相比于在南亚与中东的非西方模式，欧洲"反激进化"模式更少关注宗教的再教育和意识形态。

在这种背景下，欧洲出现了关于对"激进化"不同含义和理解的讨论。讨论的核心问题在于：言语上或行为上的"激进化"，或言语与行为上都有"激进化"，或者激进的想法和意识形态就应被视为实施恐怖袭击的前兆吗？② 在 2011 年，Coolsaet 认为"激进化"是"难以定义的、复杂而有争议的"概念③。由于现存各种各样"激进化"的定义及其内涵解释，Sedgwick 将"激进化"的概念称作"困惑之源"，因为这个"激进化"被用于国家安全、宗教和外交政策领域，而所有这些领域都有各自不同的认识和理解。④

2008 年，欧洲委员会专家组还注意到"暴力极端主义"的语境约束现象：并非所有的激进分子都参加暴力活动，有些人可能只是容忍暴力。一部分转向暴力的人是基于环境如分配不公等因素导致的。此外，个人经历和社会关系也会引发"激进化"。因此，"暴力激进化"的"渐进或阶段性过程"可能涉及个人或群体的环境。⑤ 在欧洲群体"激进化"的背景下，Daalgard－Nielsen 将视角转移到社会运动理论和网络

① Rohan Gunaratna, Jolene Jerard and Lawrence Rubin, *Terrorist Rehabilitation and Counter － Radicalisation* (New York: Routledge, 2011), 1.

② Anthonu Faiola and Souad Mekhennet, "Denmark Tries a Soft － handed Approach to Returned Islamist Fighters," *Washington Post*, October 19, 2014.

③ Rik Coolsaet, "Europe: Reinforcing Existing Trends," in Mohammed Ayoob and Etga Ugur, eds., *Assessing the War on Terror* (Boulder, CO: Lynne Rienner, 2013), 148.

④ Mark Sedgwick, "The Concept of Radicalization as a Source of Confusion," *Terrorism and Political Violence* (September 2010).

⑤ European Commission's Expert Group on Violent Radicalization, "Radicalization Processes Leading to Acts of Terrorism," May 15, 2008, 7.

理论上，并用于解释群体内的政治动员和社交网络导致的暴力激进化。① 相比之下，精神动力、认知和识别形成了关注"激进化"个人的态度、思想和性格特征的方法。关于个体层面的动机，不同的实证案例研究已经提供了非常详细和精妙的激进化过程描述。② 最后，社会学解释关注结构性因素，如政治、经济、社会的不满及导致迷失和困惑身份的全球化，即在西方民主国家与现代化生活中挣扎③。毫无疑问，"激进化"很难定义，学者们仍然站在旁观者的角度进行不同的社会解释，受到不同的价值观和规范的影响。政策制定者和学者们通常认为这涉及一个随着时间推移的过程。Neumann 认为"'激进化'能够被定义成人变成'极端分子'的过程"。④ Ranstorp 强调需要理解"暴力激进化"的过程和背景。⑤ 根据 McCauley 和 Moskalenko 的观点，"激进化"就是支持或导致某一群体的信仰、情感和行为发生冲突的过程⑥。Daalgard – Nielsen 把"激进化"定义为"由激进意识发展为直接支持或参与暴力活动意愿的过程"。⑦ Bjelopera 将激进化描述为"获取和拥有'激进化'或'极端化'信仰的过程"。⑧

美国白宫"反激进主义"策略认为，"激进化"是指某些个体成为支持或实施受意识形态影响的暴力行为的激进分子⑨。法国议会委员会报告把"激进化"定义为"意识形态和暴力行为融合在一起的根本过

① Anja Dalgaard – Nielsen, "Violent Radicalization in Europe: What We Know and What We Do Not Know," *Studiesin Conflict and Terrorism* (August 16, 2010).

② Daalgard Nielsen, "Studying Violent Radicalization in Europe Ⅱ," Danish Institute for International Studies (DIIS), Working Paper No. 2008/3, especially 12 – 13. Daalgard – Nielsen refers to the contributions of e. g. Jerrold Post and Erik Erikson.

③ Daalgard Nielsen, "What We Know," 806. Daalgaard – Nielsen points to the primary work of Petter Nesser, *Jihad in Europe* (Oslo: University of Oslo, 2004).

④ Neumann, "Trouble," 874.

⑤ Magnus Ranstorp, *Understanding Violent Radicalization* (London: Routledge, 2010).

⑥ McCauley and Moskalenko, *Friction*, 4.

⑦ Daalgard Nielsen, "Violent Radicalization," 798.

⑧ Bjelopera, "Countering Violent Extremism," 1.

⑨ White House Strategy, 2.

程"。① 目前占主导地位的"激进化"模式分别是 Moghadam 的阶梯模式（Staircase Process）②、纽约警察局的四步模式（Four Phases）③、McCauley 与 Moskalenko 的金字塔与暴力通道模式（Pyramid and Pathways to Violence）④ 及 Glees，Pope 与 Baran 的传送带模式（Conveyor Belt Process）。⑤

法国的 Fethi Benslama 教授描述青少年受到激进思想"洗礼"的过程。一旦激进宣传为年轻人所接受，人格的欠缺得到填补，原先脆弱的人就会获得巨大的精神力量，不再焦虑，有一种获得解放的感觉，觉得自己无比强大。1924 年，存在了 624 年的最后一个伊斯兰帝国（奥斯曼帝国）灭亡，其土地被瓜分、被殖民主义者占领，穆斯林从前是主人，现在在自己的土地上却要成为臣服者。这是有 1400 年伊斯兰文明的崩溃，是统一、强大的伊斯兰世界理想的终结，由此产生了穆斯林挥之不去的怀旧感。为"受伤的伊斯兰理想"复仇的激进思想由此产生。由此，伊斯兰主义应运而生，要求重建传统，恢复先知时代的生活方式；对个人的要求是做一个完完全全的穆斯林，而不是西方化的公民。⑥

从精神分析的角度看，穆斯林集体意识里存在着一个穆斯林传统的超我，时时处于警戒状态，担心集体或个人不再是自身，被西方化了。"圣战"激进思想是传说和历史现实的混合物，保留了伊斯兰对伊斯兰衰落的集体耻辱感，对当年西方炮舰的愤恨，还将历史投射到伊斯兰世

---

① Sébastian Pietrasanta, "La déradicalisation, outil de lutte contre le terrorisme," Rapporteur du projet de loi relatif à la lutte contre le terrorisme（June 2015），7. Hereafter referred to as Pietrasanta Report.

② Fathali M. Moghaddam, "The Staircase to Terrorism: A Psychological Exploration,"*American Psychologist* 60, 2(2005): 162 – 166.

③ Mitchell Silber and Arvin Bhatt, "Radicalization in the West: The Homegrown Threat," New York Police Department (2007), 6 – 8.

④ Clark McCauley and Sophia Moskalenko, "Mechanisms of Political Radicalization: Pathways toward Terrorism,"*Terrorism and Political Violence* (July 2008).

⑤ Anthony Glees and Chris Pope, *When Students Turn to Terror: Terrorist and Extremist Activity on BritishCampuses* (London: Social Affairs Unit, 2005). Zeyno Baran, "Fighting the War of Ideas," *Foreign Affairs* (November/December 2005).

⑥ 《专家解读：法国青年为何激进化？》，载法国新闻网，http://www.cnfrance.com/info/renwu/20160728/14376.html.

界遭受的现实痛苦上，如西方的干涉，还有伊斯兰国家的内战。伊斯兰激进思想允诺要回到传统社会，生活在传统社会中，个人的人格、社会存在是明确规定的。而在现代社会中，个人人格及身份，无论是精神层面还是物质层面都需要自己去挣得，但实际上不是所有人都有条件实现这一切。很多青少年在现实生活中因此感到惶惑和无所适从，更喜欢一个团体给予的明确的秩序、严格的规定，以及团体给他指定的身份，这能给他们以坐标感、安全感。不仅如此，接受"圣战"思想的年轻人被告知，他在现实的战争中扮演的是英雄一角。因此，这种激进思想比邪教更能迷惑人。[1]

在比较激进化导致的暴力与非暴力行为时，Bartlett 与 Miller 认为这是一个适应激进信仰体系的过程，然而，并非所有的激进思想都会转化为激进的行为。[2] Horgan 提到："总是会有远比恐怖分子多的激进分子，但并不是所有的暴力极端分子都持有强烈、极端的信仰。"[3] Reinares 认为："只有少数激进分子成为极端恐怖分子。"[4] Borum 认为："在传统意义上，很多激进分子没有参与恐怖主义，并且许多恐怖分子没有'激进化'。"[5] Sedwick 指出："尽管我们知道并非所有激进分子都是恐怖分子，但是激进主义和暴力之间的关系也仍然是不明确的。"[6] 具体而言，激进主义可能或者应该不会导致暴力吗？或者激进主义仅仅被视为一个间接的威胁吗？这个问题在很大程度上与上述提到的激进想法（或意识）与行为之间的关系相关，并且为美国和法国的重要政策提供了启示。

另一个含糊不清的定义就是"脱离"恐怖主义（的过程）。虽然减

---

[1] 《专家解读：法国青年为何激进化？》，载法国新闻网，http://www.cnfrance.com/info/renwu/20160728/14376.html.

[2] Jamie Bartlett and Miller, "The Edge of Violence: Towards Telling the Difference between Violent and NonViolent Radicalization," *Terrorism and Political Violence* 24, 1 (January 2012).

[3] John Horgan and Max Taylor, "Disengagement, De – radicalization and the Arc of Terrorism," in *Jihadi Terrorismand the Radicalization Challenge*, Rik Coolsaet, ed. (Burlington, VT: Ashgate, 2011), 174.

[4] Expert Group, "Radicalization Processes," 18.

[5] Randy Borum, "Radicalization into Violent Extremism I: A Review of Social Science Theories," *Journal of Strategic Security* 4, 4 (2011), 8.

[6] Sedgwick, "Concept," 484.

少"激进化"寻求激进思想和暴力行为的解决和处理方法，并且"反激进主义"正在寻求从根本上防止"激进化"意识和暴力行为的形成，但"脱离"恐怖主义关注的是在不改变激进思想的前提下停止暴力行为。Gunaratna 等人提到，"脱离"是意识形态非激进化的必要条件。相比之下，Horgan 区分了心理和身体上的"脱离"，质疑其与"反激进化"之间的联系。① Omar Ashour 提到："'反激进化'的意识形态、行为及组织程度等因素可能会因为不同的结合产生不同的后果。"② 上述欧洲的"劝退"项目（exit programs）即使用行为上的脱离作为"反激进化"成功的关键指标。

综上，西方学界认为，激进的意识和暴力行为之间的关系是非常复杂的，需要依据具体情况具体分析。激进意识和行为之间的关系是"凌乱"的，在很多情况下，具有激进意识并不意味着产生激进行为（恐怖主义行为）。Snow 对激进意识及其在社会运动及集体行动框架中的讨论也是具有指示性的。Snow 作出一个有挑战性的假设，即社会活动由激进意识构成并由其推动，甚至以意识为主。根据 Snow 的观点，激进意识形态既不是有凝聚力的，也不是有协调性的一套价值体系或信仰体系（但通常代表着矛盾或冲突的导火索）；在参与者之间激进意识形态的多样性往往被低估了（这些激进意识来源于不同的背景和动机）；相应的意识和行为却被高估了（他指的是意识信仰和现实生活实践之间的差异）；并且集体行为的构成也不仅仅来自意识形态（意识形态可能不发挥作用或配合其他因素发挥作用，如文化因素）。③ Borum 也认为："坚持激进主义信念与反恐并不相关，狂热地坚持激进主义意识形态既不代表恐怖主义，也不是恐怖主义必要的前兆。"④

二、英国与美国的"反激进化"策略

20 世纪中期以来，欧洲逐步形成了规模巨大的穆斯林族群。目前，穆斯林已是欧洲最大的少数族群，伊斯兰教已是仅次于基督教的欧洲第

---

① John Horgan, *Walking Away from Terrorism* (New York: Routledge, 2009), 31 – 39.

② Omar Ashour, *The De – Radicalization of Jihadists* (New York: Routledge, 2009), 5 – 6.

③ Snow, "Framing Processes," 397 – 399.

④ Randy Borum, "Rethinking Radicalization," *Journal of Strategic Security* 4, 4 (2011), 2.

二大宗教。随着穆斯林人口的增长及穆斯林族群自我意识的高涨，欧洲信奉基督教的主体族群与信奉伊斯兰教的穆斯林之间由历史上形成的歧视和对立，以及现实生活中的经济利益摩擦，引发宗教信仰层面的误会与冲突。"9·11"事件发生之后，美国与若干欧洲国家开始"反恐战争"，欧洲穆斯林族群也受到波及，不满情绪更为突出。西欧各国对本国穆斯林的应对策略由于殖民历史、主流价值观、政治体制等因素而呈现出不同的样貌，其中英国的"多元化"与法国的"彻底世俗化"成为两种截然不同的应对模式。

与英国"反激进化"较长的历史相比，法国的"反圣战激进化"进程更类似于美国。尽管法国与美国在政治、文化上存在较大差异，如法国是中央集权的共和制，实施彻底的"世俗主义"（secularism），而美国实行分权式的联邦制，宗教方面贯彻"例外原则"（exceptionalism），但两国在"反激进化"的策略思路方面却具有不少相同之处。美国于2011年推出第一项"反激进化"策略，而法国在2014年才推出。并且，不同于大多数西方民主国家（如英国）采用各种"软性"措施（如热线电话、谈话与座谈会、职业培训及其他有针对性的干预措施或咨询服务）防止弱势个体"激进化"或成为"圣战"战士，法国与美国一样都倾向于利用"硬性"安全措施（如监控、逮捕、起诉）等加强预防。[1]

（一）英国多元文化背景下的"反激进化"策略

从20世纪60年代开始，英国政府就确立了"多元文化"模式作为处理国内各族群关系的基本政策。其核心是尊重文化多样性，承认各个族裔在社会生活中的广泛权利，帮助其在融入英国社会的同时，鼓励各族裔保存其文化传统。"多元文化模式确实取得了一定成效，使得不同文化像马赛克一样镶嵌在英国文化版图上，呈现绚烂多彩的景观。"但在2001年"9·11"事件发生以后，英国追随美国的一系列针对伊斯兰世界的行动激起英国国内穆斯林的不满，难以融入主流社会的英国

---

① Piotr Bakowski and Laura Puccio, "Foreign Fighters," European Parliamentary Research Service, February 2015.

穆斯林年轻一代越来越激进化。① 2005 年伦敦地铁爆炸袭击，让英国政府震撼的不是恐怖袭击造成的灾难，而是因为这场灾难是由英国本土恐怖分子实施的。国内穆斯林社区被视为恐怖主义威胁的主要来源及应对恐怖主义威胁的优先合作伙伴，正如大伦敦都市警察局局长所说："打败恐怖主义的正是穆斯林社区，而不是警察。"②

以社区为基础的反恐方式并不是新的概念，这是英国应对北爱尔兰反恐策略的基石。但在"9·11"事件之后，社区方式被认为并不适合恐怖主义这种国际化的、外来的、高度组织化的威胁。"7·7"恐怖袭击之后，以社区为基础的方式又回归到中心舞台。随着情报资源的不断增长，执法机构能够确保阻止有计划的袭击，并破坏恐怖分子的"细胞"，政府认识到需要与穆斯林社区合作以预防年轻人在第一场所演变成激进分子，确保社区足以回应和挑战其中的极端分子。伦敦地铁爆炸袭击的后果显然需要更加本土化的、社区主导的方式。2005 年 8 月英国政府推出的"预防极端化计划"（Preventing Extremism Together，PET 计划，简称 prevent，"预防"）成为英国预防伊斯兰激进化的支柱。③

英国政府认为，恐怖分子的威胁来自一个很小的边缘化的少数民族群体，但是这些人却是其社区的组成部分，而且几乎不是单打独斗。④这就是为什么社区需要在反恐策略的许多不同领域扮演核心角色，这亦是英国政府政策的一项明确原则。社区可以有效反恐的四个方面⑤如下：

其一，如果恐怖分子很好地融入社区，那么社区可以在早期提前告诫警察和情报部门，以使其获得信息或者关注特别的人或群体。这是犯罪预防领域的一项悠久传统，即依靠广大群众。如今，针对基地组织的

---

① 黄海波：《合力与平衡：略论英法两国国内穆斯林政策的调整》，载《新疆社会科学》2013 年第 6 期。

② R. Briggs, C. Fieschi and L. Lownsbrough, *Bringing it home: community - based approaches to counterterrorism* (London: Demos, 2006), p. 19.

③ HM Government, *Pursue, Prevent, Protect, Prepare: the United Kingdom's strategy for countering international terrorism* (London: TSO, March 2009), p. 16.

④ Y. Birt, "Promoting virulent envy: reconsidering the UK's terrorist prevention strategy", *RUSI Journal* 154: 4, 2009, pp. 52 – 58.

⑤ HM Government, *The Prevent Strategy: a guide for local partners in England* (London: TSO, 2008).

现有威胁，大伦敦警察局已经建立了反恐热线，公众可以通过热线汇报可疑情况。警方的标语是"如果有所怀疑即刻报告"。内务部和警察局长协会都在网站上设立了潜在可疑恐怖分子报告热线。这是社区合作的边界线。

其二，社区可以预防青少年从激进主义向暴力主义转变。对于青少年转变为激进分子的原因有各种不同的观点：激进分子的出现，全球极端主义的蔓延，精神上的空虚，群体或个人身份问题，个人危机，改变的形势或情况；失业，有前科，为社会所排斥，冤情，对政治机构和市民社会缺乏信任等。与地方政府、警察或者青年志愿者合作，社区能够在防止青少年转变过程中起到关键作用。

其三，社区可以解决现实或感知的不满——那些让恐怖分子更有共鸣的不满，这些不满可能会使某些人转而实施、支持或煽动恐怖主义，也可能是恐怖分子以此为名实施恐怖活动。恐怖分子必须使大多数人相信其目标是合理的，即使其方式并不合理。这不仅仅对恐怖分子将其恐怖行为合理化非常重要，而且对于其分裂普通民众及其政府与执法机构的关系，由此破坏反恐的努力也至关重要。如果政府可以赢得穆斯林社区的信任，恐怖分子就很难从道义上解释恐怖主义，也难以证明恐怖主义的目的就是为了解决国内及国外穆斯林所遭遇的不公正待遇。

其四，反恐警务与其他执法领域的警务一样要遵守"同意"（consent）原则。警察与安全部门如果没有社区的同意就不能采取行动，因为他们需要在错误行动或侵犯公民权利时得到社区的谅解。恐怖袭击是在没有警告前提下的大规模杀伤，这驱使警察必须提前介入，但如此一来犯错的可能性也增加了。如果没有穆斯林社区的信任和合作，就难以长期维持对恐怖袭击有效的反击。

从战略层面看，英国"社区参与型"反恐策略作为一项政策革新是成功的，但"预防"（prevent）策略的实施也存在一些不可忽视的弊端：第一，许多研究、包括政府本身的研究显示，许多穆斯林感觉到被排斥和拒绝，因为他们感受不到自己的价值或者参与其中。[1] 第二，地方政府的执行预防策略的效果有限。调查显示，地方政府与穆斯林社区的合作程度相当低，有三分之二的地方政府只将预防策略资金的20%

---

① J. Hari, "Why are we ignoring the far right terror threat?", *Independent*, 13 Oct. 2009.

用于那些可能成为暴力极端分子的危险分子，只有3%的资金用于那些已经证实是暴力极端分子的人。① 地方政府与目标群体的关系也很不好。所以许多地方政府会聘请外来顾问去评估社区的需求，而不是利用这个机会与当地社区建立良好的关系。② 第三，媒体对伊斯兰的负面报道也影响了伊斯兰社区参与的效果。大多数媒体对伊斯兰都是负面的报道，渲染伊斯兰恐惧症，夸大穆斯林对英国传统习俗的威胁，夸大伊斯兰与西方社会的隔阂。此外，穆斯林也感觉被反恐法律所歧视，穆斯林感觉反恐立法的很多方面都是不公平、不公正和歧视性的。穆斯林与非穆斯林相比，对警察的信任度更低。这些情况让人担忧，因为对政府缺乏信任会对穆斯林社区接受、支持和参与反恐措施产生负面影响。③

尽管如此，2005~2010年，"预防"策略仍然是西方国家广泛模仿的对象。丹麦、澳大利亚和加拿大建立相同的"反激进化"策略，德国和瑞典在各自的反恐政策中也包含了该策略的核心精神。美国一些地区也以此为鉴设计了以社区为基础的"马赛克式反激进化"模式（mosaic of engagement）。④

（二）美国"移民熔炉"背景下的"反激进化"策略

对于2004年、2005年陆续发生在西班牙和英国的大规模恐怖袭击事件，尤其是针对本土穆斯林的"激进化"问题，美国政府的反应不同于欧洲。美国当时的国土安全部部长迈克尔·切尔托夫（Michael Chertoff）提到应警惕"欧洲可能成为一个威胁美国的平台"。切尔托夫认为，欧洲的穆斯林被剥夺的权利越多，受到的歧视和排斥越多，其求助于恐怖主义的可能性就越大；而已经"完美"融入社会的、受过良好教育和具有良好经济实力的美国穆斯林不大可能袭击他们的家园——因为他们主要忙于追求自己的"美国梦"。这正是美国移民"大熔炉"

---

① Briggs et al. , *Bringing it home*, p. 15; B. Spalek, S. El Awa, L. McDonald and R. Lambert, *Police – Muslim engagement and partnership for the purposes of counterterrorism: an examination* (Birmingham: University of Birmingham, 2008).

② A. Kundnani, *Spooked: how not to prevent violent extremism* (London: Institute of Race Relations, 2009), p. 15.

③ Home Office Research, Information and Communications Unit, *Counterterror message testing: qualitative research report* (London: TSO, 2010), p. 1.

④ J. Githens – Mazer and R. Lambert, *Islamophobia and antiMuslim hate crime: a London case study* (Exeter: European Muslim Research Centre, 2010).

与"例外主义"的真实写照。美国"例外主义"这个概念是由亚历克西斯·德·托克维尔（Alexis de Tocqueville）在 19 世纪提出的，其认为美国的独特历史、地理位置、建立过程及自由民主价值观有别于世界上其他国家。基于"例外主义"理念，产生了一种普遍的假设，即美国受到的任何恐怖主义威胁皆来自美国之外，并且美国穆斯林对"激进主义"意识形态是具有"免疫性"的。2008 年的一份参议院报告指出，"相比于其他国家，'圣战激进化'不太可能发生在美国"。有学者把这些归因于"美国经历"独特文化的影响。认为在大多数情况下，美国多样化的穆斯林社区很好地融入了社会，并且也希望维护家庭安全与社区和平。"不同于欧洲的一些其他国家，美国长期以来吸收不同移民人口的传统保护减缓了美国国内'激进化'的进程。"①

美国的"大熔炉"意识对反恐政策产生了实际影响：直至 2009 年，美国政府根本没有考虑到本土"圣战"恐怖主义的威胁，因此聚焦于外来恐怖势力，将防控重心放在加强边境安全检查方面。正如博尔根和霍夫曼所说，"尽管'大熔炉'无疑让我们产生了本土恐怖主义不可能发生在美国的自满情绪，但是美国'大熔炉'并没有提供一个能防止美国公民'激进化'及防止恐怖组织招募新成员的防火墙"。他们进一步告诫，"顽固地将自己包装在这个虚假安全区内，使得美国错失向英国学习经验的五年时间"。②

在经历了 2009 年、2010 年大量激增的"圣战"恐怖袭击或恐怖阴谋之后，白宫于 2011 年提出了第一项"反激进化"策略。国家安全顾问丹尼斯·麦克唐纳在回应卑尔根和霍夫曼的批判时解释说："尽管在美国历史上有各种各样的暴力极端分子，但很长一段时间里，许多美国人认为独特的'熔炉'意味着我们可以免疫于这种威胁（穆斯林'激进化'）。那是虚假的期望和虚假的安慰，这种威胁是真实的并且是严

---

① United States Senate Committee on Homeland Security and Governmental Affairs, "Violent Islamic Extremism, the Internet, and the Homegrown Terrorist Threat," Majority and Minority Staff Report（May 2008）, 4.

② Peter Bergen and Bruce Hoffman, "Assessing the Terrorist Threat," Bipartisan Policy Center（September 10, 2010）.

重的。"① 更具体地说，"2009 年发生了 11 起'圣战'恐怖袭击、恐怖阴谋及奔赴'海外'参加恐怖培训，包括得克萨斯州的胡德堡（Fort Hood）枪击事件②，阿肯色州的小石城（Little Rock）枪击事件③，以及纽约地铁爆炸未遂事件④。"

与欧洲的政府官员、学者一样，美国的政策制定者与学者们也发现很难描述"激进分子"或"激进化"道路，因为即使是受过良好教育的、综合素质高的、富有的美国公民也可能变成"激进分子"。根据卑尔根和霍夫曼的观点，"激进分子"的唯一共同点是对其所在国家（本国或接纳他们的国家）的憎恨，并利用宗教信仰为其暴力行为开脱。⑤

美国"反激进化"策略是以社区警务为核心设计的。制定于 2011 年的《白宫反"激进主义"策略》为美国的"反激进化"提供了一个"三管齐下"的框架，并且在几个月后辅之以一项战略实施计划（Strategic Implementation Plan，SIP），题目为"授权地方合作伙伴预防美国的暴力极端主义"（Empowering Local Partners to Prevent Violent Extremism in United States），该战略强调政府部门只能与美国穆斯林社区合作，并且通过授权美国穆斯林社区来反击和阻止"激进化"，因为穆斯林最了解他们的孩子、家庭和邻居。⑥ 此项战略的重点包括：其一，以社区

---

① White House, Office of the Press Secretary, "Remarks of Denis McDonough, Deputy National Security Advisor to the President——As Prepared for Delivery," March 6, 2011.

② 胡德堡（Fort Hood）枪击事件是指美国陆军得克萨斯州胡德堡基地在 2009 年 11 月 6 日清晨发生的多起枪击事件，共造成 12 人死亡，31 人受伤，行凶者是穆斯林军医 Nidal Malik Hasan。

③ 2009 年 6 月 1 日，美国阿肯色州小石城一个征兵中心门前发生枪击案，时年 23 岁的阿卜杜拉基姆·穆贾希德·穆罕默德开枪打死 1 名新兵、打伤 1 名新兵后被捕。穆贾希德接受警方审讯时说，他对美军在伊拉克和阿富汗实施的军事行动感到愤怒。

④ 2009 年 9 月，美国联邦调查局和纽约警方联合挫败了一起恐怖分子企图对纽约发动系列恐怖袭击的图谋，并先后逮捕了 3 名嫌疑人，分别是 24 岁的纳吉布拉·扎齐，其 53 岁的父亲及 37 岁的艾哈迈德·瓦伊斯·阿夫扎利。扎齐在接受 FBI 的讯问时承认，自己曾于 2008 年接受过来自"基地"组织的武器，并在巴基斯坦参加过人体炸弹的训练。警方推测，恐怖分子试图制造数枚过氧化氢炸弹，然后通过背包将它们带入地铁和其他交通工具上同时引爆，制造类似于伦敦地铁爆炸案的恐怖袭击。

⑤ Peter Bergen and Bruce Hoffman, "Assessing the Terrorist Threat," Bipartisan Policy Center (September 10, 2010),31.

⑥ White House, *Empowering Local Partners to Prevent Violent Extremism in the United States* (August 2011).

为基础，形成自下而上的反暴力极端主义体系；其二，政府机构与执法部门中"反激进化"专家的参与；其三，加强"反激进化"宣传，特别是通过互联网和社交网站对美国理想"多元主义"和宗教自由进行宣传。绝大多数的美国联邦政府包括国土安全局（DHS）、司法部（DOJ）、联邦调查局（FBI）等都已经参与到"社区反恐"之中。①

三、"世俗主义"法国对"激进化"的态度

与英国不同，法国在移民问题上采取的是彻底世俗主义②的共和模式。共和模式要求所有外来移民放弃自己原来的语言、文化和宗教，接受共和国同化，从而成为法国公民。因此长期以来，法国政府对待穆斯林族群的基本原则是力图使伊斯兰教成为"法国伊斯兰教"（Islam of France），而不是"在法国的伊斯兰教"（Islam in France），促使伊斯兰教本土化，使其置于共和制度之下，消除其传统思想。法国政府反对英国的"多元文化模式"，认为这会导致民族统一的分崩离析。③ 法国共和模式的基石是以政教分离原则为核心的世俗主义，它建立在三种不可分离的价值观之上——信仰自由、精神与宗教选择权的平等和政治权力的中立，法国社会的世俗化主要指每个公民有信或不信上帝的自由，以及公共领域的非宗教性质，将宗教视为纯粹的私人事务，完全排斥在公共领域之外。1905年通过的《政教分离法》明确规定在学校等所有的公立机构排斥任何宗教标志和言论，以维护共和原则。④

2004年，法国国民会议决定公立学校校内禁止佩戴大十字架、犹太人的帽子、穆斯林的头巾等"明显的"宗教标志性服饰或配饰。《反头巾法》看起来是针对所有宗教的，但事实上法律通过之前的辩论及多数情况下法律实施的具体针对对象更关注于穆斯林女学生的头巾，因

---

① Homeland Security Advisory Council, "Countering Violent Extremism（CVE）Working Group,"（Spring 2010），http://www.dhs.gov/xlibrary/assets/hsac_cve_working_group_recommen-dations.pdf.

② 乔治·雅各布·霍利约克（George Jacob Holyoake，1817年—1906年），英国作家，创造了"secularism"（世俗主义）这个单词。世俗主义是一种在社会生活和政治活动中摆脱宗教控制的主张，俗称政教分离。

③ 黄海波：《合力与平衡：略论英法两国国内穆斯林政策的调整》，载《新疆社会科学》2013年第6期。

④ 张金岭：《当代法国社会的信仰多元及其价值冲突》，载《思想战线》2010年第5期。

而长期以来这项法律都备受争议。

有学者认为《反头巾法》揭露了法国世俗主义（政教分离原则）的脆弱性。1905 年的《政教分离法》是雅各宾用来清除天主教在政治上的影响力。该法的推行使其他宗教团体和非宗教人士终于得到了融入共和国社会的法律途径。因而 1905 年《政教分离法》属于政教分离的包容性表现。相比之下，2004 年《反头巾法》出现在完全不同的社会背景下："9·11"事件以后的全球伊斯兰恐惧症和法国殖民地的移民问题。它的目的是根据种族和性别从法国社会排除人口，因此"头巾方案"不是用来拯救法国世俗主义，而是用民族族裔融合的借口拒绝社会的多元化。[①]

不同于"9·11"这种由外来恐怖分子袭击的事件，2004 年西班牙马德里"3·11"连环爆炸案及 2005 年英国伦敦"7·7"地铁爆炸案分别由西班牙和英国的本土移民后裔实施。这两起骇人听闻的恐怖袭击促使欧洲一些国家陆续推出了"反激进化"策略，这些策略既包括上述各种借助刑事司法体系的"硬性"措施，也包括利用社区或社会力量实现的各种"软性"措施。

但这一时期法国并没有任何"反激进化"的举动，或者可以说当时的法国认为其没有"反激进化"的必要。如前所述，法国穆斯林移民人口众多，但始终无法融入主流社会，而且其社会地位、经济条件一直处于下游水平。法国政府执行彻底的"世俗主义"，实际上对穆斯林的宗教信仰存在一定程度的歧视（如《反头巾法》）。在国际恐怖组织鼓吹"圣战"思想的蛊惑下，越来越多的法国本土穆斯林出现"圣战激进化"倾向或直接远赴中东地区加入"圣战"。但本土"激进分子"悄无声息地滋长并没有引起法国政府的重视，因为在 2012 年之前，法国遭受的恐怖袭击都是由外来恐怖分子（主要来自中东和北非恐怖势力）实施的，而 2012 年 3 月穆罕默德·梅拉赫在法国南部的系列枪杀案及 2014 年 5 月迈赫迪·纳姆什在比利时犹太博物馆的枪杀案，都是自称效忠"基地"组织的法国本土穆斯林后裔实施的。在连续遭遇两次本土"激进分子"的恐怖袭击之后，法国政府才开始意识到"反激

---

① 尤虎：《头巾法案以及世俗主义跟伊斯兰教的关系》，载普世社会科学研究网，http://www.pacilution.com/ShowArticle.asp? ArticleID = 6077.

进化"的重要性。

事实上，2014 年之前，法国政府并不认为"激进化"是应该加以处理或者需要采取特殊干预措施的现象。这大概要归因于法国对"世俗主义"的理解，以及其已经形成并发展成熟的反恐刑事司法体系。首先法国的"世俗主义"不允许在公共领域出现宗教，换言之，"对于法国反恐官员来说，与伊玛目和社区宗教机构建立正式合作关系是不可能的事情，就如同地方警察协会与清真寺或穆斯林警察协会进行合作一样不具可能性"。法国政府不区分种族或宗教团体，因为只能有一个"法国"社区。

另外，法国政府构建了稳固与强硬的反恐刑事司法体系，足以迅速逮捕和起诉涉及恐怖主义的犯罪嫌疑人。法国当局不会将"激进化"作为恐怖主义演变的一个过程，"激进化"本身就可能触犯法律。① 因此，那些被国外恐怖组织招募的或者已经从国外"圣战"战场返回的"激进分子"都会处于反恐当局的监视之下，或者已被逮捕、受审或服刑。一些学者认为，法国政府在回避关于"恐怖主义或政治暴力发生的社会政治条件"的争论，但即便如此，法国已经将自己陷入了"Catch－22"② 的境地——虽然恐怖犯罪定罪率很高，并且再次定罪的概率也相当大，几乎 60% 的罪犯在被释放 5 年内会重返监狱，但服刑的平均时间仅仅为 7 年。这就意味着有相当数量的"圣战"囚犯一直存在，他们中的许多人可能参与了劝说和煽动其他人。③

"9·11"事件后法国政府继续调整了反恐机构、反恐情报与刑事司法体系，进一步提高反恐情报的搜集，加强跨部门的合作及信息共享的能力。因为法国已经有一个非常有效的反恐机构，反恐预审法官专门调查和起诉"圣战"恐怖分子，所以这些改革都更加引人注目。在"9·11"袭击事件后的十年里，法国总共通过了五部国内安全法，旨

---

① 如前一章"法国的反恐法律与反恐机构"所述，法国法律规定"具有恐怖主义意图也构成犯罪"。

② 源自著名小说《第二十二条军规》。Catch－22 已作为一个独立的单词，使用频率极高。用来形容任何自相矛盾、不合逻辑的规定或条件所造成的无法摆脱的困境、难以逾越的障碍，表示人们处于左右为难的境地，或者是一件事陷入了死循环，或者跌进逻辑陷阱等。

③ Jean－Luc Marret, "Prison De－Radicalization and Disengagement: The French Case," *IC-SR Project on Deradicalization in Jail* (October 20, 2009), 21.

在加强预防恐怖主义的能力及对恐怖分子的监控。2012 年穆罕默德·梅拉赫袭击案、2014 年迈赫迪·纳姆什袭击案及 2015 年"查理周刊"袭击案又促成了另外三部反恐法案的颁布。其中，2012 年与 2014 年反恐法案主要针对归国"圣战"分子。据统计，法国是西方国家中拥有从叙利亚和伊拉克归国的"圣战"分子人数最多的国家，2012 年至 2015 年，至少有 800 名法国人前往叙利亚和伊拉克。

此外，2012 年反恐法案增加了对以书面、口头、图形方式煽动或赞颂恐怖主义的处罚；访问军事或意识形态训练营，在国外实施恐怖行为也构成犯罪。与此相似，2014 年反恐法案引入了新的打击措施，也就是寻求预防、打击和惩罚归国"圣战"分子、"独狼"和网络招募。具体来说，如果有"可靠的理由"相信法国公民会加入恐怖组织或参与恐怖主义活动，法律授权的反恐部门就可以没收他们的护照和身份证；反恐部门无须通过司法许可即可关闭煽动或颂扬恐怖主义的网站；"独狼"恐怖犯罪会被起诉；针对"独狼"和在线招募恐怖分子也作出了专门规定：搜寻、获取和制造用于恐怖活动的物质也是犯罪行为。后面两条规定显示出法国反恐对象不仅包括"激进化"行为，也包括"激进化"意识。

"查理周刊"袭击案发生后法国政府推出了类似的安全防卫策略，从经费、人力资源、监控权力等方面加强反恐。法国总理曼努埃尔·瓦尔斯（Manuel Valls）指出，2015 年法国的反恐资金将会增加 2.46 亿欧元，到 2017 年总共增加 7.36 亿欧元，总共创设 2680 个职位，其中 1400 个在内政部，主要在国内情报机构任职。[①] 2015 年 5 月实施的立法改革中，法国议会通过一项新的情报搜集（包括窃听、击键记录、互联网和电话连接数据）行政法案。[②] 该法案也对监狱中的情报收集作出规定：情报部门负责对监狱通信的监控和监狱情报的搜集，监狱管理部门不再具有以上职权。2015 年 4 月公布的一项为期三年的全国性计划显示出法国政府对打击"激进化"意识形态的努力：种族主义和反犹太主义行为、仇恨言论，以及在互联网上的"激进化"言论也被视

---

① David Revault d'Allonnes; Bastien Bonnefous, "Valls annonce la création de 2680 postes pour lutter contre le terrorisme," *Le Monde*, January 23, 2015.

② Mathilde Siraud, "Le projet de loi sur le renseignement adopté à une large majorité," *Le Figaro*, May 5, 2015.

为犯罪，并导致更加严厉的徒刑。①

四、"查理周刊" 袭击案后法国的 "反激进化" 策略

(一)"反激进化" 的怀柔策略

2015 年 1 月，法国政府宣称使用了一些措施来阻止、预防 "圣战激进化"，尤其是监狱内的 "激进化"。很显然，正如上文所提到的，法国不仅没有将意识形态上的 "激进化" 视作应当单独处理的现象，而且也一直没有考虑使用 "柔性" 策略的想法。2013 年，《国防与国家安全白皮书》引用了 "发达政府在与激进主义的战斗中掌握主动权的必要性"② 的说法，以及此后法国外交部部长让 - 马克·艾罗（Jean - Marc Ayrault） 号召对 "预防激进主义现象" 展开讨论③之后，法国对 "激进主义" 才开始采用怀柔策略。内政部于 2014 年春天提出了 "与激进主义战斗" 的计划。该计划旨在摧毁恐怖分子的招募网络，防止法国公民加入叙利亚战争。尽管有人怀疑此项计划只是政府为了回应公众对不断增长的 "圣战" 分子人数的不满而作出的一种敷衍策略；但更多的人相信是 2012 年穆罕默德·梅拉赫袭击事件引发了政策的转变。尽管如此，法国 2014 年的 "反激进化" 计划仍然具有重要意义，因为这是法国政府首次在全国范围内实施的，通过柔性策略来处理 "激进化" 及向暴力转变的过程。与其他柔性 "反激进化" 策略占主导地位的欧洲国家一样，法国的计划为那些 "危险" 个体建立了一个全新的、全国范围的电话热线和网站，他们的家人或者社区成员能够通过拨打热线来寻求建议，通过门户网站上传文章，通知当局，而且还能利用当地各部门或组织提供的跟踪援助项目。提供援助的主体包括检察官、市长、警察、学校、宗教领袖、家族基金会、青年就业服务部门，其作用是使那些 "危险" 个体（尤其是容易 "激进化" 的青少年）重塑（re-integration） 之后重新融入社会。

---

① Alissa Rubin and Aurelien Breeden, "France Announces Stronger Fight Against Racism and Anti - Semitism," *New York Times*, April 17, 2015.

② Livre blanc, *Défense et la Sécurité Nationale* (Paris: Direction de l'information légale et administrative, 2013), 104.

③ "Terrorisme: Ayrault demande 'une réflexion sur les phénomènes de radicalization'," *Les Echo*, October 4, 2013.

法国的热线电话依然以国家安全为导向，这一点受到质疑，尤其是与其邻国德国的情况相比。在德国，由联邦移民与难民事务办公室（Federal Office for Migration and Refugee Affairs，BAMF）资助的政府与私人合作的咨询网络非常成功地影响了许多"目标家庭"，而且有效替代了由联邦国内情报机构设立的 HATIF 电话热线（HATIF 被认为与穆斯林社区的联系比较糟糕）。HATIF 电话热线是旨在针对个体"去激进化"的项目，而 BAMF 咨询网络则是针对"激进个人"家庭展开的项目。BAMF 运转的极端化咨询中心首先会接触那些需要"帮助"的个人，提出建议并进行初级审查，然后大概有四分之一的"案件"会移交到地方机构提供专业咨询。家庭层面的干预措施旨在通过建立反叙事性的、破除习惯行为和提供情感支持的体系对思想、实践、情感造成冲击和支持。

在法国，下设内政部的"国家援助与预防激进主义中心"（Centre National d'Assistance et de Prévention de la Radicalisation，CNAPR）有 10 个工作人员，接受了反恐协调单位 UCLAT（Unité de Coordination de la Lutte AntiTerroriste）伊斯兰专家的训练。UCLAT 同样也有热线，是富有经验的预备役国家警察，在两名在职警察和一位心理学家的帮助下负责信息筛选和分析。UCLAT 的局长 Loic Garnier 在被问到有关针对激进分子的安全措施时强调，选择如上人员作为热线工作人员并不是因为他们警察的身份，而是因为他们有多年的工作和生活经验，他们有善于"倾听他人并敏锐发现他人情感的能力"。有趣的是，备受期待的 2015 年 6 月的国家议会委员会中关于激进主义的报告称"国家援助与预防激进主义中心"是一个重大突破，因为它可以管理"激进分子"的身边人员，辨别可疑情况，然后要求执法当局采取进一步行动。①

（二）反狱内"激进化"策略

在"查理周刊"袭击事件发生后，法国政府开始将注意力放在监狱内"激进化"问题上。聚焦监狱并非一个意外：从 2012 年的"独狼"穆罕默德·梅拉赫，到 2015 年袭击《查理周刊》的谢里夫·库阿奇（Cherif Kouachi）和阿梅迪·库利巴里（Amedy Coulibaly）的"激

---

① Marion Garreau, "Un numéro vert contre la radicalisation djihadiste," *Le Monde*, February 12, 2015.

进化"发展轨迹来看，这些恐怖分子都因其监狱服刑的经历受到重要影响。谢里夫·库阿奇在 Fleury - Merogis 监狱遇见了阿梅迪·库利巴里。当阿梅迪·库利巴里因抢劫和运输毒品被判刑后，在监狱中变成了激进分子。谢里夫·库阿奇因为试图前往伊拉克恐怖分子营地而在监狱服刑，在此期间他的"圣战"信仰明显变得更加坚定。穆罕默德·梅拉赫在 2012 年的一周时间内射杀了 7 人，他也同样是在狱中变成激进分子的。

法国总理 Valls 宣称为了更加有效地反对狱内"激进化"，那些被认为是激进分子的囚犯将与普通囚犯分开，并集中于一个特殊监狱中服刑。将"激进化"囚犯与普通囚犯分别囚禁在之前的特别拘留程序中（Détenu Particulièrement Signalé，DPS）就已经实施过，只是其仅仅针对个人。① 2014 年 11 月，Fresnes 监狱（马恩河谷省）开始试点集中关押 23 名"激进化"囚犯。然后，又指定另外 4 所监狱专门关押"激进化"囚犯，并派遣 55 名情报官员加入这些监狱。于 2003 年建立的"监狱情报办公室"（Bureau du Renseignement Penitentiaire）旨在保持对囚犯行为的关注和观察，并调查和控制那些表现出与监狱主流形态不符的囚犯。2012 年，穆罕默德·梅拉赫袭击事件后，监狱管理部门向负责搜集国内情报的"国内情报总局"分享了梅拉赫在监狱内"激进化"的情报，由此引发了一系列的改革。"国内情报总局"开始对监狱工作人员进行有关"伊斯兰激进主义"新问题的训练。2015 年 1 月 5 日后，监狱管理部门的官员需要向"反恐协作单位 UCLAT"汇报详细工作，并参与每周的例会。②

法国政府隔离"激进化"囚犯的决定一直饱受批评，因为具有导致"监狱大学（prison universities）"的风险。"志同道合"的人处于同一空间会扩大"激进化"群体，并使他们有机会去讨论其想法、策略、战术和最佳实践方式。正如 Khosrokhavar 所警告的那样，将极端分子和普通囚犯分开，也许能预防极端分子影响普通囚犯，但是如此一来，极

① "Fight against terrorism – Handling of the terrorist attacks of 7 – 9 January 2015 – Communiqué issued following the Council of Ministers´meeting（excerpts），" January 13, 2015.

② Ministère de la Justice, "Lutte contre la radicalisation en prison：Les actions mises en place," January 12, 2015.

端分子间的联系就更加紧密了，他们同样可能间接影响到普通囚犯。而且，轻微刑事案件的罪犯也可能是极端分子，即使他们并没有因为恐怖主义受到指控，但目前的分离关押政策主要针对的是那些因为恐怖主义受到指控的罪犯。① 法国时任司法部部长克里斯蒂娜·陶比拉（Christine Taubira）坚持要将"激进化"囚犯之间再度实施单独个人关押政策，但这会带来实践操作上的挑战。众所周知，贾马尔·本贾尔②（Djamel Beghal）因为密谋袭击美国驻巴黎大使馆而被判处 10 年监禁，他在"查理周刊"袭击者的监狱"激进化"过程中扮演了重要的角色。虽然贾马尔·本贾尔被独自关押，但在 2003 年至 2006 年，他与谢里夫·库阿奇和阿梅迪·库利巴里却保持着联系。有学者警告说监狱隔离关押只能作为最后诉诸的不得已手段，而且应仅适用于"激进化"程度最高的囚犯，尤其是考虑到近年法国从海外归来的"圣战"战士数量不断增加。不过，并非所有的归国"战士"都转变成了坚定的"圣战"分子，相反有些十来岁的青少年也会因此而梦想幻灭或精神受创。③ 国家议会委员会第一次将归国"战士"划分为三类：第一类，坚定的"圣战"分子，需要采取司法措施和监禁；第二类，梦想幻灭、感到沮丧，但未实施任何犯罪的人，需要再教化并使其重新振作；第三类，因暴力和战争产生精神创伤的人，需要加以心理治疗。④

该报告还区分了监狱内对不同囚犯的不同对待方式：对有"激进化"倾向的囚犯，应将其隔离以防止其"进一步招募新人和向其他囚犯宣传激进主义思想"；对那些没有"激进化"倾向的囚犯，应将其划分到"反激进化"效果好的普通区域；对那些具有潜在"激进化"倾向的囚犯，则可以纳入普通区域，但是应受到情报部门的专门监视。然而，这项政策仍存在一个问题，即当囚犯表现出"激进化"的信号时，

---

① Cécile Chambraud, "En regroupant les radicaux, on renforce leurs liens," *Le Monde*, January 13, 2015.

② 袭击《查理周刊》的两名枪手之一谢里夫·库阿奇（Cherif Kouachi），据称是在监狱服刑期间被伊斯兰主义狱友 Djamel Beghal 灌输激进理念的，后者曾在 2001 年策划要炸巴黎的美国大使馆。谢里夫·库阿奇打死一名女警察以及后来又在一家犹太超市打死四人的阿梅迪·库利巴里（Amedy Coulibaly），曾到奥弗涅的农村地区拜访软禁中的 Beghal。

③ Daniel Byman and Jeremy Shapiro, "Be Afraid. Be a Little Afraid," *Brookings Policy Paper* (November 2014), 26–27.

④ Parliament Report, 34.

是仍将其关押在原来的地方还是应该将其隔离开来。报告展示了 Fresnes 监狱试点项目的教训，该监狱的一个特殊区域关押着那些因恐怖主义行为被定罪服刑的囚犯及那些仅被指控但尚未定罪的嫌疑人。Fresnes 监狱的试点项目旨在改变这些囚犯或嫌疑人的宗教信仰，议会委员会的这份报告也承认"Fresnes 监狱模式必须要再度思考和改进，尤其是在混合关押未决犯与服刑犯，监狱工作人员的培训及'反激进化'项目匮乏方面"。①

尽管法国政府在"查理周刊"袭击事件后决定隔离"激进化"囚犯，并命令情报机构密切关注狱内动向，以对"激进化"展开全面的安全措施，但政府的一项动议尤为引人关注。法国总理 Valls 提道："应在招募和训练伊玛目的前提下，手把手地实施狱内隔离政策。不仅要提升监狱内伊玛目的培训，而且要将人数增加到 60 名"。② 此项计划旨在预防"第一场所"中"圣战"病毒的扩散，这对监狱伊玛目而言也是一个巨大的挑战，因此，需要那些可以理解社交媒体的、愿意并善于展开政治辩论的伊玛目。对监狱伊玛目的关注反映出法国政府在反"激进化"斗争中运用更多的柔性策略，这是法国反恐引人注目的转变。

法国 66761 名监狱囚犯中至少有 50% 是穆斯林，2014 年监狱内一共有 182 名伊玛目、68 名天主教和 70 名犹太牧师。穆斯林领拜人的缺失被认为给那些自己任命的或"自学成材"的伊玛目和"激进化"观念提供了空间。2009～2010 年，法国政府的确增加了监狱伊玛目的数量，并且建立了新的诊疗和训练项目，以确保伊玛目的教育理念与法国的价值观念相匹配，这些"法国制造"的伊玛目，被视为是宣传温和伊斯兰教义的最好途径。在 2012 年穆罕默德·梅拉赫和 2014 年迈赫迪·纳姆什袭击事件发生后，监狱伊玛目的作用同样受到审视和讨论。2012 年至 2013 年间，伊玛目的数量增加了 30 人，但监狱伊玛目的地位并未得到提升，也不够专业化，事实上他们的整体水平正在逐渐下

---

① Parliament Report, 47.

② Harriet Alexander, "What's going wrong in France's prisons?" *The Telegraph*, January 17, 2015.

降。① 2014 年 6 月，法国首席监狱伊玛目 Hassan el – Anoui Talibi 呼吁为监狱牧师争取类似于军医或军队牧师那样的正式职位。目前，法国政府仅仅支付了监狱伊玛目的差旅费用，而且就算对监狱伊玛目的预算投入翻倍，也仍然无法解决其年薪、退休金和健康医疗费的问题。虽然监狱的天主教牧师也不享有如上经济来源，但他们可以通过负责培训的天主教会获得经济援助。寻找一个有资格的、温和的伊玛目不仅仅存在经济上的挑战，而且，当伊斯兰教的精神领袖并不需要进行一种标准化的教育时，确认伊玛目的资格也成了一个棘手的问题。监狱伊玛目是志愿者，但是并不接受任何"军队中既存的，由专业机构提供"的强制训练。增加合格的监狱伊玛目的数量被认为是反监狱"激进化"必不可少的步骤，而且需要整合各部门的工作，需要运用跨行业方法。"监狱调查与监督激进分子项目"主管 Ouisa Kies 认为，除非在各个监狱管理部门中建立起由各种专家（如监狱顾问和缓刑官、情报官员、学校教师、医生、心理医生等）紧密合作的体系，否则将无法抵挡"激进化"的新态势。基于法国"世俗主义"这一特性，建立这种跨行业的合作体系成为预防狱内"极端化"的当务之急。但具有讽刺意味的是，穆斯林领拜人（伊玛目）却是监狱管理部门最重要的合作者，根据 Ouisa Kies 的观点，"难以想象一个世俗国家只能通过宗教方式来解决一个社会问题。"②

五、法国特色的"反激进化"方式——与美国相比较

上文曾提到，相比实施"多元文化"的英国，法国的"反激进化"策略与美国更加相似。尽管作为两个西方民主国家，法国和美国的政治体系与文化传统却存在重大差别。美国的分权制与联邦制旨在限制总统的行政权力，而法国的半总统制，则将权力集中在法国总统和巴黎政府手中。虽然法国的反恐制度为许多美国学者或政策制定者所研究和褒扬，但也不乏一些告诫：多数法国策略以美国的法律标准来看并不可行或是不能够被接受，如"赋予国内安全机关及反恐预审法官过大的权力，以至于他们手上掌握了预防、调查和惩罚的综合权力"。

---

① Ministère de la Justice, "Lutte contre la radicalisation en prison. "
② Kies, "Privilégions le travail social!"

不过，法国与美国的"反激进化"策略更多的是相似之处是两个国家都很晚才开始"反激进主义"。尽管具体原因各有不同，但是两国对"激进主义"观念的转变都是受到日益增长的"圣战"分子的暴力行径的刺激而产生的。2009 年纽约地铁爆炸阴谋促使奥巴马政府政策的改变，法国奥朗德政府则是在 2012 年穆罕默德·梅拉赫袭击发生后，在归国"圣战"不断增加的背景下开始重视"激进化"问题。尤其明显的是，两个国家都采用了以国家安全为中心导向的模式来对抗"激进化"。其强调镇压与司法措施的运用，借由强有力的预防性反恐工具和实质性法律条款支撑而生效。无论法国还是美国都没有"重塑"（reintegrate）那些被拘留或起诉的，或者处于监视和逮捕之下的归国的"战士"。在美国，柔性"反激进化"或"去极端化"策略仍然不受重视，尽管柔性策略研究和社区参与的方式也受到一些关注，但仍然是模糊的、暂时的、零散的。柔性策略在法国依旧遭到排斥，监狱伊玛目的数量还是很少，其地位也并未改变，而且反恐协调单位 UCLAT 接手了国家电话帮助热线①。总之，在法国和美国，虽然柔性"反激进化"或"去激进化"策略使用的数量与范围在缓慢增长，但仍然处于非主导地位。

　　美国和法国"反激进化"的方式也存在差别。法国方式更加深入，因为法国有国家电话帮助热线，其从草根阶层开始展开"反激进化"和预防"极端化"。在法国，有更多跨行业的非安全导向型政府部门（non – security oriented government agencies）的参与；而在美国，尽管一致在讨论除执法机构以外其他政府部门的参与，但实际上仍主要由执法机构实施，基于暴力极端主义涉及暴力犯罪需要执法机构干预的理由。美国暂停了短暂实施的国家计划，强调应与地方社区建立起信任、合作、支持的关系，以帮助社区对抗"极端化"，但实践中并没有一个具体的、全国范围内的"去极端化"或预防性的干预机制（除非针对已经向暴力极端化转变的个人）。② 近年来，美国开始尝试在地方层面展开"去极端化"策略（如明尼苏达州）。

---

　　① Reuel Marc Gerecht and Gary Schmitt, "France: Europe's Counterterrorist Powerhouse,"*American Enterprise Institute*, *European Outlook* No. 3 (November 2007), 2.

　　② Adam Goldman, "An American Family Saved their Son from Joining the Islamic State: Now He Might Go to Prison," *Washington Post*, September 6, 2015.

另外，法国对"激进主义"的认知与美国有很大的不同。法国通过了大量的法律来处理激进的言论、演讲和思想。但这在美国是不可思议的，因为美国宪法保护公民的言论自由，所以美国政府主要关注的是暴力活动、暴力行为并利用联邦调查局的卧底加以煽动。美国"反激进化"的官方术语——"反对暴力极端主义"，就是其关注暴力行为的典型体现。不同于法国和其他欧洲国家，美国政府不会试图反"激进主义"，取而代之的是反"暴力极端主义"，关注之处在于非法的行为而不是激进的思想。

美国对抗"极端化"战略中术语的表达方式与不加干涉的特点是多种因素综合的结果。白宫"反暴力极端主义策略"中明确提道："美国的社会结构持续不断地将那些来自各种背景和生活方式的移民编织在一起"，[1] 这种意识形态上的争论是导致没有发生"圣战激进化"的根本原因。根据 Pandith 的观点，美国政府一直在努力发动一场"意识形态上的战争"，并且一直忽略了可以起到重要作用的"软策略"。[2] 在一个融合各个人种、种族、宗教的移民国家，其文化具有高度的敏感性，很难孤立某类特殊群体或社会的某个组成部分。事实上，美国国内批评媒体和国会夸大了对"圣战"暴力极端主义的关注，因为自"9·11"事件后右翼恐怖分子在美国杀害的人数要远远高于"圣战"分子。由于"圣战激进化"通常与特殊的宗教联系在一起，所以会进一步引发政府应如何参与其中的问题。美国版本的世俗主义、政教分离的概念禁止政府干涉任何宗教事务。

当然，法国对世俗主义的解释也影响了法国"反圣战激进化"的方法。世俗主义（政教分离）禁止宗教涉及公共领域，也禁止宗教事务影响政策的制定，因而在"反激进化"领域需要一种跨行业的方式（即使见效很慢）。同时，恪守法国共和主义世俗理念，使得选择其他"反激进化"方式也富有挑战性。近期一位法国政府前官员的报告强调：需要温和的穆斯林精英，尤其是宗教领域的精英共同致力于政府的

---

① White House Strategy, 1.

② Farah Pandith, "The Rise of Radicalization: Is the U.S. Government Failing to Counter International and Domestic Terrorism?" Hearing before the U.S. House of Representatives Committee on Homeland Security, July 15, 2015.

"反激进化"事业——帮助穆斯林社区不会被"玷污"。这份报告进一步批评了管理宗教的政府部门，仍然秉持内政部以安全为导向的理念，以至于与政府一起工作的穆斯林代表被穆斯林社区认为是政府的"副警长"。因此，报告总结到：各个行政部门都倾向于以安全导向型方式回应恐怖分子的"宣言"。① 然而，意识形态领域的争论还是逐渐显露出来。尽管法国多年来都在积极提升共和国价值理念（世俗主义），但是近年也展开了一些关于意识形态交流和战争理念的活动。政府建立了一个名叫"阻止圣战主义"的网站，用来向"脆弱"个体的家庭或亲属提供对抗"圣战"意识的方法和主意。该网站平台会公布相关文件和视频宣传反"圣战主义"，从而预防国外恐怖组织通过在线方式招募本土"战士"。尽管该网站自 2015 年 1 月建立至今访问量已经超过 200 万次，其效果如何不得而知，但至少"这不是针对圣战主义媒体的唯一回应，因为我们已经听到了国家努力的声音"②。因此，国会委员会的报告提道："为了更有效率，必须由与年轻人有联系的协会或受人尊重的公众人物来引导'对话'。"委员会呼吁创设一个非政府性的基金会，制作受害者及其家庭、前极端分子、宗教领袖或知名公众人物的视频作为网站的部分内容。根据委员会的观点，他们应该运用更加中肯的、新奇的和直接的语言，对话中需加入宗教。"宗教不应作为世俗化的忌讳或禁忌。我们需要对社会观念和价值观念展开讨论，反'圣战主义'也需要神学方面问题的讨论。"③

令人更加瞩目的是，2015 年 9 月法国政府宣称在阿尔萨斯地区（Alsace）开始一项"反激进化"的试点项目。该项目受到司法监督，并试图重塑（reintegrate）那些因伊斯兰激进主义犯罪（不涉及恐怖主义犯罪）而被定罪的人。重塑过程会由"心理学家、教育学家和社会工作者"负责，包括恢复社会联系和意识形态方面的讨论，但不涉及宗教信仰方面的问题，因为"宗教问题"不被认为是"激进化"现象的核心问题。④ 根据国会委员会的说法，"反激进化"中心的目标是树

---

① Soren Seelow, "Le discours djihadiste, un kit de solutions", *Le Monde*, March 26, 2015.

② Pietrasanta Report, 56.

③ Pietrasanta Report, 57.

④ "French Court Debuts De-Radicalization Program," *RFI*, September 9, 2015.

立与共和国价值匹配的宗教观念，陪伴和帮助"激进分子"重新融入社会，允许他们展开个人的职业项目。同样，电话热线中心也没有涉及宗教信仰方面的帮助。

正如地方行政长官 Pierre N' Gahanes 所说："激进化现象跟宗教没有关系。所有的事情都充满了失败感，与周围环境格格不入，丧失个人存在的意义，是这些原因造成了他们成为激进分子。在这些既存的危机中，他们可能会依靠任何东西——狂热的信仰，自杀，军队或者毒品。"圣战主义"言论的力量在于给出了答案……我们的任务则是向他们提供另外一种解决方法。"①

总之，法国和美国的"反激进化"策略尤其是"反激进化"项目不仅开展的时间较短，而且在面临前所未有的威胁时也进行了必要的调整。法国国会委员会开始将工作重心放到那些从叙利亚返回的"战士"（2012~2015 年离开法国到叙利亚加入对抗阿萨德政权的战争之中）的转变之上。在 2015 年 5 月美国得克萨斯州嘉伦市（Garland）及 2015 年 6 月田纳西州查塔诺加市（Chattanooga）枪击事件发生之前，美国国土安全委员会的众议员在 2015 年每个月都会进行一次有关暴力极端主义与归国"圣战"战士的听证会。而法国则在 2014 年迈赫迪·纳姆什枪击事件发生之后首次对"圣战极端化"加以回应，并在 2015 年 1 月的"查理周刊"袭击事件，2015 年 6 月伊泽尔（Isère）化工厂的爆炸袭击②及同年 8 月法国一辆通勤列车上的恐怖袭击阴谋发生之后加强了"反激进化"措施。法国国会委员会呼吁仅仅依靠镇压措施不足以抵抗宗教"极端化"的威胁，并提出了 37 项具体的"反激进化"软性措施。报告还强调，法国目前面临着前所未有的威胁——任何人、任何时间、任何地点都可能遭到袭击，情报部门与反恐刑事司法系统在第一时间给予强有力的回击是至关重要的，但是我们面临的不仅仅是一个安全问题，还是一个社会挑战，解决方案应该是"全盘性"的、长期的。③

---

① Soren Seelow, "Le discours djihadiste, un kit de solutions", *Le Monde*, March 26, 2015.

② 2015 年 6 月 26 日，法国东南部伊泽尔省（Isère）Saint - Quentin - Fallavier 发生一起血案。35 岁的犯罪嫌疑人沙里（Yassin Salhi）驾车闯入美国气体制品公司工厂（Air Products），冲撞厂区内的多个煤气瓶，引发爆炸和大火。警方在工厂附近发现一具被斩首者的尸体及宗教旗帜，另有 2 人受伤。

③ Pietrasanta Report, 61.

第八章　法国反恐法律与反恐机构研究

　　法国制定和采用专门的反恐法律已经有几十年的历史了。从20世纪70年代起，法国开始面临本国的左翼恐怖势力（"直接行动"）及分裂主义恐怖势力（科西嘉岛和巴斯克地区）。到了八九十年代，来自中东和北非地区的恐怖袭击愈演愈烈，特别是由于阿尔及利亚内战，来自该国的恐怖组织GIA的频繁袭击致使首都巴黎处于一种空前的恐惧氛围之中。因此，早在1986年，法国立法者就制定和采取了专门的反恐立法。为了应对如幽灵般随时出现的恐怖袭击及新的恐怖势力出现，法国政府一直在致力于及时强化、改进和拓展本国的反恐政策和反恐立法。

　　法国前总理多米尼克·德维尔潘在"查理周刊"恐怖袭击发生之后说道：法国面临的第二个敌人是"恐惧"。人们为了避免不可预见的、无所不在的和突如其来的暴力侵害所期望的那种绝对安全其实是不存在的。过去的经验告诉我们，恐怖主义袭击，不论是在国内还是国外，都会使一些人放弃民主价值而只关心自己的安全，甚至不惜牺牲他人的自由。在美国，由十几年前通过的《爱国者法案》所强化的那种螺旋式的怀疑，以及持久地将酷刑或非法拘禁合法化，导致现如今的美国已经失去了道德导向。我们还看到，长期的内战曾使阿尔及利亚多年处于黑暗之中。事实是，有越来越多的国家惧怕恐怖主义，它们正在把自己封闭起来，从而逐渐丢弃了民主价值。[1]

　　的确，法国立法者从一开始就试图在继续保证个人和公共自由的同时，又能够平衡有效地应对恐怖主义带来的特殊执法挑战的强有力立法。基于这种"小心翼翼"的平衡方法，法国已经设法避免采用特殊

---

　　① ［法］多米尼克·德维尔潘：《对恐怖主义、恐惧和社会分裂说"不"》，王倩、彭翠岩译，载《中国经济报告》2015年第2期，第10~11页。

法案，反而把反恐法律条文放入本国刑法"普通"规定的责任范围内。这也解释了为什么法国不像其他欧洲国家那样在"9·11"事件后不需要从头开始改革立法，而只是在极少数情况下加强或扩展已经包含在现有立法的相关规定即可。[①]

一、法国对"恐怖主义"的法律定义

对于"恐怖主义"的法律规定，法国立法机关并没有制定一条单独的、专门的"恐怖主义"罪名，而是在已存在于法国刑法中的各种罪行（如谋杀、绑架、敲诈勒索等）的基础上加上例外规则，即上述犯罪分子只有在特定背景中，并持有特定意图的条件下才构成"恐怖分子"。严格地讲，法国的恐怖犯罪是在普通犯罪类型的范畴下，具有特定动机这一加重情节的基础上形成的——由个人或群体通过恐吓或恐怖方式严重扰乱公共秩序为目的故意实施的犯罪行为即构成"恐怖"犯罪。

法国《刑法典》[②] 第421-1条中明确规定了可能变为恐怖主义罪行的犯罪行为，它们包括：故意攻击他人生命和威胁人身安全罪；绑架、非法拘禁罪；劫持交通工具罪；盗窃罪；敲诈勒索罪；破坏、毁坏和损伤财物罪；计算机犯罪；组织战斗团体和解放运动罪；生产或使用危险爆炸装置罪；采购、保管、运输，或非法携带爆炸性物质，或使用这种爆炸性物质设备罪；持有、携带和运输武器和弹药罪，设计、生产、持有、藏匿（stocking）、购买或出售具有生物或毒物武器罪；开发、生产、储存和使用化学武器罪；洗钱罪；内幕交易罪。

另外《刑法典》第421-2条禁止的"生态恐怖主义"，它给出的定义（有点模糊）是"引入危及人类或动物健康和自然环境的物质到大气、地面、土壤、水和食品的罪行"。《刑法典》第421-2-2条中，向恐怖组织提供、筹集或管理资金，对这些资金的使用提供建议或了解这些资金的使用意图——只要全部或部分符合上述行为，无论行为是否

---

① Olivier Cahn, "The Fight against Terrorism and Human Rights: The French Perspective" in Marianne Wade and Almir Maljevic (eds), A War on Terror? The European Stance on a New Threat, Changing Laws and Human Rights Implications, (New York: Springer, 2009), p. 474.

② 本章中法国《刑法典》的相关条款均参考于 Code Pénal (in French), http://www.legifrance.gouv.fr/affichCode.do? cidTexte = LEGITEXT000006070719.

发生，均被认为是一种恐怖主义行为。《刑法典》第 434 - 6 条还规定了包庇恐怖主义嫌疑人或通缉犯的罪行。

在上述法律条文中，《刑法典》第 421 - 2 - 1 条描述的恐怖主义犯罪是最具争议性的，该条文规定"以准备实施上述行为为目的而参与任何组织或团体的行为也构成恐怖主义犯罪"。因此，依据此项规定，仅仅参与涉及恐怖主义任务的犯罪集团，即使尚未着手实施恐怖行动也会被认定为恐怖主义犯罪。根据现有的判例，符合"任务"的特征是要达到专业化水平并运用了计谋——至少计划并准备实施恐怖行为即被认定为恐怖犯罪。也就是说，法国法律为了防止恐怖袭击，允许执法机构在恐怖分子实施犯罪行为之前，就可以拦截潜在的恐怖主义活动。①实际上，它允许司法调查人员利用专业情报机构搜集的相关情报，在恐怖分子嫌疑人实施犯罪之前启动司法程序。

毫无疑问，这是一个非常有争议的法律条款，因为一波又一波涉嫌准备实施恐怖犯罪的嫌疑人被任意拘留和逮捕。法律含糊的措辞受到强烈的谴责。②1986 年《反恐立法》通过以后，法国政府也相应地设置了一些特殊的侦查方式与程序以加强对恐怖主义嫌疑人的侦查和逮捕。

对于那些被指控实施"恐怖主义"行为的被告人，一旦被"正式"宣判其法律后果（相对于普通罪行）是很严重的。例如，在普通情况下有的刑事犯罪将可能受到被判处 30 年有期徒刑的惩罚，而如果这种行为被认定为"恐怖主义"，犯罪嫌疑人就可能会被判处无期徒刑（《刑法典》第 421 - 3 条）。因此，根据法国法律，犯罪行为是否被认定为恐怖行为具有许多严重后果，即使在嫌疑人上庭审之前也会如此。尽管检察官最初基于嫌疑人的犯罪事实，然后将其划分到恐怖主义犯罪一类，但预审法官和庭审法官并不会局限于检察官的判断。由于其重大的法律后果，在刑事诉讼的任何阶段，甚至在庭审过程中嫌疑人都有上诉的权利。需要特别指出的是，法国对恐怖犯罪嫌疑人的审判适用普通犯罪案件的审判程序，没有任何的特殊规定或程序。这一点在前几章的

---

① Eva Steiner, "Legislating Against Terrorism: The French Approach", London: Chatham House (8 December 2005), www.chathamhouse.org/sites/default/files/public/.../ilp081205.doc.

② Olivier Cahn, "The Fight against Terrorism and Human Rights: The French Perspective" in Marianne Wade and Almir Maljevic (eds), A War on Terror? The European Stance on a New Threat, Changing Laws and Human Rights Implications, (New York: Springer, 2009), p. 474.

内容中已多次提及。

二、法国反恐法律概要①

法国历史上的第一部《反恐立法》可以追溯到 19 世纪后期。在无政府主义者及其支持者实施了一系列爆炸和暗杀行为之后，法国政府于 1893～1894 年通过了一系列被贬称为"恶法"的三部法律。这些法律严格限制出版自由和言论自由，并允许当局拘留和起诉任何直接或间接参与或准备宣传无政府主义（即使没有实际造成）的人。法律还允许当局起诉任何主张犯罪或宣传无政府主义的个人或报社（有趣的是，直到 1992 年 12 月 23 日，这些法律才被废除）。在现代，法国的反恐立法更加符合民意。尽管在 2012 年穆罕默德·梅拉赫的恐怖袭击行为再次引发了公民自由权利保障与国家安全防卫之间冲突的激烈争论。②

（一）1986 年反恐立法③

20 世纪 80 年代，中东恐怖分子在法国一共实施了 13 次恐怖袭击，造成 11 人死亡。在此之后，法国就通过了 1986 年立法专门打击恐怖主义。于 1986 年 9 月 9 日通过的 86 - 1020 号法律（简称"1986 年立法"），不仅首次在《刑法》中引入"恐怖主义行为"的概念，而且还介绍了侦查和起诉恐怖主义行为的程序规定。

事实上，直到 1986 年法国才把所有"反国家根本利益罪行"的司法程序转移到普通司法程序中（普通法院即负责处理那些所有属于特殊立法诉讼以外的案件）。第 86 - 1020 号法律（ 1986 年 9 月 9 日立法）制定了管辖恐怖主义罪行规则的一个例外。具体地说，它在巴黎创建了一个由专业反恐检察官和预审法官组成的团体，专门负责恐怖主义犯罪的调查和起诉。虽然理论上这种司法机构无法替代犯罪结果发生地或嫌疑人所在地的地方司法管辖，但在实践中，所有涉及恐怖主义犯罪的司法程序都会由巴黎法院反恐检察官与预审法官集中负责。

随之通过的第 86 - 1322 号法律（1986 年 12 月 30 日立法）明确规

---

① 所有法律条文均参考于 http://www. legifrance. gouv. fr/affichTexte. do？ cidTexte.

② Eva Steiner, "Legislating Against Terrorism: The French Approach", (London: Chatham House, 8 December 2005), www. chathamhouse. org/sites/default/files/public/. . . /ilp081205. doc.

③ Law No. 86 - 1322 (30th December 1986) (in French) http://legifrance. gouv. fr/affich-Texte. do？ cidTexte = JORFTEXT000000317306.

定了恐怖主义犯罪的特殊"身份"。该法明确规定所有的恐怖主义罪行必须由特别法庭（巡回）听审，这个特别法庭的陪审团完全由独立的专业法官组成，而不是由普通公民组成（《刑事诉讼法》第706－25条）。从这一点可以看出对恐怖分子的审判往往涉及复杂和敏感的法律问题，需要具有一定的专业性和客观性的专家。这一项法律规定也引发了反恐"政治化"的争议，反对者认为把恐怖犯罪的定罪放在一个有主见的法官手里具有"政治化"色彩。在实践中，对恐怖主义罪行的集中调查和审判可以更好地协调司法机关和反恐情报搜集机构之间的关系。1992 年通过的第 92－686 号法律（1992 年 7 月 22 日）在《刑法》中加入一些与恐怖主义相关的新罪行，这些罪行都会受到比普通犯罪行为严厉得多的处罚。如上所述，该法给那些被指控为恐怖行为的罪行提供了较重的量刑依据。

（二）1996 年反恐立法①

伴随着 1995 年又一波来自阿尔及利亚的（GIA）恐怖袭击，新的立法再次扩大了预审法官及其他反恐执法机构的权力或特权。第96－647 号法律（1996 年 7 月 22 日）规定了一个有关"参与以准备实施恐怖主义行为为目的而建立的任何团体或组织"（"相关恐怖主义计划的协会"）的刑事犯罪类别。这条法律对上述《刑事诉讼法》中有争议的第 421－2－1 条规定奠定了基础，它也延长了撤销被发现犯有恐怖主义罪行人国籍（被授予）的期限（96－647 号法律 55 条）。第 96－1235 号法律（1996 年 12 月 30 日）修改了法国《刑事诉讼法》中有关调查恐怖主义罪行和逮捕、拘留恐怖分子嫌疑犯的规定。例如，它允许执法机构进行室内搜查和未经嫌疑人同意而没收个人物品（《刑事诉讼法》706－24 条），或在正常作息时间早上 6 点以前和 21 点以后执行这样的搜查。（《刑事诉讼法》第 59 条；第 706－89 至 706－94 条）。

法国于"9·11"恐怖袭击后的 2001 年 11 月 15 日颁布的第

<hr>

① Law No. 96－647（22nd July 1996）（in French）ahttp：//www. legifrance. gouv. fr/affich-Texte. do? cidTexte＝JORFTEXT000000367689 Law no. 96－1235（30th December 1996）is available online（in French）at http：//www. legifrance. gouv. fr/affichTexte. do? cidTexte＝JORFTEXT000000562805&dateTexte＝&categorieLien＝id.

2001 - 1062号法律①又进一步增强和扩展了司法机构打击恐怖主义的权力。此部法律回应了一些跨国恐怖组织如"基地"组织等带来的新挑战，并明确提出要寻找这些组织的经济基础来源。由此，该法创立了一个与恐怖组织融资相关的新的犯罪类别（法国《刑法典》第421 - 2 - 2条），并给予政府部门没收被发现犯有恐怖主义罪行的个人一切资产的权力。

此外，法律还规定了一些可以对青少年犯罪采取的措施，从本质上扩大了警察权力。例如，在恐怖主义调查背景下未经法院批准而要求截停并搜查车辆是合法的；晚间携带搜查令，但没有通知业主的前提下的搜索也是合法的；警方保留的私人记录也可为预审法官和警察所调阅。然而，最有争议的可能是允许电子交易受到更广泛的监控和记录了。电子邮件往来的记录（不止是目录）现在可以轻易被监控，新法要求要保持通信跟踪。这一政策的所有要素显然存在被滥用的可能性。

（三）2004 年、2006 年、2011 年反恐立法

同样，第2004 - 204 号法律②（2004 年3 月9 日通过）推出了一系列新措施，以应对现代有组织犯罪和恐怖组织变化的运作方式。具体地说，它允许执法机构使用新的方式调查恐怖主义罪行，如初步调查期间可以实施监听或窃听，执法人员可以渗透到恐怖主义网络中（即卧底行动）。

第2006 - 64 号法律③（2006 年1 月23 日通过）也引入了大量新措施，扩大了预审法官和执法官员的调查权力，主要包括：在被视为恐怖分子攻击的潜在目标范围大量使用闭路电视监控（包括宗教场所或购物中心）；互联网服务供应商与网吧有义务存储所有顾客至少一年时间内的上网记录；执法机构不需要搜查令即可访问存储数据。该法还赋予警察访问各政府机构掌握的计算机记录系统和文件的权力，如汽车驾驶执照记录（第9 条）和延长取消恐怖犯罪行为人国籍的时间，从10 年

① Law No. 2001 - 1062 (15th November 2001) (in French) http://www. legifrance. gouv. fr/affichTexte. do? cidTexte = JORFTEXT000000222052.

② Law No. 2004 - 204 (9 March 2004) (in French) http://www. legifrance. gouv. fr/affich-Texte. do? cidTexte = JORFTEXT000000249995.

③ Law No. 2006 - 64 (23 January 2006) (in French) http://www. legifrance. gouv. fr/affich-Texte. do? cidTexte = LEGITEXT000006053177.

延长到 15 年（第 11 条）。如果能证明有发生恐怖袭击的危险，法律规定对没有被指控为恐怖分子嫌疑人的拘留期限最多可以延长到 6 天。

最近，第 2011 - 267 号法律①（2011 年 3 月 14 日通过）也被称为第二部"恶法"，其中包含一系列关于打击有组织犯罪和网络犯罪的措施，还有许多措施可以用于对抗恐怖主义。这包括全方位视频监控（增加三倍数量的闭路电视监控，达到 60000 台）及警察在司法机构控制下在电脑上安装远程间谍软件的能力，以便收集嫌疑人准备恐怖袭击的证据。最后，第 2011 - 392 号法律②（2011 年 4 月 14 日通过）对恐怖主义嫌疑人拘留期间会见律师的权利做了严格的限制规定。

三、执法机关的反恐权力及制衡

（一）警察机关的反恐权力

自 1986 年法国政府启动连续的立法改革后，在恐怖主义犯罪调查中，警察在获得检察官或预审警察的授权后可以行使如下权力：

1. 截停、搜查和询问路人的权力

执法官员被允许对任何个人执行治安身份检查，他们对这个人提出的一个或多个怀疑理由应为：已经实施或试图作案；即将实施违法行为；能够提供帮助调查犯罪的有用情报；司法机关的需要。

此外，为了预防干扰公共秩序，无论任何人的身份和行为都可能会受到警察的检查，尤其是当以上行为涉及普通公众成员和他们的财产安全时（《刑事诉讼法》第 78 - 2 条）。如果个人无法提供身份证明，他们就可能被关押或带到警察局进行必要的检查。对个人的关押时间不得超过执行检查的需要，在任何情况下不超过 4 个小时，除非他们拒绝说明自己的身份或提供虚假文件。在这种情况下，检察官或调查法官可以要求采集指纹或照片信息以建立个人身份档案（《刑事诉讼法》第 78 - 3 条）。本规定适用于所有人，不管他们是否与恐怖主义罪行相关联。

然而，除了上面提到的普通身份检查。当执法官员正在调查相关恐

---

① Law No. 2011 - 267（14 March 2011）(in French) http://www. legifrance. gouv. fr/affich-Texte. do? cidTexte = JORFTEXT000023707312&categorieLien = id.

② Law No. 2011 - 392（14th April 2011）(in French) http://www. legifrance. gouv. fr/affich-Texte. do? cidTexte = JORFTEXT000023860729&dateTexte = &categorieLien = id.

怖主义罪行时，也可以对在公共场所和在公路行驶或停止的车辆要求停车配合检查。然而，他们这样做必须首先得到检察官签发的搜查令，其中应明确规定车辆搜查的时间和地点。这一期限不得超过 24 小时，可重新搜查一次。此外，车辆只能按照执行检查的要求停放，还要求必须在行驶或停放的汽车的驾驶员中征用一位公众作为证人（除非证人出现将可能面临危险的结果）（《刑事诉讼法》第 78 - 2 - 2 条）。

在国境（港口、机场等）等地的截停、搜查和询问的权力：执法官员可以对出现在港口、机场、火车站及国际汽车站等公共区域的人员执行治安身份检查，以确保这些人携带必要的证明文件。在国际列车上进行身份检查时，直到列车停靠法国境内的第一站时他们才可以进行检查（《刑事诉讼法》第 78 - 2 条）。

2. 拘留恐怖嫌疑人的权力

与指控前被警方拘留长达 48 小时的普通犯罪嫌疑人不同，未被指控的恐怖嫌疑人可以无条件被警方拘留长达 6 天。首先，如果调查需要，最初的 48 小时拘留期限可以延长 24 小时，如遇特殊情况，则可再延长 24 小时。为了延长期限，必须向调查法官提出书面请求，并必须提供证据以支持请求。开始第一个 24 小时延长期限之前，嫌疑人必须接受医生的检查，证明其适合被进一步拘留（《刑事诉讼法》第 706 - 88 条）。其后，新法案规定当证明一个实质性的和经证实的恐怖行动即将实施时，可以把拘留期限延长到 6 天。

此外，与普通嫌疑人已被拘留即允许律师会面不同（《刑事诉讼法》第 63 - 4 条），在恐怖分子嫌疑人的案件中，如果有必要收集或保存证据，或保证公共安全，则推迟到 48 小时期限后才可以获得会见律师的权利。罪行极其严重时还可以延长到 72 小时（《刑事诉讼法》第 706 - 88 条）。一旦被指控，嫌疑人可能在审前被羁押长达 4 年之久（根据犯罪的严重程度，非恐怖嫌疑人则可能延长到 2 年或 3 年）（《刑事诉讼法》第 145 - 2 条）。法国因对嫌疑人的审前羁押期限太长而被欧洲人权法院谴责。例如，2012 年 1 月 26 日，法国因对涉嫌准备实施恐怖行动的巴斯克恐怖组织"埃塔"① （ETA）成员审前羁押长达 5 年而被谴责。

3. 驱逐涉恐外来人员出境的权力

法国法律为移民和寻求庇护者提供保护措施，由移民局决定这些人的身份核查。然而，根据 2003 年通过的两部法律，如果"有重大理由相信一个人在法国领土上对公共秩序、公共安全，或国家安全存在严重威胁"时（在寻求庇护者的前提下），普通移民法中包含的条款就不再适用。② 同样，在法国境内生活了很长一段时间的移民，或者可以证明其与法国具有实质联系的人则不能被驱逐。那些涉嫌"行为将危害国家的根本利益，与恐怖活动有关，或者在种族或宗教基础上煽动歧视、仇恨和暴力"的人可以被驱逐出境。因此，这两个法律使得驱逐"威胁公共秩序"的个人变得很简单。在梅拉赫恐怖袭击之后，法国采取驱逐 5 名伊斯兰激进分子时，法国时任总统尼古拉·萨科齐才真正援用这两部法律。此外，根据《民法典》③ 第 25 条规定，在获得法国国籍之前或在 15 年以内获得法国国籍的人被认定恐怖罪行的罪名或任何针对"国家根本利益"的犯罪时都可剥夺他们的国籍。

4. 调查恐怖主义犯罪的其他相关权力

国家执法机构调查疑似恐怖主义罪行时享有的其他权力还包括由调查法官授权在初步调查的一个月期限内可窃听恐怖嫌犯电话，并可再延续一次（《刑事诉讼法》第 706 - 95 条）。在数据发送之前，或在用户加密或破坏数据之前，调查人员可以实时获取电子数据，也可以访问、保存、保持和传输电子信息与数据（《刑事诉讼法》第 706 - 102 - 1 到 706 - 102 - 9 条）。然而，对电子数据的访问只能在 4 个月期限以内落

---

① 巴斯克恐怖组织 ETA 埃塔（ETA）是巴斯克语中"巴斯克家园与自由"组织的首字母缩略语。巴斯克位于西班牙北部同法国交界的比利牛斯山脉地区，是西班牙重要的工业区。"埃塔"的政治目标是通过暴力斗争将巴斯克地区从西班牙分裂出去，建立一个包括法国南部一部分巴斯克语地区在内的独立国家。"埃塔"现有数百名成员，他们经常流窜到法国、比利时、德国、意大利以及拉美的墨西哥、乌拉圭、多米尼加等国家作案。从 1968 年至今，这个恐怖组织制造了无数的恐怖活动，致使近千人丧生，数千名无辜平民伤残。

② Law No. 2003 - 1119（26 November 2003）.（in French）http://www. legifrance. gouv. fr/affichTexte. do? cidTexte = JORFTEXT000000795635&dateTexte = &categorieLien = id.

③ the Civil Code（in French）http://www. legifrance. gouv. fr/affichCode. do? cidTexte = LEGITEXT000006070721.

实到位，且只可延续一次（《刑事诉讼法》第706 - 102 - 3 条）。最后，执法官员调查宣扬恐怖主义（为恐怖主义辩解）或煽动恐怖主义犯罪时也允许以假名电子信件参与；使用电子通信与涉嫌实施此类罪行的人保持联系；并且通过这些手段提取、获得或保存有关证据和数据基础证明这些罪行的操作者身份（《刑事诉讼法》第706 - 25 - 2 条）。

（二）审查和制衡反恐法律与政策的运作

法国有两种主要机制保障公民自由，其中之一是法国宪法委员会审核机制。法国宪法委员会（Conseil Constitutionnel）负责审查反恐立法与宪法是否相悖（宪法包括《人权宣言》的内容）。由于法国宪法委员会和欧洲人权法院之间的实质关系始终存有争议，因此宪法委员会没有从技术层面审查国内立法与欧洲立法的兼容性。尽管如此，实践中，宪法委员会还是倾向于使立法规定尽量贴近于《欧洲人权公约》中的条款。①

由于反恐立法在本质上容易侵犯公民自由，法国议会反对党派通常要求宪法委员会在每项重要反恐立法推出之后加以审查。以上提到的所有反恐立法，即 1986 年 9 月 9 日立法，1996 年 7 月 22 日立法，2003 年 3 月 18 日立法，2004 年 3 月 9 日立法，2006 年 1 月 23 日立法都是这种情况。而 2001 - 1062 号立法（2001 年 11 月 15 日）是这个规则的唯一例外，其特殊性就是未经宪法委员会事先批准，基于美国遭受"9·11"恐怖袭击的前车之鉴。法国立法者们达成了加强反恐立法必要性的共识，在 2001 年"9·11"事件发生之后迅速通过该立法。②

总的来说，宪法委员会通常倾向于使议会提出的法律对策生效。尽管在某些情况下，宪法委员会也会认为某些法律条款是违宪的，但从来没有质疑这些立法者提出法律的基本原则。因此，在所有这些情况下，

----

① Olivier Dutheillet de Lamothe, "Influence of the European Court of HumanRights on the Constitutional Council" [Influence de la CEDH sur le Conseil Constitutionnel], http://www. echr. coe. int/NR/rdonlyres/8785265C - 1579 - 4321 - 8A2FFA2FD37A8708/0/OlivierDutheilletdeLamotheInfluencedelaCEDHsurleConseilConstitutionnel. pdf[6 August 2012].

② "Proposed law on the reinforcement of legislation for the prevention and repression of acts of terrorism: Impact study" [Projet de Loi renforçant la prévention et la répression du terrorisme: Etude d'impact'], http://www. legifrance. gouv. fr/content/download/2652/18679/version/2/file/ei_prevention_repression_terrorisme_cm_11. 04. 2012. pdf [7 June 2012], p. 11.

宪法委员会在对反恐立法中的审查相当松懈，认为无罪推定原则和被告人的基本权利没有受到任何方式的侵犯。①

第二个制衡系统与欧洲人权公约直接适用于法国法律相关。如果法庭审判中法国法律与《欧洲人权公约》发生冲突，那么法庭应遵循《欧洲人权公约》的规定，"抛弃"本国法律。2010 年 10 月，法国因未能确保拘留中的嫌疑人的律师会见权而遭到欧洲人权法院的首次谴责。

嫌疑人布鲁斯克认为法国执法当局已经违反了《欧洲人权公约》第 6 条中有关公平审判的权利，并且被迫"自证其罪"。7 个欧洲人权法院的法官一致认为，"法国立法没有兼容公平审判的要求"，因此，法国政府被罚款 5000 欧元。② 同年 7 月 30 日，法国宪法委员会已经表示，有关拘留的立法侵犯了公民的个人权利和自由，直至 2011 年 7 月 1 日政府才实施新的加强嫌疑人或被告辩护权的立法。然而，宪法委员会却没有发现涉及恐怖主义犯罪和有组织犯罪嫌疑人拘留问题的法律规定是违宪的。③

此外，法国还有几部反歧视立法，虽然这些立法都不是专门针对警察机构或国家安全部门，不过一旦其成员被发现违反了上述法律，就会受到司法机关的干预。在这方面的相关立法包括：第 72 - 546 号法律（1972 年 7 月 1 日），关于反种族歧视的斗争中，禁止"基于个人起源的或属于某一种民族、种族或宗教信仰的煽动种族仇恨或种族歧视"，违反这个禁令将处以罚款或一个月到一年的监禁。第 90 - 615 号法律（1990 年 7 月 13 日）完善了第 72 - 546 号法律中的规定，它禁止"任何种族主义、反犹太主义或排外行为"。《刑法》第 225 - 1 条，将歧视定义为"根据起源、性别、家庭状况、怀孕、外表、姓氏、健康状况、

---

① Eva Steiner, "Legislating Against Terrorism: The French Approach", (London: Chatham House, 8 December 2005), www. chathamhouse. org/sites/default/files/public/···/ilp081205. doc.

② "Garde a Vue: The European Court of Human Rights condemns Paris" [Garde a Vue: La Cour Europeenne des Droits de l'Homme condamne Paris'], Le Monde (14 October 2012), http://www. lemonde. fr/societe/article/2010/10/14/garde - a - vue - la - coureuropeenne - des - droits - de - l - homme - condamne - paris_1426031_3224. html.

③ Decision No. 2010 - 14/22 QPC du 30 Juillet 2010 relative a la garde a vue, http://www. conseilconstitutionnel. fr/conseil - constitutionnel/francais/les - decisions/acces - par - date/decisions - depuis - 1959/2010/2010 - 14/22 - qpc/decision - n - 2010 - 14 - 22 - qpc - du - 30 - juillet - 2010. 48931. html.

残疾、遗传特征、性取向、年龄、政治观点、工会活动区分所有人无论真实的或是感观层面的种族、国家、民族或宗教"。《刑法》第 225 - 2 条规定，歧视将被判处 3 年监禁和 45000 欧元的罚款。这些法律条款适用于所有人，包括公务员。

四、反恐政策与策略制度结构：政府机构与国安部门间角色和职责的分配

在大致了解反恐政策操作的法律框架后，下面介绍一下法国执行反恐政策的制度框架。如前所述，法国的反恐政策旨在"创制"特定的"工具"（包括反恐法律和反恐机构）以对抗恐怖主义。近年来，法国反恐领域情报机构与执法机构的工作已日益集中化和专业化。以下是法国负责打击恐怖主义的主要情报机构和执法机构。

（一）法国主要反恐机构

1. 法国国内情报总局（Direction Centrale du Renseignement Intérieur, DCRI）

为了加强各个机构反恐职能的有效性，法国情报机构在 2007 年作出重大改革。这项改革诞生了一个单独的国内情报机构——DCRI，它是在法国内政部内建立的。DCRI 是在 2008 年 7 月 1 日起正式开始运作的，该机构通过合并两个迄今为止完全不同的情报组织而诞生，即法国国土监视局（Direction de la Surveillance du Territoire，DST）和国内情报局（Direction Centrale des Renseignements Généraux，DCRG/RG）。根据法国内政部的意图，DCRI 将扮演法国"联邦调查局"的角色。这个机构主要致力于预防和打击恐怖活动或那些可能危及国家安全的行为，并监控危害国家安全的个人、团体或组织的电子通信往来。[1] 因此，打击恐怖主义被列为 DCRI 的四大工作重点之一。尽管在 2009～2011 年 DCRI 的裁员人数达到了 400 人，但在 2009 年 DCRI 拥有 3306 名员工（2015 年"查理周刊"袭击事件发生之后，法国总理瓦尔斯宣布在未来 3 年间法国将增加 2680 个执法和情报岗位以打击恐怖主义，1100 个岗

---

① Article 1, Décret No. 2008 - 609 (27th June 2008), http://www. legifrance. gouv. fr/affich-Texte. do? cidTexte = JORFTEXT000019078545.

位分配在情报部门，① 其中 DCRI 会在情报部门的新岗位分配中占一定比例。有鉴于此，目前难以确定 DCRI 情报人员的具体人数）。由于 DCRI 的任务被认为是"最高机密"，所以人们对 DCRI 的内部组织结构和工作知之甚少。②

2. 法国对外安全总局（Direction Générale de la Securité Extérieure，DGSE）

对外安全总局是法国对外情报机构（相当于英国秘密情报局"军情六处"）。与 DCRI 不一样，它是隶属于法国国防部的机构。DGSE 在历史上是通过合并第二次世界大战后法国的各种情报机构而形成的。这些机构根据 1945 年的一项集中指令重新集结起来，而后在 1982 年形成了现在的对外安全总局。反恐和反"核扩散"是 DGSE 的两大首要职责。2009 年，DGSE 的员工大约有 5000 人，其中许多人在法国领土之外工作。③ 尽管没有提供确切的数字，但据法国外交部称，近年来 DGSE 反恐部门的人员数量和作用已经大幅增加。

3. 国家宪兵队反恐处（Bureau de Lutte Anti – Terroriste，BLAT）

法国宪兵队，是法国武装力量的一个分支，具有与普通警察相同的警察职能，同时也有反恐职能。第 2006 – 64 号（2006 年 1 月 23 日出台）法律是促使 BLAT 于 2006 年创建的直接原因。BALT 是专门负责预防和镇压恐怖主义犯罪的执法部门。④

4. 国内情报局巴黎分局（Direction du Renseignement de la Préfecture de Police de Paris，DRPP）

由于 DRPP 专门负责巴黎地区的反恐情报工作，所以没有合并到 2008 年新建立的国内情报总局中。因此，DRPP 保留其单独的情报机构

---

① 《法国反恐新举措：将对 3000 名本国公民加强监视》，载华声新闻，http://news. voc. com. cn/article/201501/201501221056123321. html.

② DCRI website，http://www. interieur. gouv. fr/sections/a_l_interieur/la_police_nationale/organisation/dcri/dcri［25 June 2012］.

③ DGSE website，http://www. defense. gouv. fr/dgse/tout – le – site/deux – defis – majeurs［25 June 2012］.

④ Arrêté du 8 août 2003，（in French）http://www. legifrance. gouv. fr/affichTexte. do? cidTexte = JORFTEXT000000796858&dateTexte = &categorieLien = id［Accessed 25 June 2012］.

身份，主要用于关注首都和首都居民面临的恐怖主义威胁。①

5. 国防部军事情报局（Direction du Renseignement Militaire，DRM）

国防部军事情报局创建于 1992 年，其作用类似于英国国防部的情报机构，主要工作是搜集有关法国武装部队的情报。

6. 国防安全保卫局（Direction de la Protection et de la Sécurité de la Défense，DPSD）

国防安全保卫局成立于 1981 年，隶属于国防部。该部门的任务主要是反情报和反恐，并搜集相关的普通情报。该部门设置的主要目的是保卫对国家安全至关重要的人员、数据和敏感设施（军事基地等）的安全。

（二）法国反恐特殊部队

除以上专业的反恐情报机构或具有反恐职能的机构之外，法国还有几支声名显赫的反恐特殊部队。

1. 国家宪兵干预队（Groupe d'Intervention de la Gendarmerie Nationale，GIGN，又译为国家宪兵特勤队）

国家宪兵干预队是一支专门从事反恐怖活动的特种突击队，诞生于 1973 年 11 月 3 日，被称为"凯旋门前的利剑"。因为 GIGN 的队员在行动中经常身穿黑色作战服，因此绰号为"黑衣人"。GIGN 隶属于法国国防部，具有很大的行动独立性。GIGN 是世界上人数最少、编制最小的特种部队，其队员从法国宪兵中选拔。GIGN 不但承担国内反恐任务，必要时，还能随时部署到海外进行反恐作战。GIGN 自创立以来已执行超过 1000 件任务，解救了超过 500 位人质。② "法国航空 8969 号班机劫机"事件是 GIGN 完成的最有名的反恐任务。1994 年 12 月 24 日，法国航空 8969 号班机由阿尔及利亚飞往法国，遭到阿尔及利亚恐怖组织"伊斯兰解放阵线"的挟持。恐怖分子试图劫持飞机撞击埃菲尔铁塔并在谈判过程中"处决"了 3 名乘客。飞机在阿尔及利亚政府允许下飞

---

① DRPPwebsite, http://www. prefecturedepolice. interieur. gouv. fr/La – prefecture – de – police/Missions – de – police/La – direction – durenseignement［25 June 2012］.

② 《法国国家宪兵特勤队》，载百度百科，http://baike. baidu. com/link? url = uhCFS-NEeNxbgf0rXOfWtjeyzLacJUezZlJu6DbTpoLl4dFDIHnakHACt3HuHbFgL5PO2VKnyZ9LX2oYI_Hv4 –.

往法国后，GIGN 成员在午夜顺利潜入飞机并将 4 名 GIA 劫机者全数射杀。① 自此，法国国家宪兵干预队在全球名声大噪。

2. 国家警察黑豹突击队（Recherche Assistance Intervention Dissuasion，RAID）

该部队隶属于法国内政部，1985 年 10 月 23 日成立于法国巴黎。其成员全部从国家警察中选拔，平均年龄 35 岁，是法国警察的一支精锐力量，其宗旨是"遇到严重事件时，应使用特殊的技术与方式制服危险人物"。一般说来，RAID 经常出现在劫持人质事件发生时，其行动的主要方式是与暴徒周旋、谈判或采取压制行动。黑豹突击队的法文名称分别译为研究、协助、干预和震慑，其实直接阐述了 RAID 的任务。黑豹突击队分为 3 个部门，分别为行动队、科研部门和谈判部门。②

3. 国家警察干预队（Groupes d'Intervention de la Police Nationale，GIPN）

该部队成立于 1972 年，隶属于内政部，为国家警察中的特种警察部队，负责在全国范围内执行反恐、拯救人质、拘捕高度危险性的疑犯、防暴、要员保护、押解及维持公共秩序等任务。目前 GIPN 有 9 支分队分布于里尔、马塞、雷恩、波尔多、里昂、尼斯及斯特拉斯堡七座城市及首都巴黎。主要职责是反恐、解救人质、打击持械危险分子和制止监狱暴乱，同时他们也应各地警察部门的邀请，协助执行抓捕危险犯罪分子、要人警卫、押运护送以及维持公共秩序等任务。此外，他们还为警察部门进行业务培训，或应其他国家邀请到国外培训警察。③

（三）反恐合作与协调部门

1. 反恐合作协调处（Unité de Coordination de la lutte anti – terroriste，UCLAT）

这是专门负责上述反恐机构之间合作事宜的协调部门。反恐合作协

---

① 《法国航空 8969 号班机劫机事件》，载百度百科，http://baike. baidu. com/link？url = 3oeP3EBZWIpP_nzIVhtf – D20Xp4WlAsZS1_Yq5FkwXykHjxI – b – u0TcXWo_vc9u2yw73SZzmXZh – SUwDqdU4KK.

② 《法国黑豹突击队》，载百度百科，http://baike. baidu. com/link？url = MwcgfNmMnu3tYlF – eHVv5evbfIEoMtnVTy1VDMgbziiIwlLEnH7sgxvC46yTvnGVFqXqGeMZj6r7N6iZknXzFa.

③ 《一年两起恐怖袭击，我们有必要了解一下法国的反恐部队》，载今日头条，http://toutiao. com/i6216835243379261953/.

调处成立于 1984 年，其执行的主要任务是对国内情报总局、对外安全总局和国家宪兵队反恐处等反恐机构收集的情报进行日常分析。法国反恐合作协调处还负责协调所有反恐机构和部门（包括反恐法官与监狱）之间的情报共享。反恐合作协调处直接隶属于位于巴黎的法国内政部国家警察局局长办公室，并且有许多地区办事处，UCLAT 核心员工据估计有 80 人。①

2. 国家情报委员会（Conseil National du Renseignement）

该部门成立于 2009 年，同时还设置了"国家情报协调员"（National Intelligence Coordinator）一职。国家情报协调员直接向法国总统汇报工作。国家情报委员会旨在加强协调各个情报机构的工作并促进信息共享，尤其是在反恐情报方面。② 在 2010 年 1 月的法国议会上，反恐是最突出的议题，国家情报协调员发表声明："如果各种执法机构和情报部门之间因缺少合作而无法对抗恐怖袭击，人们将不会原谅我们。" 2011 年 1 月他还宣布，"我们的首要任务是打击恐怖主义，无论其威胁的是法国的海外利益还是国内利益"。③

（四）反恐机构与监管机构的问责制度

在法国，负责执行反恐政策的各种执法机构间存有许多问责机制。在国家警察范围内国家警察监察总局（Inspection Généralede la Police Nationale，IGPN）的任务是确保国家警察成员在行使其职责时遵守法律法规及其内部的职业行为准则。国家警察监察总局的管辖范围包括整个法国领土及法国的海外领土，除巴黎及其周边地区的警察机构之外。IGPN 总部位于巴黎，但它也通过位于里昂、马赛和波尔多三个城市的分支运转。只有司法机关或国家警察总局局长可以要求 IGPN 去调查可能违反法律或职业行为准则的警察。

同国家警察监察总局一样，国家宪兵监察总局（Inspection Générale

---

① UCLAT, on French Ministry of Interior website, http://www. interieur. gouv. fr/sections/a_l_interieur/la_police_nationale/presentation – generale/［25 June 2012］.

② UCLAT, on French Ministry of Interior website, http://www. interieur. gouv. fr/sections/a_l_interieur/la_police_nationale/presentation – generale/［25 June 2012］.

③ Nathalie Cettina, *Anti – terrorism : A fragile coordination* ［*Antiterrorisme : Une coordination fragile*］, Note de Réflexion no. 9, Conseil Français de Recherche sur le Renseignement（10 April 2011）, http://www. cf2r. org/fr/notes – de – reflexion/antiterrorisme – unefragile – coordination. php.

de la Gendarmerie Nationale，IGGN）的职责是确保国家宪兵内部成员遵守法律法规。当宪兵涉嫌违反内部准则、违反纪律或法律时，就会面临内部监察或行政调查。国家宪兵队成员涉嫌在国内或国外实施犯罪行为时，无论其行为是作为还是不作为，司法机关都可以要求 IGGN 展开内部调查。公众无权要求 IGGN 展开调查，只有内政部部长、国家宪兵队首长或司法机关才有权要求。

巴黎地区警察监察处（The Inspection Générale des Services，IGS）通常被戏称为"警察中的警察"，它是隶属于巴黎警察总监的一个特殊部门，于 1854 年创建。IGS 负责调查巴黎和周围地区警察机构中的执法人员、行政人员的所有违纪与违法问题，通常在司法机关的要求下或公众直接投诉之后启动调查。IGS 是法国执法机构中允许公民个人或公众直接提交他们投诉意见的唯一"内部事务"机构。每年，约有 2500 人向 IGS 提出针对警察的投诉，其中大约有 500 起投诉对象最终受到制裁。IGS 不提供该数据的类型，所以很难确定这些投诉是否涉及反恐、宗教、种族或种族歧视等问题。①

除上述反恐执法机构的监察部门之外，还有 2011 年成立的一个独立的行政机构（类似于英国特派员系统）参与监督，即"权利捍卫处"（The Défenseur des Droits，DDD），由法国总统任命，部门领导的任期为六年。顾名思义，"权利捍卫处"的使命是捍卫公民投诉公共机构和官方机构的权利。这个部门取代了许多其他类似的组织或职位，如"共和国特派员"（Médiateur de la Republique，存在于 1973 年到 2011 年）、"安全机构职业道德委员会"（Commission Nationale de Déontologie de la Sécurité，CNDS，存在于 2000 年到 2011 年）和"反歧视和争取平等机构"（Haute Autorité de Lutte contre les Discriminations et pour l'Egalité，HALDE，创建于 2005 年）。

因此，新创立的"权利捍卫处"涉及的权力领域是比较广泛的，几乎包括了其若干前身部门的职责：监督个人（所有属于公共机构的个人如警察、宪兵、狱警、海关官员等，或者属于私人机构的个人，如私人保安公司、私家侦探等）在国家领土上履行安全职责、遵守职业

---

① Website of the IGS, http://www. prefecturedepolice. interieur. gouv. fr/La – prefecture – de – police/Missions – de – soutien/L – inspectiongenerale – des – services［28 June 2012］.

行为准则；任何见证违反职业行为准则的人（上面提到的人）或从中受害的人，都可以向议员提起书面请求要求"权利捍卫处"进行干预。人们开始担忧"安全机构职业道德委员会"（CNDS）被合并到新创建的"权利捍卫处"中是否会影响新机构的工作。然而，被任命为第一任"权利捍卫处"领导的 Dominique Baudis 在最近一次采访中表示，自这个新机构成立以来，针对安全和执法官员的投诉增长了近1倍。事实上，"权利捍卫处"的网站列出了33条关于对安全部门不当行为的投诉处理结果，还包括每个事件的详细叙述。大多数决定与投诉警察执法相关；然而，没有一条与反恐政策相关联。因为没有提供名称或种族、宗教起源的投诉，所以很难确定在这些实例中是否有针对少数民族的。然而，在两个判例中出现过基于民族或种族而被歧视的专门投诉。例如，第2010-90号裁定中投诉人因轻微违反交通法规而被警方拦住，他在为这一决定争辩时被警察警告说"如果你不开心，那你就回刚果老家去呀"。在另一起案件中，第2010-161号裁定描述，投诉人也因涉嫌未系安全带驾驶被警察拦下，当他拒绝交罚款时被警察侮辱为"肮脏的阿拉伯人"。在这两起案例中，"权利捍卫处"因无法核实真实细节，因此没有决定裁定是否发生种族歧视或警察过度使用武力。[①]

五、法国反恐机构组织体系的特点——与英国相比较

无论在法国还是英国，恐怖主义都是法律规定的犯罪行为。尽管传统观念认为刑事侦查是在一起犯罪行为发生时警方才进行侦查的活动，但是对于恐怖主义而言，侦查的作用不在于事后的打击，而侧重于事前的预防。当面临伊斯兰恐怖主义时，应将传统的侦查犯罪型方式（crime - solving approach）转变为所谓的（preventive logic）预防逻辑，这应该是包括法国和英国在内的各国反恐官员都认可的观点。用法律术语来说，对恐怖犯罪行为的侦查包括了恐怖犯罪的预备到实施阶段，而犯罪的预备由于缺少实质性的犯罪后果，由此反恐机构就需要付出更多

---

① "Decision de la deontologie de la securite", No. 2009 - 181;2009 - 207;2009 - 212;2009 - 216;2010 - 40;2010 - 61;2010 - 89;2010 - 90;2010 - 101;2010 - 112;2010 - 142;2010 - 161;2010 - 175; 2010 - 177; 2011 - 84; 2011 - 306. (in French) athttp://defenseurdesdroits. fr/connaitre - son - action/la - deontologie - de - la - securite/decisions.

的努力去搜集充足的证据以在法庭上证明其犯罪嫌疑。因此，对恐怖主义犯罪的侦查就意味着在反恐初期阶段搜集司法证据或者法庭可采的证据，而这些证据同时又被作为反恐情报被情报部门搜集。

法国的反恐组织体系应包括情报部门、警察机构、检察机构与法院，具体而言包括四个国家机构与两个巴黎机构（其职能具有一定的重合性）：1995～2007 年，包括两个国家（对内）情报机构，分别为国内情报局与国土监视局，它们负责搜集法国领土上的反恐情报。国土监视局作为一个具有司法侦查职能的执法机构，有权指挥司法警察机构（具有侦查职能的法国国家警察）中的反恐部门。巴黎警察局有其单独的情报机构 RGPP，同时还有单独的反恐部门 SAT——一个具有反恐侦查权的警察部门。国家宪兵队是一个具有国家警察职能的军队同样有权搜集反恐情报和实施恐怖犯罪司法侦查。最后，检察官尤其是预审法官也有权指挥法国的国家安全机构 DST 实施针对恐怖犯罪的司法侦查活动。

法国的若干反恐机构存在职权上的重叠，但是却缺乏一套由中央核心权力制定的规则和程序，所以反恐权力被分散于若干机构中。这种情况使得法国的反恐组织体系并不正规，情报部门要与若干不同的执法机构在不同的时间段合作。由于缺乏正规程序，情报部门于何时将何种情报分享给执法部门，取决于部门领导人之间的人际关系。

英国在 1990～2006 年，国内的反恐情报部门与执法机构相对（法国）更少：只有一个国家（国内）情报部门，即"军情五处"（Military Intelligence 5，MI5）①，以及大伦敦警察厅的两个职能截然不同的特别部门，一个为负责搜集反恐情报的"特别行动处"（Special Branch）；另一个为"反恐处"（Anti - Terrorist Branch），有权领导全英国所有执法机构的反恐行动。政府作为中央权力对反恐机构的工作下发明确指令。从 1992 年起，军情五处就是反恐情报的领导机构，而上述两个特别部门的职责就是协助军情五处的工作，政府指令要求特殊部门必须将

---

① 1905 年英国陆军大臣 R. B. 霍尔丹实施的军队改革促使军事情报部门的成立。军情五处（MI5）是英国国内的反情报及国家安全部门（the security service），在内政大臣的领导下工作，但不隶属于英国内政部，负责打击国内的严重罪案、军事分离主义、恐怖主义及间谍活动，而对外的国安职务则由军情六处负责。军情五处的调查人员并没有逮捕涉嫌者的执法权利，执行逮捕时，必须通过与英国警方的合作。

所有反恐情报提供给军情五处；另外，反恐执法部门又因隶属于警察系统而受警察机构的领导。由于明确了反恐任务中的领导与被领导关系，英国警察机构与情报部门之间的合作是有序的。同法国的混乱状态相比，英国的军情五处和警察机构领导之间存在的是一种有规律的合作关系。例如，军情五处的负责人有权对本部门和警察机构上述反恐特别部门下发任务，此时两个系统的合作即开始展开，军情五处与警察系统的反恐特别部门会一起合作招募或控制线人，就像在 Jamil el–Banna① 案件中运用的那样。

　　无论是英国的法规还是反恐实践都明确规定了英国执法机构与情报部门之间在反恐任务中的合作关系。军情五处在情报搜集中具有明确的领导权，却没有逮捕权及警察拥有的侦查权（这一点不同于法国，法国的情报部门"国土监视局"既有逮捕权又有侦查权）。因此，警察系统内的反恐特别部门保留了英国警察的独有权力。当双方在某些案件中意见冲突时，通常是警察们说了算，因为只有警察可以最终决定在何时和以何种方式逮捕嫌疑人。总之，英国具有相对较少的反恐机构，各机构之间具有截然不同的权力，大家都需服从于中央权力的命令。这些条件使得英国形成了一套正规的反恐组织体系，政府规则与指令使各机构之间具有规范的内部联系。

　　英国与法国反恐机构组织体系之间的差别使两国的反恐效果也存在明显差异。虽然各国的情况都不一样，但是反恐机构组织体系之间的核心要素就在于机构之间的独立性与整合性，其取决于两个方面：第一，不同的国家反恐机构（司法机构与政府机构或隶属于政府的机构）之间的内在关系；第二，协调机构之间内在关系的正式规定，标准化操作程序，以及准则。法国诉讼制度沿袭民法体系的纠问制度，英国属于普通法体系的对抗制度，因此这两个国家在反恐机构的组织体系上完全相反。法国的纠问体系，在 1986 年的司法改革之后得到强化，检察官、特别是预审法官有权领导法国安全部门（指"国土监视局"）对恐怖主

---

　　① Jamil el–Banna，1952 年出生于约旦，以巴勒斯坦难民身份移居英国生活。向"基地"组织提供资金来源，2002 年在从冈比亚到阿富汗的旅途中被美国中央情报局特工劫持，2003 年 3 月开始被关押在美军关塔那摩湾监狱直到 2007 年 11 月 19 日被释放。其后他返回英国，但到达伦敦时被逮捕和讯问，后受到西班牙法院的指控，随后被保释。2008 年 3 月西班牙法院撤销对其的指控。

义实施侦查。换言之，法国允许司法机构直接与行政机构一起工作，因为国家安全部门是隶属于政府的。

在采用纠问式诉讼制度的法国，法官除仲裁者之外还扮演着侦查官的角色——领导警察实施侦查，而普通法国家的英国则认为法官的职能就是裁决争议，尤其是在法庭审判中。在这种背景之下，英国警察机构与情报部门之间的高度合作关系并不会涉及司法领域。相比法国，根植于英国的普通法传统及司法应独立于政府及其下属的安全部门的前提，是英国的执法机构与司法机构之间存在完全独立的关系，英国执法机构的官员不会直接与法官合作。同时，英国的检察官对警察侦查活动的指挥权要远远小于法国的检察官，从传统上讲，英国的皇家检察官署与英国警察机构之间的合作频率是很低的。[①] 因此，多年来反恐情报部门和警察机构合作紧密，却相应地独立于法官和检察机关。

英、法两国反恐组织体系的区别可以追溯到法国的中央集权传统和英国的反中央集权即司法独立传统。法国的中央集权传统能够整合国家不同的反恐机构，而这种效果是英国无法达到的。在法国，司法机关与国家安全部门（即情报机构）之间的合作，即反恐预审法官与国土监视局的合作已经成为法国反恐非正式组织流程的一部分，而且保持着一种高水平的合作关系。因此，英国与法国之间的区别不仅在于其反恐机构组织体系的不同，更在于反恐实践操作形式的不同。

---

① 英国的现代检察制度发展得非常迟缓，直到 1985 年才成立了全国性的检察机构——"皇家检察官署"，承担少数公诉职能。英国的起诉传统是由负责侦查的警察机关聘请律师对犯罪嫌疑人提起指控。

第九章　法国反恐政策对本国穆斯林的影响

从法国大革命时期的国家"恐怖主义"至今，法国经历恐怖主义已有两百多年的历史。第二次世界大战结束以后，各种"角色"受各种意识形态支配和基于各种原因在法国的领土上实施了多起恐怖袭击，这包括自 20 世纪五六十年代以来受右翼势力支配的"秘密军队"组织实施的恐怖袭击，20 世纪 80 年代左翼势力控制的"直接行动"组织实施的恐怖活动，以及主要由巴斯克和科西嘉民族主义团体发起的民族分裂恐怖活动。20 世纪 90 年代法国遭受的一系列恐怖袭击则来自阿尔及利亚内战中具有宗教动机的伊斯兰恐怖组织 GIA。

随着法国政府外交政策及对恐怖势力态度的改变，在经过大刀阔斧的刑事司法体系改革之后，法国反恐斗争取得了令人惊叹的成效。从 1996 年到 2012 年，法国境内几乎没有发生一起恐怖袭击，而在此期间其邻国西班牙和英国却相继遭受了"3·11"炸弹袭击和"7·7"爆炸袭击。在西方国家中，坚持"世俗主义"的法国似乎对伊斯兰恐怖主义的"免疫力"比较强。但是，2012 年 3 月，当一名 23 岁自称"基地"组织成员的阿尔及利亚裔法国人穆罕默德·梅拉赫在法国南部图卢兹等地连续枪杀 7 人的恐怖袭击发生之后，人们开始关注暴力宗教激进主义带来的潜在安全威胁，开始围绕法国安全部门为何未能阻止连环枪击展开激烈的争论。

穆罕默德·梅拉赫恐怖袭击事件发生在竞争激烈的 2012 年法国总统大选的前几周，这不可避免地诱发了一些政治"阴谋论"。右翼势力总统候选人玛丽娜·勒庞①引发争论，企图将事件归咎于宽松的移民政策。然而，即将离任的法国总统尼古拉·萨科齐承诺他若能重新当选总统，将实施更严格的反恐立法。同时，左翼势力总统候选人弗朗索瓦·奥朗德也警告，勿因梅拉赫事件而引发对法国穆斯林社区民众的歧视。尽管法国政治领导人一再要求统一，但是，穆罕默德·梅拉赫恐怖袭击事件仍然揭示了一个令人担心且深远的问题，那就是法国人已对伊斯兰教信徒产生了歧视和极大的恐惧。

正如法国前总理多米尼克·德维尔潘所说：法国如今的第三个敌人是"社会分裂"。国家的社会形势正在变得一天比一天紧张，它的精英们正越来越多地公开谈论族群分裂和排他情绪。历史告诉我们，团结的堤防一旦毁坏，国家就有崩溃的危险。如果我们自己也必须使用暴力，那就说明我们的社会已经分裂、衰退、封闭，变成了一个正在流血的受伤之国。文字论争和各种煽动性言论已经表明，问题并不在于我们要从其他人、入侵者或假想敌中拯救自己，而在于我们需要从自我中拯救自己，从自暴自弃、自甘堕落中拯救自己，从西方世界和自杀的诱惑中拯救自己。面对这场考验我们每个人都要履行自己的义务，让我们行动起来，敢于担当，沉着冷静，团结一致。让我们按照标准的民主方式反击恐怖主义，重新回归我们的本性——坚定的共和政体的拥护者，我们坚信可以通过对话来解决分歧，坚信文化、教育与和平的力量。②

一、民族、种族与宗教团体——反恐政策关注的焦点

法国是欧盟面积最大的国家，其领土面积超过 67 万平方公里。同时也是西欧第二人口大国，总人口超过 6500 万。③ 由于法国悠久的殖民历史及其长期在三大洋中占有海外领土的原因，法国族群构成自然呈

---

① 玛丽娜·勒庞（Marine Le Pen，1968 年 8 月 5 日— ），是法国极右翼政党"国民阵线"原主席老勒庞（让－玛丽·勒庞）之女，现任"国民阵线"领导人。同老勒庞一样，玛丽娜的极端民族主义思想浓厚，奉行"法国人优先"的理念。她主张限制移民，以确保"法国的身份"。她反对堕胎和同性婚姻，甚至反对全球化。

② ［法］多米尼克·德维尔潘：《对恐怖主义、恐惧和社会分裂说"不"》，王倩、彭翠岩译，载《中国经济报告》2015 年第 2 期。

③ CIA World Factbook entry for "France", http://www.cia.gov/library/publications/the-world-factbook/geos/fr.html［31 May 2012］.

现出多样化。此外，当地习俗和方言不仅历经几个世纪仍得以幸存，还在法国的很多地方不断壮大，形成了强烈的区域标志。这在法国西南部的巴斯克和加泰罗尼亚地区（这两个在西班牙边境与其临近地区继续保持强劲文化的地区）尤其明显。同样，还有位于地中海的科西嘉岛，该岛为热那亚殖民地，于 1769 年并入法国版图。20 世纪 70 年代以来，科西嘉的民族主义者向法国当局发起了旷日持久的反对运动。

当代法国社会的种族多样性，在很大程度上取决于来自世界不同地区接连不断的移民浪潮。法国学者 Gérard Noiriel 开创了法国移民研究，声称近三分之一的法国人中至少有一位父母、祖父母或曾祖父母是移民。在 18、19 世纪，最大的移民队伍来自邻国意大利。19 世纪末至 20 世纪初，许多其他非本土大民族如西班牙人、葡萄牙人和希腊人也在法国定居。①

20 世纪下半叶，新的移民浪潮加入早期各种地区（主要是欧洲）的移民浪潮中。法国在非洲和第二次世界大战之后的远东地区"反殖民化"浪潮，直接导致了这种移民过程。因此，20 世纪 60 年代至今那些定居法国的新移民大都来自原法国殖民地如北非中部、撒哈拉以南非洲和中南半岛地区。理所当然，今天生活在法国穆斯林地区的大部分人主要是北非移民及他们的后代。在近代，这些移民中又加入了一大群土耳其裔的移民，这些人离开德国定居到相邻的法国。由于战后形势的变化，伊斯兰教在半个世纪内已经成为法国天主教之外的第二大宗教。据统计，有 2368 座清真寺和祈祷所分散在法国各地。因此，在西欧，法国目前是穆斯林社区最为集中的地方。据估计，伊斯兰教的追随者占法国总人口的 3% ~ 10%。②

1872 年法兰西第三共和国颁布《禁止州政府收集公民个人关于种族或宗教信仰的信息》的法律条令。因此，要想在法国准确地确定穆斯林社区的大小是一项特别困难的任务。那时，政府认为这种信息本质上属于公民个人隐私范畴，并认为收集这些数据作为官方人口普查的内

---

① Gérard Noiriel, Guidebook of Immigration in France [Atlas de l'immigration en France], (Paris : Autrement, 2002), p. 11. See also Gérard.

② Noiriel, The French Melting Pot : History of Immigration in the 19th and 20th century [Le Creuset Francais: Histoire de l'immigration XIXe – XXe siècle], (Paris : Seuil, 2006).

容，最终可能会导致基于公民种族或宗教信仰的歧视。因此，这是与"自由、平等、团结"的革命原则相抵触的。在现代，这个基本原则也已被 17 - 78 号法律（1978 年 1 月 6 日）的第 8 条重新申明。第 8 条清楚地强调"禁止收集或利用直接或间接地显示（个人的）种族或民族起源、政治、哲学或宗教信仰的个人数据"。

　　作为一个坚定的世俗主义共和国，法国严格执行国家和宗教权威分离的原则。因此，法国政府没有关于其公民宗教信仰的官方统计数据。但是这个规则存在两个明显的例外：第一个与非公共机构相关，如私人调查机构可以询问和记录被调查者的宗教信仰。然而，尽管受访者通常来自众多法国人口样本中的代表，但因其推断结果基于固有的有限参与者，自然也就不如系统的全国性人口普查准确。因此，民调机构调查的数值与实际生活在法国的穆斯林人数差距很大。例如，2007 年 4 月 TNS ①法国民意测验调查所发现，穆斯林人口占法国人口的 3%。然而，据法国《世界报》报道，法国著名民意调查机构 CSA 发现 2007 年 1 月这个数字实际上接近 4%。两年后，也就是在 2009 年 8 月，法国的一项研究得出结论说，穆斯林人口占法国总人口的 5.8%。②

　　很幸运，还存有一般禁止向法国公民收集个人宗教信仰资料的第二个例外。人们注意到某些公立机构的任务恰恰是收集法国人口数据，以支持他们分析相关的社会经济和政治趋势。因此，这些机构可以询问被调查者的宗教信仰，但其前提是：第一，这项研究具有特别需要的目的（如个人数据收集）；第二，已经获得法国数据保护局（CNIL）和全国信息统计委员会（CNIS）的批准。因此，在第 8 条详细规定这两个公立机构不受此条禁令的约束。第 78 - 17（1978 年 1 月 6 日）号法律中包括人口研究所和国家统计局。③

―――――――――――

①　TNS 市场研究公司（Taylor Nelson Sofres，TNS，特恩斯市场研究公司，也译为索福瑞集团）：市场信息的全球领导者，1997 年总部位于英国的 Taylor Nelson AGB 与总部位于法国的 Sofres 公司合并形成了 TNS。

②　Hortefeux：France must condemn Islamophobia［Hortefeux：La France doit condamner l'Islamophobie］，*Le Figaro*（6 December 2009），http：//www. lefigaro. fr/actualite - france/2009/12/06/.

③　s, Evangelical Christians, Jehovah's Witnesses, Orthodox Christians, Scientologists, Mormons, and Sikhs. See United States Department of State,2010 Report on *International Religious Freedom - France*（17 November 2010），http：//www. unhcr. org/refworld/docid/4cf2d09b2d. html.

在此基础上，法国人口研究所（INED）和国家统计局（INSEE）于2008年加入法国人口多样性特别调查的行列，其得出可靠的结论——法国公开的穆斯林人口有210万（大约占总人口的3%）。2008年9月至2009年2月，在法国大城市进行的广泛调查所获取的样本数量异常庞大，代表普通人群、移民及他们后代的受访者有21000名。这份调查旨在评估移民的起源对一个人的社会轨迹和生活条件，以及获得住房、教育、就业、公共服务、福利规定等的影响程度有多大。这次广泛的调查填补了法国关于少数民族人口统计知识和信息的一个重大空白。事实上，2012年前几年这些少数民族就成为了研究的对象，但以前从没有使用规模如此庞大的样本，并覆盖如此众多社会生活领域的调查。①

法国人口研究所和国家统计局最初的研究结果发表在2010年10月的一份联合报告中，题为《轨迹和起源：人口多样性的调查》（以下简称TeO）。因为这份调查样本特别大，并且详细地研究了少数民族社区群众在各种社交场合受到的歧视，所以TeO中提出的许多问题都很有价值。虽然TeO调查并不特别关注穆斯林社区本身，但对于受访者移民起源的详细数据分类，便于了解来自阿尔及利亚、摩洛哥、突尼斯和土耳其移民（以及他们的后代）在法国社会的感受，也有助于他们和其他法国人，以及今天定居法国的其他少数民族之间进行比较（各种社会经济指标）。其实，这种差距是很明显的。

（一）民族、种族或宗教团体的迁移和定居模式

在第一个例证中，TeO调查结果证实了关于穆斯林人口到法国的迁移模式的普遍假设。尽管其分类是依据最初从哪里来的，但它们也揭示了穆斯林人口的一些轻微差异。例如，20世纪60年代末和70年代初（分别为1968年和1971年）阿尔及利亚人、摩洛哥人、突尼斯人移居法国是一个重要标志，而直到1975年之后土耳其人才迁移到法国。调查结果还表明，在一段时间内北非国家也发生迁移，而且至今还在以稳定的速度迁移。90%的受访者表示阿尔及利亚裔人是从1968年至2004年长达36年的时间跨度内抵达法国的。相反，50%的东南亚移民是从

---

① "Analysis 1989 - 2009: Geographical spread and evolution of Islam in France", http://www.ifop.com/media/pressdocument/48 - 1 - document_file. pdf [31 May 2012].

1977 年至 1985 年这 8 年内抵达法国的，这说明高度集中的流亡迁徙时期已经减缓。[1] 正如前面已经提到的，20 世纪 70 年代中期前已经定居在法国的移民主要来源于欧洲南部的意大利，可以追溯到的最早的移民还包括来自葡萄牙和西班牙的。所以，这些"旧的"移民人群往往在法国社会中的整体生活水平是最好的。

法国许多移民社区的空间分布呈现出一种有趣的现象：移民们在法国的最初定居地通常邻近其原来的国家，当然穆斯林社区也不例外。例如，53% 的意大利或西班牙裔仍然住在法国南部，而土耳其移民和他们的后代往往集中在法国靠近德国的那些地区，土耳其移民社区中心向西迁徙运动。更详细地说，五分之一的土耳其裔移民住在阿尔萨斯地区、洛林地区及佛朗士孔泰地区（在法国和德国边境），还有四分之一的人居住在罗那阿尔卑斯走廊和奥佛涅地区。北非裔穆斯林人口的定居模式，反映出广泛的移民社区（穆斯林）特征。因此，年龄在 18~50 岁的北非裔穆斯林移民 40% 以上居住在法兰西岛地区，他们是当地主流人口的 2 倍。相类似的，这些北非裔穆斯林移民也通常倾向于围绕着庞大的人口和工业中心定居。[2]

TeO 发现的这些研究结果与 2009 年 8 月 Ifop 民调机构研究的结果相匹配，后者集中研究了法国穆斯林社区的空间分布。Ifop 调查同样发现，法国的穆斯林社区大多位于该国东部并且在法国最具城市化和工业化的城市。超过 10% 的穆斯林分布在首都巴黎东北部的郊区。有 5.8% 到 9.9% 的人口位于主城中心的罗纳阿尔卑斯、普罗旺斯、阿尔萨斯、洛林和皮卡第地区。[3] 这种定居模式在很大程度上反映了法国穆斯林社区通常是由低收入者组成，许多人受教育水平较低或者没有接受教育，因而出现他们被大型工业和人口中心所提供的就业机会所吸引，这一潜在的现象反映现实社会经济问题。

Ifop 调查还发现，穆斯林社区男女比例中男性比例偏高，这一现象

① Cris Beauchemin, Christelle Hamelle and Patrick Simon, *Trajectories and Origins*: *Survey on Population Diversity in France*, (Paris: INED, 2010), http://www. ined. fr/fichier/t_telechargement/ 45661/telechargement_fichier_fr_dt_teo_168_english. pdf.

② Analysis 1989 – 2009: Geographical spread and evolution of Islam in France' http://www. ifop. com/media/pressdocument/48 – 1 – document_file. pdf.

③ Trajectories and Origins: A Survey on Population Diversity in France, p. 16.

与其他地区女性占多数是不相同的。这个轻微的差异反映了这样一个事实：北非的年轻男性为在欧洲大陆寻找更好的机会，才掀起了最近的伊斯兰国家人民移入法国的浪潮。事实上，调查还表明法国穆斯林社区中年轻人的比例格外突出，35 岁以下的人占法国穆斯林社区人口的 60%（一般人群中 35 岁以下人口占 32%）。最后，穆斯林人口在工人和雇员中也占有较大的比例，并且所占比例明显高于那些经济不活跃的领域（学生、求职者等），也高于法国人口的其他部分。① 虽然这种现象部分是由于法国穆斯林社区的整体年龄较轻（解释为什么学生和求职者往往会更多）的原因，不过它反映了穆斯林社区在社会经济方面往往被边缘化的现象。

（二）民族、种族或宗教团体的社会经济数据

法国穆斯林社区的人口和经济分析揭示了一些重大变化，这些变化是相比于法国穆斯林以外的其他移民而言的。2009 年 Ifop 发现阿尔及利亚、摩洛哥、突尼斯和土耳其裔移民失业率都特别高，甚至高于其他移民社区，2010 年的 TeO 调查结果证实了这一发现。② 有趣的是，来自这些国家的移民后裔失业率更高。例如，摩洛哥/突尼斯血统的男性达到 61%；土耳其裔达到 67%；据记录 69% 的阿尔及利亚裔父母的后代被雇用。然而，西班牙和意大利移民（86%）、葡萄牙（82%）后裔的就业率或其他欧盟国家的平均就业率（81%）与主流人群就业率（81%）相差不大。③

TeO 研究者承认少数民族群体的年龄差异在一定程度上可以解释这一现象。因为在少数民族群体行列中穆斯林社区年轻人比例明显要高，所以在这些社区失业率相对更高也就在情理之中了。为了控制这种可能性，他们只对 30 岁以下年轻人的失业风险做了比较。虽然失业风险的差异很明显（因为主流人口中青年失业率也很高），不过研究发现，来自土耳其移民的后裔失业风险率为 1.3%，摩洛哥和阿尔及利亚/突尼

---

① "Analysis 1989 – 2009: Geographical spread and evolution of Islam in France", http://www.ifop.com/media/pressdocument/48 – 1 – document_file.pdf [31 May 2012].

② Trajectories and Origins: A survey on Population Diversity in France, p. 53.

③ Silbermann, Roxanne; Alba, Richardand Fournier, Irene, "Segmented Assimilation in France? Discrimination in the labour market against the second generation", Ethnic and Racial Studies, Vol. 30 (1 January 2007), pp. 1 – 27.

斯失业风险率分别为1.6%和1.8%，而他们的失业风险仍高于主流人群中青年的失业风险。[1]

因此，尽管不同少数民族的年龄差异对失业率有明确的影响，然而分析表明"在其他条件不变的情况下，考虑许多结构性因素后，穆斯林移民和他们后代的失业率明显高于主流人口"。这种"客观"的结果与人们对歧视的主观认知在很大程度上是相同的；失业率最严重的移民群体，同时也是指责在过去五年里经常会遇到工作申请被不公平地拒绝的一部分。

更具体地说，27%的突尼斯和摩洛哥移民后裔，21%的阿尔及利亚裔和17%的土耳其裔的父母称他们在求职时都遭到过不公平的拒绝（相比之下，只有5%的主流人口受访者报告类似事件）。此外，对于那些来自阿尔及利亚、摩洛哥、突尼斯和土耳其移民及其后代来讲，他们更容易获得有偿就业，TeO调查发现他们获得的平均小时工资低于主流人群。这一现象也反映了这些移民的教育水平较低。例如，据记录34%的土耳其人，34%的摩洛哥/突尼斯人和27%的阿尔及利亚移民没有任何正式的就业资格（相比主流人口中的9%）。更能说明问题的是，在这些穆斯林移民的后裔中，18～35岁男性没有就业资格或资格较低的比例（小学或更低中学证书）几乎是主流人群的2倍。[2] 这些结果表明，穆斯林移民的孩子倾向于远离法国教育系统，没有文凭或文凭较低，他们中的许多人选择短期技术或职业课程而不是一般的文凭（后者通常是高薪就业机会的一个先决条件）。

这一趋势在一定程度上是由于大多数移民通常来自工人阶级家庭（通过父亲的职位确定）。因此超过70%的北非和土耳其移民的父亲被雇佣为体力劳动者。这些社会因素在一定程度上有助于解释为什么穆斯林社区年轻人教育水平低下。然而有趣的是，许多穆斯林青少年也表示，当他们决定走向高等教育的路途时"已不能受到良好的待遇"。这种不公正的感觉在摩洛哥和突尼斯（23%）、土耳其（22%）和阿尔及利亚（20%）移民后裔中很明显，他们还报告在学校经历的民族或种族歧视。事实上，在学校遭到不公正待遇这个中心主题的一个可能原因

---

[1] Trajectories and Origins：A survey on Population Diversity in France, p. 53.

[2] Trajectories and Origins：A survey on Population Diversity in France, p. 47；p. 64.

首先是"起源"，其次是"肤色"。这种普遍存在的不公平感会削弱法国教育制度的合法性，因此也能解释为什么穆斯林移民的孩子对社会的失望情绪会迅速上升。对那些孩子和他们父母的歧视（直接或者间接）扩展到社会生活的其他领域。大部分的受访者反映他们在获得政府公住房时遭到歧视。这包括21%的阿尔及利亚移民（15%为他们的后代）；16%的摩洛哥和突尼斯移民（14%为他们的后代），以及7%的土耳其移民（17%为他们的后代）。相比之下，主流人口中反映获得政府公住房过程中遭到歧视的情况只有5%。①

意料之中的是，穆斯林移民和他们的后代不太可能成为业主，获得公住房的可能性也不会大于主流人群。因此，超过一半来自阿尔及利亚的移民居住在公住房（占55%，在法国高于任何其他移民群体），紧随其后的分别为45%的摩洛哥和突尼斯人，以及占41%的土耳其人。这些比例要略低于他们后代所占的比例（分别为45%、35%和39%），但仍明显高于整体所有移民后裔19%这一平均数，也为主流人群15%的2倍。

这些结果除了反映出这个社区相对贫困的本质，还反映了那些上层社会人群"一朝为公住房的房客，一生为公住房的房客"的心态。无法接受高等教育的不平等感受，以及缺乏就业前景，使大量的年轻人倍感失望，并促使其对政府机构产生不信任感。因而，这也就很容易引发更多极端主义意识形态，以此作为一种发泄的途径。重要的是，TeO 的发现证实了先前关于这一主题研究的结果，他们发现尽管在求职过程中移民低教育水平的经历在劳动力市场上是一个影响因素，但劳动力市场的不公平现象，更多的是由第一代和第二代劳动力教育水平低以外的其他因素引起的。洛佩兹和托马斯（Lopez and Thomas）2006 年的报告中提到，移民青年往往不满意他们的职业现状，感觉他们在工作中不被认可，也不能充分利用他们所学的技能。艾琳·弗尔涅和罗克珊·希尔伯曼（Irène Fournierand and Roxane Silberman）的研究同样表明，第二代移民青年失业率高的风险，来自欧盟以外的因素，不能仅归于他们的教育水平。最后，不仅法国穆斯林人口是比其他人更容易失业的人员，而

---

① Trajectories and Origins: A survey on Population Diversity in France, p. 94.

且他们还将遇到更多找到长期、全职工作的问题。[1] 因此，法国必须评估反极端主义政策以迎战这一宏观的社会经济背景。

（三）少数民族或社区与政府决策者或官方间的合作对话机制

穆斯林社区缺乏一个代表自身利益的单独"特权对话者"与法国政府面对面对话，所以民族融合的过程更加困难，而且也导致穆斯林在社会经济上都被边缘化了。与有着严格等级组织体系的天主教不同，在法国伊斯兰教主要是建立在一张四处分散的网上——由一座又一座清真寺和祈祷所形成的网。因此，法国穆斯林社区通常"缺乏发展共识和组织宣传反对政府的凝聚力与制度机制"，所以一直处于一种独特的劣势。为了弥补长期以来穆斯林群众代表不足的问题，也为了方便给法国当局提供一个关于影响法国穆斯林社区问题的单向联系方式，时任法国内政部部长皮埃尔·舍韦内芒（Jean - Pierre Chevènement）在 1999 年开始组织协商此事。舍韦内芒的继任者丹尼尔·瓦阳（Daniel Vaillant）继续推进这个议程，并最终于 2003 年与明确表示支持的后法国内政部部长尼古拉·萨科齐，共同倡导建立了一个集中代表穆斯林社区的机构——法国"穆斯林信仰委员会"（French Council of the Muslim Faith，CFCM）。

CFCM 是一个国家级团体组织，这一团体旨在扮演一个相对于官方政府官员和决策者的法国穆斯林社区代表。CFCM 重整旗鼓，联合许多规模较小的地区性协会（穆斯林区域安理会）、礼拜联合协会管理的地方、清真寺，以及与后者相关联的个人。CFCM 章程第 1 条表明，其目标是"捍卫法国信仰穆斯林者的尊严和利益；促进礼拜场所之间的信息和服务共享；鼓励不同宗教之间的对话；代表穆斯林社区与地方政府对话"。[2]

为此，CFCM 也大致描述了一些可能参与行动和活动的内容，例如，"在所有与穆斯林宗教相关的事件和公开宣言中代表穆斯林信仰，在公开辩论与媒体沟通时作为穆斯林社区的代言人；参与所有与穆斯林

---

① Elizabeth Sebian, *Islam in France*, available online at http://www. euro - islam. info/country - profiles/france/［2 July,2012］.

② "Statutes of the French Council for the Muslim Faith"［Les Statuts du Conseil Francais du Culte Musulman］,available online (in French) on the CFCM'shttp://www. lecfcm. fr/? page_id = 16［31 May 2012］.

信仰有关的委员会或工作小组；组织关于伊斯兰教的座谈会、会议和公共活动，组织提高伊斯兰意识的课程和培训班；可以出版书籍，视听资料或电子材料来支持这些目标的实现。①"CFCM 是在 2005 年之后由一个政府支持的用于帮助建立新的清真寺和祈祷所筹资的"伊斯兰基金会"建立。这个基金会也是由尼古拉·萨科齐倡导的，该基金会创建的初衷是因为政府认为清真寺的缺少可能会促使伊斯兰极端分子在分散于全国各地的秘密祷告场所里获得"立足之地"。

虽然有"伊斯兰基金会"和 CFCM，但是，这些组织容易受到国家干预，而且不能充分代表法国穆斯林多样化的种族和宗教组成的舆论。例如，CFCM 分配席位要根据每个清真寺的占地面积，以及利益集团（尤其是那些从沙特阿拉伯和海湾国家获得资金的集团）是否有大量资金来源来确定。此外，第一个当选 CFCM 院长的是博巴克尔（Dalil Boubakeur），他是巴黎大清真寺的院长，还是法国政府选举的候选人。虽然博巴克尔是在不能广泛代表社区而亲政府的批评声中当选的，不过 2005 年 6 月 19 日他再次当选领导委员会院长。尽管存在这样那样的问题，但 CFCM 作为法国穆斯林社区的发言人仍在突出和争议的穆斯林问题中展示出其领导作用。其中有争议的事件包括，2004 年在学校和公共管理部门禁止"明显宗教标志"（尤其是穆斯林的头巾）；2005 年巴黎郊区发生的骚乱；② 2006 年"先知"穆罕默德漫画的争议；③ 2011 年禁止全身罩袍；2012 年 3 月穆罕默德·梅拉赫杀戮事件。

---

① Emma Charlton, "Sarkozy calls for change to 1905 secularity Law", Middle East Online (31 October 2007), http://www. middle - east - online. com/english/? id = 14899.

② 2005 年 10 月 27 日至 11 月 17 日，巴黎郊区爆发长达 20 天的社会骚乱，由于法国政府应对失当，骚乱在短时间内蔓延至全国，并波及德国和比利时。

③ 《日德兰邮报》穆罕默德漫画事件是 2005 年至 2006 年由讽刺伊斯兰教先知穆罕默德的 12 幅漫画引起的系列争议及政治事件。这些漫画最初于 2005 年 9 月 30 日在丹麦销量最大的日报《日德兰邮报》上刊出，引起伊斯兰世界的强烈不满。在伊斯兰世界，刊登先知图像已是亵渎先知，因此，丹麦报业此负面描绘穆罕默德的 12 幅漫画，导致穆斯林民众的抗议，也带来部分极端分子的恐怖威胁。丹麦政府尽管谴责这样的污损行为，但也指出丹麦民族的幽默特质，并强调捍卫民主与言论自由。随后，丹麦、德国、瑞典、挪威、比利时、冰岛及其他部分欧洲国家还有美国的报纸也陆续刊登这些漫画，立场同样是捍卫言论自由。伊斯兰世界的抵触情绪与动作亦逐步升温，该事件成为国际瞩目的新闻及政治事件。

二、差别性对待——反恐政策下穆斯林对政府的信任度

法国国家警察（Police Nationale，隶属于内政部，区分于隶属国防部的宪兵）内的所有人员都要遵守 1986 年启用的《警察职业行为准则》，每个警察在职业生涯的最初训练期间都会收到《警察职业行为准则》的复印件。每个警员在从事所有执法活动时都必须绝对尊重法律，并把忠诚、诚实、客观及即使他们不值班也应该帮助有生命危险的人等要求强加于警察义务中。《警察职业行为准则》第七条指出，"一个警察的职责就是服务于普通人群，因此面对公众他们必须起模范榜样作用。警察必须绝对尊重所有人，无论他们的国籍或民族起源、他们的社会背景，或他们的政治、宗教或哲学信仰"。第十条还补充说，"警察必须保护被逮捕的任何人，禁止警察或第三方使其遭受任何类型的暴力或不人道或有辱人格的待遇"。①

任何违反行为准则的人都会受到行政处分，如果其行为被证明是犯罪行为则会被提起刑事诉讼。另外，如果警察由于他们的职业或在履行职责时成为犯罪的受害者，受害警察或其家人可以受益于额外的法律保护。与国家警察不同，国家宪兵（Gendarmerie Nationale）没有一个正式的行为准则。但是，国家宪兵集合了所有的内部规章制度，宪兵队成员必须服从这些规章制度。因为它的制度是军事领域的一部分，所以国家宪兵反而依赖于各种各样的文本，如 1975 年的《军队一般纪律规定》和《武装部队人员通行法规》。②

（一）穆斯林对警察与司法系统的信任度

虽然有一系列的法律机制确保执法机构公平对待所有的公众成员，然而穆斯林移民和他们的后代却经常报告被这些机构歧视的经历。在这方面，TeO 的调查结果特别有启发性。调查人员对受访者询问他们对各种国家机构的信任水平，包括警察机关和司法机构。主流人口中，75%的受访者表示他们相信警察，71%的人表示信任司法系统。然而，来自

---

① The full text of the Code de Déontologie de la Police Nationale is available on the Ministry of Interior website (in French), http://www. interieur. gouv. fr/misill/sections/a_l_interieur/la_police_nationale/ [8 July 2012].

② Website of the GIGN, http://www.gign. org/groupe – intervention/? page_id = 24 [28 June 2012].

北非移民的后代和土耳其后裔对这两个机构的信任度显著降低。例如，土耳其裔信任司法系统的比率保持在 69%，摩洛哥和突尼斯的比率为 62%，阿尔及利亚裔低于主流人口平均水平整整十个百分点，几乎为 61%。[1]

在对警察信任度的调查中这种分歧更为显著，据报告显示移民后代不信任警察的比例极高。例如，只有 62% 的土耳其后裔称其相信警察。来源于摩洛哥/突尼斯和阿尔及利亚的人中对警察的信任比例分别降至 56% 和 52%，这个值低于主流人口达 23%。其他移民群体中，只有撒哈拉以南的移民后代对警察的信任水平较低（45%）。[2]

主流人口与穆斯林后裔之间对警察信任水平有极其明显的差异，不能仅仅解释为一种对执法机构的普遍厌恶，或者没有统计数据显示穆斯林后裔对正义及对警察不同感受的差别。要解释为什么穆斯林后裔对警察有显著的不信任，就必须考虑这些人与警察打交道的频率，尤其是在警察的身份检查活动中。来自工人阶级家庭的年轻人，特别是移民后裔，这样的身份检查一直是争议的焦点。事实上，2009 年的一项研究证实，警方检查通常是针对显然属于少数民族或"青年"着装的年轻人。[3]

《移民发展轨迹和起源调查》（*The Trajectories and Origins survey*）同样记录了受访者反映的被警察控制的频率。研究发现，受访者被警察控制频率基本上是每年一次，无论其为何种移民身份来源（不分主流人口或移民后裔人口）。然而，当被警察控制的次数超过一年一次时，不同身份来源人口的比例差异却十分明显。主流人口中只有 13% 报告其一年内被警察控制的次数超过一次，而在阿尔及利亚后裔中这一比例上升至 21%，土耳其移民后代中为 23%，来自摩洛哥和突尼斯移民的后裔中这一比例近 24%，只有来自撒哈拉沙漠以南的非洲后裔反映其受到警察更为频繁的控制（27%）。[4] 这些调查结果表明，警察往往针对这些少数民族团体采取更加频繁的检查，显然警察的执法活动具有种族

---

① Trajectories and Origins：A survey on Population Diversity in France, p. 108.

② Trajectories and Origins：A survey on Population Diversity in France, p. 109.

③ Elizabeth Sebian, *Islam in France*, available online at http://www. euro － islam. info/country － profiles/france/［5 June 2012］.

④ Trajectories and Origins：A survey on Population Diversity in France, p. 109.

偏见。

根据 TeO 研究者所言，"调整警察控制频率的主要参数是年龄、居民区和性别"。事实上，年龄在 20 ~ 25 岁的男性群体在其他所有条件相同的情况下，北非移民后裔被警方多次控制的概率为 47%。相反，西班牙或意大利移民后裔（33% 的人没有外国血统）被警察控制的概率只有 32%。因此，种族或宗教归属在决定警察身份检查的频率中显然扮演着重要角色，并且那些北非裔后裔成为控制目标的风险更大。没有被控制的人中有 25% 声称他们不相信警察，但那些被多次控制的人声称不相信警察的比例上升至 54%。① 这一发现反过来解释了为什么这些人对警察机关的信任程度较低。

（二）影响穆斯林和政府关系的关键问题或事件

穆斯林群体对警察的低程度信任及执法机构已经反映出的差别性对待，在一定程度上对少数民族和警察关系增加了负面影响。最具代表性的事件是法国北非裔青年于 2005 年 10 月和 11 月在巴黎郊区和其他主要城市发动的大规模骚乱。巴黎郊区骚乱肇始于一起移民少年死亡的偶发事件。2005 年 10 月 27 日，巴黎东北郊区克利希苏布瓦镇的两名北非裔移民少年因躲避警察盘查而意外触电身亡，引起当地移民的强烈不满。当晚，数百人走上街头，焚烧垃圾桶、汽车，并试图冲击镇议会厅。当地警察前去干预后，移民的暴力行动有增无减。在冲突中，有 20 余名警察受伤，10 余名肇事者被捕。此后，当局迅速在该地区增加警力并逐步控制了局势。②

暴乱的严重程度促使政府在 2005 年 11 月 8 日宣布进入紧急状态，议会被推迟三个月到 2005 年 11 月 16 日才召开。这是凸显这些年轻人困境的第一个事件，却导致了深深的怨恨。现在回顾这一事件，学者和政治家们更倾向于承认社会经济因素在事件的整个过程中扮演了重要角色，但是在那个时候，右翼政客和政府成员却把暴力跟伊斯兰教和移民问题联系在一起。但是，当时的内政部部长萨科齐赶到巴黎市郊阿尔让

① Trajectories and Origins: A survey on Population Diversity in France, p. 110.
② 《2005 年法国骚乱》，载百度百科，http://baike.baidu.com/link? url = MPAhdpa 9myWMm598to2W5Q6oVp68dIjlAsFh1k － UyPzN － UlymQY6yOEY6WLz37adrPOzxWA5Wbu0 GtD-fP1v55.

特耶地区视察并发表强硬讲话，称政府一定要对策动骚乱的"社会渣滓"予以严厉清洗，其强硬言辞进一步激化了群众的不满情绪，人们以石头和瓶子回应。两年后，即 2007 年 11 月 26 日警察开着警车追逐两名骑摩托车的涉嫌轻微犯罪的青年时相撞导致这两名青年死亡事件，在巴黎郊外的瓦勒德瓦兹省也引发了一波动荡。之后，当选为总统的尼古拉·萨科齐说："在维利耶尔勒伯地区发生的事无关社会危机，这仅仅是流氓恶势力行径，"该言论一出又引发了另一波谴责。①

除此之外，还有一些其他的重要政策影响着法国政府与穆斯林社区间的关系，如 2003 年关于在公立学校禁止佩戴"明显宗教标志"（如穆斯林头巾或犹太小圆帽）的争论。2004 年 3 月 15 日，2004 - 228 号法律②通过"世俗原则"和在公立学校禁止佩戴明显宗教符号的规定，2004 年 9 月第二学年开始这一规定生效。

长期以来，如何处理"法国穆斯林妇女在公众场合佩戴头巾或面纱"一直是法国社会最棘手的难题之一。穆斯林学生几乎每年都会因佩戴头巾而与校方发生矛盾或冲突。尤其是 2003 年 9 月，巴黎大区两名穆斯林女生因坚持佩戴头巾上课而被校方勒令退学后，更加剧了法国各界对有关问题的争论。尽管这一法律禁止佩戴的包括所有的宗教标志，但该法被指责主要是针对穆斯林女性佩戴头巾而制定的。因此，当地舆论普遍称其为"头巾禁令"。这项禁令是一个非常有争议的问题，它与法国公众舆论有分歧。2004 年 2 月《巴黎人报》（*Le Parisien*）③出具的一项 CSA 调查显示，69% 的人支持该禁令，而 29% 的人表示反

---

① Elizabeth Sebian, *Islam in France*, available online at http://www. euro - islam. info/country - profiles/france/ ［5 June,2012］.

② 该法律草案主要包括 4 项条款：一、禁止在公立小学和中学佩戴明显宗教标志，违规学生如不听从学校口头警告将受到校内纪律处罚；二、在法属某些海外省和海外领地，只能在直属于国家管辖范围的公立中学佩戴明显宗教标志；三、这一法律自公布之后的下一个新学年开始生效；四、法律实施 1 年后将被重新评估，如有必要可以进行修改。按照计划，该法律草案将在今年 9 月新学年开始前颁布实施。穆斯林头巾、犹太人圆顶小帽、特大号十字架等在公立学校都将是被禁佩戴的宗教标志。

③ 原名《解放了的巴黎人报》（*Le Parisien Libéré*），1986 年更名为《巴黎人报》，该报在巴黎外其他地区叫《今日报》。《巴黎人报》是法国知名报刊，是巴黎地区阅读率最高的一份报纸，即使在别的省份也是很受欢迎的刊物。它一向以信息客观及慎选报道主题而享有盛名。

对。然而，在穆斯林人口中的调查显示，反对者的比例高达53%。最后，在穆斯林妇女中展开的调查结果显示：49%支持该法案，43%反对。[1]

随后，法国政府于2011年启用了在公众场所禁止遮盖面部这一新的法律，俗称"面纱禁令"[2]。法国是欧洲第一个在全国范围内通过禁止戴面纱的法律并付诸实施的国家。虽然法律没有明确指出针对伊斯兰面纱，但它有效地禁止穆斯林妇女在公众场合穿全身罩袍（完全掩盖了一个女人的脸），再次被穆斯林社区视为旨在排斥他们。"萨科齐政府的面纱禁令是在向穆斯林社会发出挑战，要求其改变生活方式，但这项禁令会让法国的多元文化走向新时代吗？"多数欧洲媒体认为，法国穆斯林女性都会向法律低头，但这一禁令已挑起该国宗教信仰的一场新冲突。2011年4月11日，几十名法国穆斯林妇女穿戴面纱或罩袍在巴黎圣母院前举行示威。一个名叫哈利玛的53岁妇女说："这是我第一次参加示威。虽然我自己平时并不戴这种面纱，但是我认为萨科齐政府这么做是不对的，这是恐惧伊斯兰的表现。"法国《权力周刊》网站4月12日的文章讽刺说，这一法律的生效似乎是媒体的狂欢日，许多媒体派出大队人马守候在可能出现示威的场所，等待第一个被执法的新闻，而警方没让他们失望：几十名全副武装的警察毫无悬念地制服了三四名佩戴伊斯兰头巾的妇女，可是这样兴师动众究竟有多少意义？文章引述一项调查数据称，法国6000万人口中有500多万穆斯林，是欧洲穆斯林比例最多的国家，但在日常生活中习惯佩戴面纱的穆斯林妇女不超过2000人。[3]

---

① "The French population and the 1905 Law" [Les Français et la Loi de 1905], CSA poll conducted in February 2005 on a representative sample of 970 individuals. http://www.csa.eu/multimedia/data/sondages/data2005/opi20050203c.htm.

② 法国的"面纱禁令"，主要针对的是女性穆斯林外出时穿戴的"尼卡布"和"布卡"："尼卡布"包裹头发、面颊、口鼻等部位；"布卡"则在此基础上增加垂饰和面纱，以遮挡眼部。

③ 《法国"面纱禁令"分裂欧洲引发各方担忧》，载环球网，http://world.huanqiu.com/roll/2011-04/1630458.html.

三、国家安全与反恐政策影响下的法国穆斯林

(一) 涉嫌恐怖犯罪被逮捕和判刑的数据

如前所述，法国主要面临三类恐怖主义威胁。第一类，科西嘉岛和巴斯克人的分裂恐怖主义；第二类是利用宗教的伊斯兰极端分子的威胁，其中包括"基地"组织煽动的威胁和"独狼"式恐怖主义。根据欧洲刑警组织发布的报告《2012 年欧盟恐怖主义形势与趋势》(EU Terrorism Situation and Trend，简称 TE – SAT 报告)，欧盟成员国在 2011 年遭受 174 次恐怖袭击，484 名个人因恐怖主义罪行而被捕。法国发生恐怖袭击的概率大大高于西班牙和英国。这意味着法国面临的恐怖主义威胁确实高于其欧洲邻国。有趣的是，TE – SAT 报告还指出 2011 年在欧盟成员国内没有一起单独的基于宗教因素的恐怖袭击。因此，所有法国公布的 85 起袭击 (包括被挫败的，已经失败或完成的袭击) 都与分裂组织相关。除此之外，法国公布的逮捕人数最多 (172 人)，其次是爱尔兰共和国和西班牙 (分别为 69 人和 64 人)。并且被捕者中绝大多数 (126 人) 是分裂组织成员，尽管法国 2011 年逮捕的涉及宗教犯罪的人数为 46 人，但同其他欧盟国家相比这一数字迄今为止是最高的。而且法国的定罪率异常高，46 人中 45 人被判有罪。[1]

2011 年在法国被指控为恐怖主义犯罪嫌疑人的 46 人中只有一人无罪释放。因涉嫌伊斯兰恐怖主义犯罪被审判的只有 9 人，另有 33 人与分裂恐怖主义犯罪有关。此外，自 2002 年以来法国政府已经取缔了 13 个可以访问海外"圣战"恐怖主义的网站 (这些数据是由司法部提供的，但没有更多的细节)，并有 93 名有关人员被判有罪。[2]

根据欧洲刑警组织数据 (数据来自 TE – SAT，2007、2007、2008、2010、2011、2012 年的报告，这些数据在欧洲刑警组织网站上可见)。

---

① EU Terrorism Situation and Trend (TE – SAT) report 2012, https：//www. europol. europa. eu/content/press/eu – terrorism – situation – and – trend – report – te – sat – 2012 – 1567.

② ["Projet de Loi renforçant la *prévention* et la *répression du terrorisme*：*Etude d'impact*"], available online at http://www. legifrance. gouv. fr/content/download/2652/18679/version/2/file/ei_prevention_repression_terrorisme_cm_11. 04. 2012. pdf [7 June,2012].

下表总结了 2006～2011 年在法国发生的恐怖袭击次数。

Type of terrorism	2006	2007	2008	2009	2010	2011
Islamist	0	0	0	0	0	0
Separatist	283	253	137	89	84	85
Left wing	0	0	0	0	0	0
Right wing	0	0	0	0	0	0
Single issue	n/a	0	5	1	0	0
Not specified	11	14	5	5	0	0
Total	294	267	147	95	84	85

下表总结了法国 2006～2011 年间逮捕的不同类型恐怖主义罪犯数：

Number of arrests	2006	2007	2008	2009	2010	2011
Islamist	139	91	78	37	94	46
Separatist	188	315	283	255	123	126
Left wing	15	3	37	11	0	0
Right wing	0	0	0	6	0	0
Single issue	n/a	0	3	1	0	0
Not specified	n/a	0	1	5	2	0
Total	342	409	402	315	219	172

下表总结了 2006～2011 年法国因恐怖主义犯罪被指控的人数（注：只提供一个集合图，其归属哪个类型是未知的）：

	2006	2007	2008	2009	2010	2011
Number of individuals tried for terrorism charges	21	54	75	76	40	45

下表总结了 2006 ~ 2011 年法国因恐怖主义犯罪被定罪的人数（2008 年之前没有划分类型）：

Number of convictions	2006	2007	2008	2009	2010	2011
Islamist	n/a	n/a	31	18	14	9
Separatist	n/a	n/a	44	59	26	33
Left wing	n/a	n/a	0	0	0	0
Right wing	n/a	n/a	0	0	0	0
Single issue	n/a	n/a	n/a	n/a	n/a	0
Not specified	n/a	n/a	0	0	0	4
Total	21	54	75	77	40	46

（二）受警察或情报部门监视的激进分子

评估可能受警察和安全部门监视的个人和组织的数量是极其困难的，因为这些数字都是不公开的，因此，任何评估必然是一个粗略的数据。然而，穆罕默德·梅拉赫枪击事件促使法国媒体出现大量关于这一主题的文章或报道。社会学家 Farhad Khosrokhavar 在梅拉赫恐怖袭击事件后接受了法国《快报》①的采访，他表示：两三年前，我们谈论的是在整个欧洲的几千名"圣战"分子，但许多激进分子已经被逮捕和监禁。② 2010 年 10 月《世界报》（Le Monde）③ 中一篇的文章引用法国情报部门的话，称自 2010 年年初以来有 68 名鼓吹伊斯兰"圣战"的激进分子被逮捕，其中 23 人被指控。此外，5 名宣扬"圣战"主义的传

---

① 法国《快报》是一家总部位于法国巴黎的新闻周刊。

② Catherine Goueset, "Structured Jihadist networks easier to monitor" [Les réseaux jihadistes structurés sont plus faciles à surveiller'], *L'Express* (21 March 2012), http://www.lexpress.fr/actualite/societe/toulouse – les – reseaux – jihadistes – structures – sont – plusfaciles – a – surveiller_1096022.html.

③ 《世界报》（Le Monde），法国第二大全国性日报，是法国在海外销量最大的日报，在法语国家地区颇有影响，其发行范围不局限于法国，欧洲、北美及大多数非洲国家都有它的订户，国际知名度颇高。主要读者是法国和法语国家地区的政治、经济、知识界及专业人士。外界普遍认为该报的政治立场为中偏左。

教士被驱逐出境，并且有 5 个宗教场所被"加强监督"。① 另外《新观察家》(Le Nouvel Observateur)② 指出，在 2010 年有 200~300 人被 DCRI（法国国内情报机构）监控。③

尽管法国政府开展了一系列的"反激进主义"行动，但这并未有效阻止法国的穆斯林群体转向暴力激进分子和"圣战"分子。据估计，在所有欧洲国家中，法国为"伊斯兰国"（ISIS）"输送"的"兵力"最多。法国参议院在 2014 年出具的一份报告中显示，在已知的前往叙利亚和伊拉克为"伊斯兰国"效力的 3000 多名欧洲"圣战"分子中，有至少 1430 名是法国人。2015 年 1 月"查理周刊"恐怖袭击发生后，法新社报道，法国情报部门监视了 1570 人，当局认为他们与叙利亚"圣战"组织有联系，另有 7000 多人被评估为有同样的风险。法国国内潜在的激进分子，以及从"伊斯兰国"回流的"圣战"分子，共同构成了对法国的恐怖威胁。④

（三）政府与民众对恐怖主义威胁程度的评估

如上文所述，1996 年至 2012 年期间，法国的恐怖主义威胁主要来源于科西嘉岛和巴斯克地区的分裂组织。但在西班牙马德里炸弹袭击及英国伦敦地铁爆炸袭击发生之后，法国安全部门的官员已公开声明未来会更加关注伊斯兰恐怖主义。因此，2010 年 9 月 11 日 DCRI 负责人伯纳德·斯库拉奇（Bernard Squarcin）表示在法国领土上实施恐怖袭击的可能性从未如此之高，并举例说"北非马格里布基地组织"的威胁

① Rémy Ourdan, "Europeans and Americans facing terrorist threat emanating from Pakistan" [Européens et Américains face a la menace terroriste venue du Pakistan'], Le Monde (7 October 2010), http://www. lemonde. fr/asie – pacifique/article/2010/10/06/europeens – et – americains – face – a – la – menace – terroriste – venue – du – pakistan_1420918_3216. html.

② 《新观察家》(Le Nouvel Observateur) 是法国的一本新闻周刊，创刊于 1964 年，总部位于巴黎。《新观察家》杂志使用法语发行，内容主要涉及政治、经济、文化等领域，其政治立场偏向社会民主主义。

③ Sarah Diffalah, "How do intelligence services track jihadists?" [Comment les services de renseignement traquent les jihadistes？'], Le Nouvel Observateur (23 March 2012), http://tempsreel. nouvelobs. com/societe/20120323. OBS4455/comment – les – services – derenseignement – traquent – les – djihadistes. html.

④ 《恐怖分子为何"卯上"法国？极端分子隐藏法国内部》，载法律界，http://news. mylegist. com/1605/2015 – 11 – 15/96620. html.

是首当其冲的。① 2011 年 9 月，在"9·11"恐怖袭击十周年纪念活动前几天，法国内政部部长克洛德·盖昂（Claude Guéant）反复强调法国面临恐怖主义的威胁仍然很高。②

有趣的是，法国政府官员的这些表态似乎并没有被公众所认同。早在 2010 年 9 月的时候，法国著名民意调查机构 BVA 的调查结果就显示：超过 65% 的法国人认为法国的恐怖袭击风险并没有增加。更能说明事实的是，其中 59% 的人觉得政府关于恐怖主义风险增加的言论过多。左翼反对派高级成员回应，他们强烈谴责国家安全问题被"操纵"。③

在穆罕默德·梅拉赫枪击事件发生不久后的一次民意调查显示，尽管媒体环境充斥着各种攻击后的"余波"（恐怖主义威胁论），但仅有 11% 的受访者认为法国的恐怖主义威胁是"非常高"，42% 的人认为威胁程度"高"。相反，40% 的受访者表示恐怖主义威胁"低"，7% 的人持"很低"的观点。④ 由此可见，法国公众舆论对恐怖主义风险高与不存在风险的感受似乎总是相悖的。

虽然一半的法国人认为恐怖主义威胁"高"，事实上，这一比例是 2001 年 10 月民意调查机构定期公布记录以来最低的一次。以往的记录显示，2011 年 5 月，78% 的受访者认为恐怖主义威胁是"高或非常高"；本·拉登死后不久，2011 年 9 月的一次调查显示：60% 的受访者仍然感到恐怖主义威胁和以前一样。同过去十年显示的历史数据相比，公众对恐怖主义威胁的感知达到最低水平。尽管法国穆罕默德·梅拉赫

---

① "The terrorist threat in France has never been greater" [La menace terroriste en France n'a jamais été aussi grande], *L'Express* (11 September 2010), http://www. lexpress. fr/actualite/monde/la – menace – terroriste – en – france – n – a – jamais – ete – aussigrande_918729. html.

② "The terrorist threat remains high" [La menace terroriste reste élevée], *Europe*1 (6 September 2011), http://www. europe1. fr/France/La – menace – terroriste – reste – elevee – Gueant – 704053/.

③ "Terrorism : The French remain unconcerned" [Terrorisme : Les Français sereins], Le Journal du Dimanche (30 September 2010), http://www. lejdd. fr/Societe/Actualite/Terrorisme – Les – Francais – sereins – 223609.

④ "Barometer of the terrorist threat" [Baromètre de la menace terroriste], poll conducted by Ifop in March 2012 on a representative sample of 977 individuals. http://www. ifop. com/media/poll/1813 – 1 – study_file. pdf.

悲剧影响着公众舆论，但他们并未患上"国家安全精神病"。然而，有趣的是，同年轻受访者相比，年长的受访者更倾向于认为恐怖主义威胁高。因此，年龄在 65 岁及以上的受访者 14% 的人持威胁"非常高"的观点，年龄在 18～24 岁的人中只有 5% 持这种观点。同样，相比上层阶级的受访者而言，工人阶级受访者似乎更担心恐怖主义威胁（14%的工人阶级认为威胁"非常高"，而上层阶级只占6%）。最后，民族阵线极右运动支持者（37%）对恐怖主义威胁的感知显著高于右翼人民运动联盟支持者（14%）和左翼社会党 PS 支持者（6%）。[①]

意料之中的是，对恐怖主义威胁的感知度及支持更严厉的反恐立法大都是根据个人的政治信仰而变化的。在梅拉赫恐怖袭击之后，法国总统尼古拉·萨科齐承诺如果其再次当选，将引入更严格的反恐立法，并对"持续性、不合理地煽动或赞美恐怖主义的网站"提出了一项惩罚措施。当被问及对这一措施的看法时，55% 的受访者表示他们会支持这样的措施（84% 的右翼选民，34% 的左翼选民），而 38% 的人说他们反对它。不过 52% 的人认为这样的措施将会限制互联网用户自由（34%的右翼选民，63% 的左翼选民），只有 37% 的人表示这些措施将起作用（68% 的右翼选民，18% 的左翼选民）。最后，在公众看来梅拉赫恐怖袭击事件对公共安全的影响似乎是最主要的。因此，尽管大多数的受访者觉得警察已经有效完成他们的任务（分别为 84% 和 79%），但对情报机构有效执行任务的评估几乎各占一半。其中 43% 的人认为他们未能有效执行任务，而 57% 的人则认为他们成功执行了任务。[②]

四、反恐政策对法国政治的影响

从 1980 年开始，伊斯兰教就成为了法国社会谈论的民主政治热点之一。社会经济状况的下降使得很多北非外来移民变成"替罪羊"，并

---

① "Barometer of the terrorist threat"［Baromètre de la menace terroriste］, poll conducted by Ifop in March 2012 on a representative sample of 977 individuals. http://www. ifop. com/media/poll/1813 - 1 - study_file. pdf.

② "The criminalization of the consultation of websites inciting to terrorism or jihad"［La pénalisation de la consultation des sites faisant l'apologie du terrorisme ou du djihad］, BVA poll conducted in March 2012 on a representative sample of 1039 individuals, http://www. sondages - en - france. fr/sondages/Actualit% C3% A9/Terrorisme.

且法国人对于外来移民的恐惧日益增强。当20世纪90年代法国遭受了多次阿尔及利亚恐怖组织GIA的袭击之后，法国人对穆斯林的怀疑气氛有所增加，从而使得"伊斯兰化的第二代穆斯林"问题越发突出。在法国社会对于伊斯兰教不安增长的同时，极右政党"国民战线"①（FN）在法国政坛比过去更加显眼。确切地说，在21世纪早期，让-玛丽·勒庞领导的国民战线已经成为法国的第三大政治力量（在右翼人民运动联盟UMP和左翼社会党PS之后）。2002年的总统大选中，由于在辩论时着重强调移民和安全问题，勒庞制造了一个惊喜，出乎意料地打败了左翼社会党的候选人利昂内尔·若斯潘，由此进入了大选的第二轮，然而却因为和雅克·勒内·希拉克存在相当大的差距而落败。

不同于2002年的总统大选，伊斯兰恐怖主义的议题在2012年总统竞选中几乎"居于幕后"，大多数候选人聚焦于与全球经济危机有关的社会经济问题。但梅拉赫恐怖袭击事件不可避免地使伊斯兰恐怖主义（在法国关于穆斯林这一角色的辩论在扩展）这一议题再次变为公众的焦点。尽管总统竞选人在他们认为这是一个"国家的悲剧"后第一次团结在一起，但很快这场战争又变回了它原本完全摇摆不定的状态。尽管尼古拉·萨科齐以他在对待移民和安全问题的强硬立场而闻名，但最终还是被左翼社会党候选者弗朗索瓦·奥朗德打败。

2012年上任的弗朗索瓦·奥朗德总统，对于穆斯林社区采用了一种更加安抚的态度。奥朗德上任的第一个措施是由他的新内政部部长曼努埃尔·瓦尔斯（Manuel Valls）提出的，旨在通过解决针对北非社区不断重复的警方控制问题来增进执法机构和一般公众之间的相互信任。瓦尔斯建议警察在执行停留搜查（stop and search）时出具纸质依据，这将会有助于遏制针对某些个人和社区的过度或重复控制。基于这种频繁发生的控制措施是警察与年轻穆斯林之间信任崩塌的原因，这一措施可能会帮助改善目前的紧张关系。但是，现在定论这个措施对于缓解穆

---

① 国民阵线（Front National，FN）：成立于1972年10月，前身是被取缔的极右组织"新秩序党"。党员约10万人，多为中小工商业者。1986年议会选举中首次进入国民议会。代表极端民族主义思潮，煽动排外情绪，强调"要把法国从欧洲控制和世界主义中拯救出来"，呼吁"进行一次反对新共产主义和世界主义的十字军讨伐"。党主席让-玛丽·勒庞在2002年首轮总统选举中胜出，对法朝野上下和欧洲政坛的震动极大，在第二轮中被法左、右翼联手击败。近来，由于法经济社会矛盾突出，该党的影响力再度上升。

斯林移民社区和法国社会之间的特征化关系这类深层次问题是否有效还为时过早。

目前欧洲面临经济、人口老龄化和身份认同三重危机：经济危机使欧洲生活水准不断下降，公众普遍对未来感到担心；人口老龄化使欧洲人对来自伊斯兰世界的年轻移民亦感到害怕，因为这些年轻移民带来的是一种"异质文化"，并将导致欧洲基督教文明的质变，引发欧洲人的"身份认同危机"。法国坚持"世俗国家"原则，严格区分国家与宗教的各项措施可以从某个层面上解释这种现象。

近年来，国内外学者们的文章或媒体报道的主流观点认为：法国的国家政策对法国穆斯林是缺乏公正的，穆斯林社区在法国社会经济方面是边缘化的，并且是被主流大众所怀疑的。然而，在相关文献中很少发现关于反恐措施对穆斯林社区产生的特殊影响，或者如果产生影响又到何种程度。本章内容则分析了法国反恐政策对穆斯林社区的潜在影响，通过引用大量数据证明法国本土的穆斯林人口在社会经济方面与主流人群相比的确处于边缘化的趋势，在警方和安全部门执法过程中受到更多歧视。更好地理解反恐政策对穆斯林社区到底产生何种影响，有助于法国的政策制定者作出更明智的选择。制定反恐政策的目的在于能够有效打击各种形式的伊斯兰极端主义，而得到穆斯林社区支持的选择将会促使反恐政策的实施。

参考文献

一、中文参考文献

（一）中文著作

[1] 倪春乐：《恐怖主义犯罪特别诉讼程序比较研究》，群众出版社 2013 年版。

[2] 中国现代国际关系研究院反恐怖研究中心：《国际恐怖主义与反恐怖斗争》，时事出版社 2001 年版。

[3] 中国现代国际关系研究院反恐怖研究中心：《世界主要国家和地区反恐怖政策与措施》，时事出版社 2002 年版。

[4] 中国现代国际关系研究院反恐怖研究中心：《国际战略与安全形势评估 2002/2003》，时事出版社 2003 年版。

[5] 中国现代国际关系研究院反恐怖研究中心：《国际恐怖主义与反恐怖斗争年鉴》，时事出版社 2004 年版。

（二）中文文章

[6] 崔东：《法国反恐模式研究及对中国的启示》，西南政法大学 2016 年硕士学位论文。

[7] 董磊：《巴黎血案暴露情报部门软肋 法国已身处战火》，载《参考消息》2015 - 01 - 16。

[8] ［法］多米尼克·德维尔潘：《对恐怖主义、恐惧和社会分裂说"不"》，王倩、彭翠岩译，载《中国经济报告》2015 年第 2 期，第 10 ~ 11 页。

[9] 何农：《法国强化反恐措施》，载《光明日报》，2002 - 12 - 09。

[10] 黄海波：《合力与平衡：略论英法两国国内穆斯林政策的调整》，载《新疆社会科学》2013 年第 6 期。

[11] 洪汉国：《9·11 事件后法国反恐政策（2001—2006）》，台

湾淡江大学欧洲研究所 2007 年硕士学位论文。

［12］［法］帕特里斯·葛尼斐：《法国大革命中的暴力与恐怖》，马贺译，载《学海》2011 年第 2 期。

［13］宋斌：《法国反恐措施日趋严厉》，载《光明日报》，2005 - 09 - 29。

［14］吴云贵：《伊斯兰原教旨主义、宗教极端主义与国际恐怖主义辨析》，载《国外社会科学》2002 年第 2 期。

［15］杨士隆：《独狼式恐怖分子之特性、攻击模式与防制对策》，中国犯罪学学会 2014 年年会论文集。

［16］严帅：《"独狼"恐怖主义现象及其治理探析》，载《现代国际关系》2014 年第 5 期。

［17］尤虎：《头巾法案以及世俗主义跟伊斯兰教的关系》，载普世社会科学研究网，http://www. pacilution. com/ShowArticle. asp？Article ID = 6077.

［18］郑宇钦：《法国扫除恐怖主义，化被动为主动》，载《青年日报》战略观察专栏，2009 - 07 - 03。

［19］钟宪章：《浅析法国大革命时期的国家恐怖主义》，载《兰州学刊》2009 年第 7 期。

［20］朱素梅：《二十世纪的民族主义与恐怖主义》，载《世界民族》2000 年第 3 期。

［21］吕光耀：《9·11 事件后欧盟反恐政策研究》，台湾政治大学 2008 年硕士学位论文。

［22］王禄生：《数说"恐怖主义"——历史与现在》，载共识网，2014 - 03 - 04，http://www. 21ccom. net/articles/qqsw/qqgc/article _ 20140304101629. html.

［23］张金岭：《当代法国社会的信仰多元及其价值冲突》，载《思想战线》2010 年第 5 期。

二、外文参考文献

（一）外文著作

［24］Ali Laidi. Le Jihad en Europe, les filieres du terrorisme en Europe. Paris: Seuil, Coll, 2002.

[25] Carl Schmitt. la notion de politique théorie du partisan. Marie – Louise Skinhausen trans, 1972.

[26] Crelisten Schmid. Western Responses to Terrorism. London: Frank Cass, 1993.

[27] Gerard Chaliand. L'arme du terrorisme. Paris: Louis Audibert, 2002.

[28] Hazareesingh S. Political Traditions in Modern France. Oxford University Press, 1994.

[29] Irène Stoller. Procureur à la 14 Section. Paris: Miche Lafon, 2002.

[30] Marsud. Avant de tout Oublier. Paris: Denoel Impacts, 2002.

[31] Paul Smith. The Terrorism Ahead: Confronting Transnational Violence in the Twenty – First Century. New York: M. E. Sharpe, 2008.

[32] Pierre Marion. La Mission Impossible. Paris: Calmann, 1991.

[33] Rik Coolsaet. Europe: Reinforcing Existing Trends, in Mohammed Ayoob and Etga Ugur, eds., Assessing the War on Terror, Boulder, CO: Lynne Rienner, 2013.

[34] Rohan Gunaratna. Jolene Jerard and Lawrence Rubin, Terrorist Rehabilitation and Counter – Radicalisation. New York: Routledge, 2011.

[35] Samet, C. Journal d'un juge d'instruction. Presses Universitaires de France, Paris, 2000.

（二）外文文章

[36] Anja Dalgaard – Nielsen. Violent Radicalization in Europe: What We Know and What We Do Not Know, Studiesin Conflict and Terrorism, August 16, 2010.

[37] Anthonu Faiola and Souad Mekhennet. Denmark Tries a Soft – handed Approach to Returned Islamist Fighters, Washington Post, October 19, 2014.

[38] Delmas – Marty. La mise en état des affaires pénales: Rapport de la Commission, Justice pénale et Droits de l'homme, La Documentation Française, Paris, 1991.

[39] Dintilhac. Rôle et attributions du procureur de la République. Revue de science criminelle et de droit pénal comparé, 2002.

［40］ European Commission's Expert Group on Violent Radicalization. Radicalization Processes Leading to Acts of Terrorism, May 15, 2008.

［41］ Gleizal. J – J (2001) Le débat sur la sécurité'(4) Revue de science criminelle et de droit pénal comparé.

［42］ Hodgson J . The police, the prosecutor and the juge d'instruction: Judicial Supervision in France, Theory and Practice. British Journal of Criminology,2001, 41 (2).

［43］Mark Sedgwick. The Concept of Radicalization as a Source of Confusion. Terrorism and Political Violence,September 2010.

［44］Michael Elliott. The Secret History. Time, 12 August, 2002.

［45］Michel Wieviorka. France faced with Terrorism. Terrorism, Vol. 14,July 1991.

［46］Michel Weivorka. French Politics and Strategy on Terrorism. The Politics of Counterterrorism. Foreign Policy Institute, 1990.

［47］Paul Dumouchel. Le terrorisme à l'âge impérial. ESPRIT, Aug – Sept. 2002.

［48］Jean Massot. Le rôle du Conseil d'Etat, in La Guerre D'Algérie Et Les Français 271 ,Jean – Pierre Rioux ed. , 1990.

［49］ Jongman. 'Trends in international and domestic terrorism in Wetern Europe', Table 16.

［50］Rees,W. and Aldrich, R. J.. Contending Cultures of Counter – terrorism:Transatlantic Divergence or Convergence? International Affairs,2005, Vol. 81

［51］Reswsam. Terrorism: Threat and Responses, October 2001. The Seattle Times, June 22, 2002.

［52］Reveron D. S.. "Old allies, new friends: intelligence – sharing in the war on terror." Orbis ,2006,50 (3).

［53］Shapiro J. and Suzan. BThe French, Experience of Counter – terrorism,Survival, 2003,45 (1).

［54］Truche P. Rapport de la Commission de Réflexion sur la Justice. La documentation Française, Paris,1997.

［55］Walsh J. Intelligence – sharing in the European Union: Institutions are not enough,Journal of Common Market Studies ,2006,44 (3).